公認心理師 ベーシック講座

菅原ますみ［編著］

感情・人格心理学

講談社

執筆者一覧（執筆順）

菅原ますみ　白百合女子大学人間総合学部（1～6, 8, 9, 14章）

吉武尚美　　順天堂大学国際教養学部（7章）

山形伸二　　名古屋大学大学院教育発達科学研究科（10, 11章）

齊藤　彩　　お茶の水女子大学基幹研究院人間科学系（12, 13章）

田中麻未　　帝京大学文学部（15章）

以下のURLに，正誤表等の情報を掲載しています。
https://www.kspub.co.jp/book/detail/5389690.html

はじめに

　本書は，公認心理師課程をはじめとした心理系学部で開講されている科目『感情・人格心理学』のテキストとして活用していただけることを願って執筆したものです。感情心理学と人格心理学はそれぞれ独立の心理学領域として存在しており，日本における学会も異なります。日本感情心理学会は1992年に，また日本パーソナリティ心理学会も同じ1992年に前身である日本性格心理学会として設立されました。

　本書の第1部で取り上げる感情心理学は，人間の感情機能一般を広くカバーする領域で，近年ではAIやロボット工学をはじめさまざまな産業での社会実装に向けた応用研究が進んでいます。感情心理学の基礎を学ぶことは，将来心理職として活躍する方々にとって必要であるだけでなく，教育や医療・保健・福祉などの近接領域や，感情に関連するさまざまな産業で働く方々にも役立つことが多くあります。同様に第2部で取り上げる人格心理学も，自分自身のパーソナリティを知るうえで興味深い観点を多く知ることができますし，他者理解にもつながり，心理学を専攻するすべての人に知ってもらいたい領域です。

　パーソナリティの中心の1つは感情機能の個人差であり，感情心理学と人格心理学は深くつながっています。2つの領域を一緒に学んでいただくことで，それぞれの領域をより深く理解することにつながるでしょう。基礎的な事項についてできるだけ網羅することに努めましたが，紙幅の関係でそれぞれ簡単な紹介となっていますので，興味を持った事項については講義担当の先生に伺ったり文献欄で紹介した論文や書籍を読んで，感情心理学・人格心理学への関心をさらに広げていただけたら幸いです。

　本書の発刊にあたって，㈱講談社サイエンティフィク第一出版部の三浦洋一郎氏，池上寛子氏に大変お世話になりました。ここに深く謝意を表したいと思います。

2025年2月
著者を代表して
菅原ますみ

目次

第2部　人格心理学 123

第1部 ┃ 感情心理学

第 1 章 感情の定義と概念

到達目標

- 「感情」の心理学的な定義と，主要な下位概念（情動，気分，主観的情感）について説明できる
- 感情過程の6つの構成要素（コンポーネント）を説明できる
- 感情に関する学問的探究の歴史の概要について説明できる

感情心理学（Psychology of Emotion）は，私たちの"気持ち"を科学する心理学の領域である。第1部の感情心理学の8つの章では，感情の脳神経科学的基盤や感情の生起メカニズムに関するさまざまな理論，感情と認知・行動との関連，感情の制御，感情の発達や病理，感情の測定法についてみていく。

第1章では，「感情」の心理学的な定義と感情をめぐる基礎的な概念を紹介する。感情は，「楽しい」「怖い」と感じる私たちの主観的体験だけでなく，さまざまな認知的・生理学的プロセスを含む複雑な現象であることを学ぶ。また人間の歴史の中で"感情"がどのように考えられてきたのか，心理学が19世紀後半に成立する前の時代や，20世紀以降の心理学における感情研究の様相についても簡単にみていこう。

1.1節 ┃ 感情をめぐる概念

A. 感情を表すさまざまな言葉

うれしい，恥ずかしい，悲しい，悔しい…。私たちの"気持ち"を表す**感情語**は多種多様である。中村（1993）は，197人の著名な日本の作家の

作品808点から人間の感情について書かれた記述を取り上げて10種（喜・怒・哀・怖・恥・好・厭・昂・安・驚）に分類し，各感情を表す単語や熟語計2,278語を収録している（**表1.1**）。さらに日本語には，感情を表現する擬態語・擬音語（**オノマトペ**）も豊富に存在し，42語の擬態語を整理した山内（1978）によれば，**表1.2**のような5種類（「不安・恐れ」，「喜び・幸福」，「驚き」，「悲しみ」，「怒り」）に分類できるという。どの言葉も私たちが日常的によく使用しているもので，馴染み深く，私たちの日々の体験は感情と深く結びついていることがわかる。

表1.1　日本語の多彩な感情語（中村，1993）

大分類	感情表現語の例
①喜	嬉しい・誇らしい・楽しい・晴れ晴れしい・面白い・気持ちいい
②怒	腹立たしい・我慢がならない・面白くない・心持が悪い
③哀	悲しい・嘆かわしい・痛ましい・涙ぐましい・寂しい・虚しい
④怖	怖い・気味悪い・恐ろしい・心細い・気に病む・恐れ多い
⑤恥	恥ずかしい・照れ臭い・面映い・極まり悪い・面目ない
⑥好	慕わしい・恋しい・愛おしい・好もしい・懐かしい
⑦厭	厭わしい・苦々しい・憎い・気に入らない・疎ましい
⑧昂	焦る・落ち着かない・気が急く・もどかしい・苛立たしい
⑨安	ほっとする・気が軽い・のんびり・心安い・安らか・和やか
⑩驚	驚く・魂消る・慌てる・仰天・息を呑（飲）む・動顛する

表1.2　日本語のオノマトペ（擬態語・擬音語）の例（山内，1978；中村，1993；楠見・米田，2007）

5分類	対応するオノマトペの例
不安・恐れ	ひやひや・どぎまぎ・おどおど・どきどき・ぶるぶるびくびく・はらはら
喜び・幸福	うっとり・うきうき・ほっ・わくわく・ほくほく・ふわふわにこにこ
驚き	ひやっ・ぎょっ・どきっ・びくっ・がーん・ぎくっ
悲しみ	じょぼん・がっくり・くよくよ・がくっ・めそめそ
怒り	かちん・いらいら・つんつん・かっか・かんかんぷりぷり・ぷんぷん

※オノマトペ：古代ギリシャ語の「onoma（名前）」と「poiein（作る）」を組み合わせた「onomatopoiia（オノマトポイーア）」に由来する。日本語はとくに種類が多い。

個々人が体験する感情は，日本語の長い歴史の中で，オノマトペを含む多彩な言語によって表現されてきたが，時代とともに変化していく部分もある。例えば，オノマトペについて筆者が大学の授業で尋ねたところ，表1.2にはないさまざまな現代風の"若者言葉"が出てきた。「恐れ」について"ひいーっ"，「幸せ」について"はぴはぴ"，「驚き」について"うげっ"（ネガティブ）・"ほわあ"（ポジティブ），「悲しみ」について"ぴえん"，「怒り」について"ぶちっ""むきーっ"など，どの程度の普遍性があるかは不明ではあるが，若者に流行した漫画やアニメなどの影響を受けた新しい感情語であるといえるかもしれない。

B. 感情の心理学的な定義

　こうしたさまざまな**感情**（affect）について，感情心理学者の**オートニー**（Ortony, A.）らは，"感情とは，人が心的過程の中で行うさまざまな情報処理のうちで，人，物，出来事，環境について行う評価的な反応である"と定義している（Ortony et al., 1988）。アメリカの標準的な心理学のテキストである『ヒルガードの心理学』（ホークセマ他，2015）においても，"感情は，現在の状況に対する人々の解釈や評価の仕方の変化に応じた多要素からなる短時間の反応である"と記されている。日本語辞書の大辞林（松村他，2019）では，感情とは"ある状態や対象に対する主観的な価値づけ"とされている。

　私たちの"気持ち"が大きく動く場面を考えてみよう。朝起きてテレビをつける。画面には応援しているフィギュアスケートの選手（人）が映っていて，オリンピックで金メダルを獲得したこと（出来事）が伝えられている。すごい，といううれしい驚きが心の底から沸き起こり，やったね！と叫んでしまうかもしれない。自分にとって，とても好ましい状況であると判断した時には，うれしい・楽しいといった**肯定的な感情**（positive affect）が生起する。一方，試験で失敗してしまったり親に叱責されたりといった自分にとって好ましくない状況であると評価した時には，不安・悲しみなどの**否定的な感情**（negative affect）が沸き起こる。私たちの感情が生起するには，それに先立ってその場の状況に対する主観的な評価が存在することが多い。

　感情は，個人にとって重要だったり関心をもったりした事象に遭遇した際にその人の心の中に生じる内的事象であり，可笑しかったら大きな口を開けて声を立てて笑う，恐ろしかったら一目散に逃げるなど，感情に即した次の

行動を動機づける複雑な一連のプロセスが伴っている。先ほどオートニーらの感情の定義を紹介したが，感情には他にもさまざまな定義や用語の使い方があり，心理学の領域においても議論が続いている。感情心理学者の大平英樹（2010）は，その著書『感情心理学入門』の中で"感情を厳密に定義するのは難しく，心理学において一般に認められた標準的な感情の定義というものは存在しない"と記している。日本感情心理学会（編纂）による『感情心理学ハンドブック』（内山他，2019）でも，"感情の心理学的研究の分野では，国内外を問わず，「感情」を定義することの重要性とその難しさがくり返し指摘されてきた"とし，ハンドブックの中でも感情をめぐる概念や定義に関する統一はなされていない。

　感情についての科学的な探究は，後述するように，20世紀後半に入ってようやく本格化してきた。私たちにとって"感情"すなわち"気持ち"は，身近で日々体験するとても馴染み深い現象であるが，感情がどのような神経メカニズムによって喚起されるのか，顔の表情や認知，行動などとどう結びついているのかなど，感情をめぐる複雑な心的過程については未知のことが多い。感情をめぐる概念や定義が定まっていないのも感情心理学の歴史の新しさを表すと同時に，感情という現象の複雑さ・奥深さを示すものでもある。本書では，これまでに明らかになってきた感情に関する主要な知見や，それらに基づくさまざまな感情生起の理論についてみていくが，今後も新しい科学的発見や理論の再構築が盛んになされ，感情概念が更新されていくことは間違いないことといえよう。

C. 感情の下位概念

ｉ）情動（emotion）と気分（mood）

　心理学では，感情をいくつかの下位概念に分けて整理している。代表的な下位概念として，情動（エモーション，emotion）と気分（ムード，mood）が挙げられる。情動（emotion）は，ある重要な出来事に接した時に経験する比較的強力な内的反応で，多くは短時間（数秒～数分）で終結し，動悸や発汗などの生理的反応や特定の表出行動を伴う。例えば，長時間苦労して作成したレポートをうっかりセーブせずに終了してしまった場面を想像してみよう（**図1.1**）。"えっ！！"と強く驚いて心臓がどきどきし，"どうしよう！消えちゃった!?"と困惑感に呑み込まれる。その場面で鏡を見る余裕はないだろうが，目を大きく見開き眉を寄せて口を開けるなど，典

図1.1　情動（emotion）
比較的短時間に経験する明確な原因をもつ
強い感情反応

図1.2　気分（mood）
比較的長時間経験する漠然とした弱い感情
状態

型的な困ったときの表情が作られている。ミスが発覚した瞬間に体験する強い驚きと困惑は代表的な“情動”の1つであり，少し時間が経過すると当初の強い困惑感や心臓の動悸は鎮まっていき，より冷静に“どうしたらよいか”という対処方略を探索したり，“仕方ないか…もう一度入力し直そう…”という諦めに達したりするだろう。

　一方，気分（mood）は，情動のような直近の原因は明確ではない漠然としたものであることが多く，比較的長時間（数時間～数日）持続し，バックグラウンド的な弱い情緒の状態のことをいう。例えば，朝すっきりと起きることができ，秋晴れのなか出勤する時など，“気持ちいいなあ”と何となく快適な気分となり，そのまま終日オフィスでも“良い気分”のまま過ごすことができる日もある（**図1.2**）。反対に，気持ちがどんよりとしてしまい，何をやってもうまくいかないと感じる状態が数日続いてしまうこともあるだろう。寝不足やストレスなどの遠因がある場合や，強い情動（emotion）が鎮まったあとにもその情動と同種の不安や喜びが薄まったかたちで気分（mood）として長く存在することもあるが，気分には，とくに原因が思い当たらないことが多いのが特徴である。

ⅱ）その他の感情概念〈主観的情感（フィーリング，feeling），センチメント（sentiment），パッション（passion）〉

　前節で，感情（affect）の下位概念としての情動（emotion）と気分（mood）について紹介したが，感情を表す心理学的概念にはこれらのほかにも，“うれしい”“怖ろしい”“いらいらする”“びっくりした”などの私

たちが"自分の気持ち"として認識している内的な感情体験に対しては，**主観的情感（フィーリング，feeling）**があてられ，芸術作品に表れるような洗練された情操や思い出によって引き起こされる感傷的な情感を指す**センチメント（sentiment）**，理性と対比する際の情感や激しい感情（情念）を指す**パッション（passion）**など，多様な概念が存在する。前述のように，感情心理学の領域においてもこれらの用語が統一的に定義されているわけではなく，理論や研究者によってその用い方もさまざまに異なっているのが現状である[1]。また，本書では感情の英語を"affect"であると紹介しているが，"emotion"を感情と訳すことも多い。日本の感情心理学会も学会名の英訳はJapan Society for Research on Emotionsであり，感情と情動の英訳については国内でも未だ厳密には定まってはいない。論文や学術書を読み進める際にはやや困惑してしまう状況ではあるが，感情心理学を学ぶうえでの重要語句の大まかな整理として，「感情＝affect（emotionがあてられることも多い）」「情動＝emotion」「気分＝mood」「主観的情感＝feeling」と理解しておくとよいだろう[2]。とくに情動（emotion）と気分（mood）は上記の定義（図1.1，図1.2）とともに，明確に分けて用いることが適切である。

1.2節 ∥ プロセスとしての感情過程

　現代の感情心理学では，感情は，私たちが次に行動するための心身の準備状態を作り出す多くの要素から構成される複雑な一連の事象であると考えられている（Smith & Lazarus, 1991；Scherer, 2022）。

　わかりやすい状況を考えてみよう。一人で山道を歩いている。がさがさっと音がして，突然，藪から大きな黒いクマが飛び出してきた。その姿を確認した瞬間，恐怖感に襲われてあなたの目は大きく見開き，心臓は激しく鼓動して手のひらには汗がにじむ。四肢の筋肉が緊張し，ワーッ，あるいは，キャーッと大声で叫びながら一目散に逃げるか，近くにあった木の棒をとっさにつかんで勇敢に戦うか，恐怖感のあまり体が固まってすくんでしまうか，いずれかの行動に出ることになるだろう。感情心理学では，こうした一連の

1　詳しくは，内山他（2019）『感情心理学ハンドブック』第1章を参照。
2　令和7年版の公認心理師試験出題基準では，感情＝affect，情動＝emotion，主観的情感＝feelingと対応づけられている（公認心理師試験研修センター, 2024）。

感情に伴う心身の状態変化の過程（プロセス）を分解し，それぞれの要素について，脳神経科学的な分析を含めて詳細に検討を行っている。

感情の6つの構成要素（コンポーネント・プロセス・モデル）

　感情における認知の役割を重視する**シェラー**（Scherer, K. R.）は，**図1.3**にある**6つの構成要素（コンポーネント）**が互いに複雑に相互作用しながら時間の流れに沿って展開する**コンポーネント・プロセス・モデル**（**Component Process Model：CPM**）を提唱している（Scherer, 2022）。

　第1の構成要素は，状況に対する**多次元的評価**（multilevel appraisal）であり，後述（表4.1 ラザルスの認知－感情様式を参照）のように，目の前の状況や事象に対する認知的な評価に沿って特定の感情反応が展開していく（例：第一志望校の合格掲示板に自分の受験番号をみつけ，自分にとっても両親などの周囲の人々にとっても最高に喜ぶべきうれしい出来事であると評価する）。

　認知的な評価は状況や事象の多側面にわたって行われ，①関連性：どのくらい自分に深く関わることなのか，②意味：その状況は自分にとって好ましいものなのか（ポジティブ），それとも好ましくないものなのか（ネガティブ），③対処可能性：自分で対処できるものなのかどうか，④価値判断：自

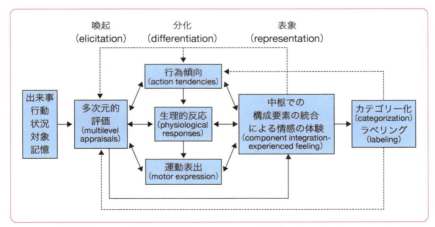

図1.3　感情過程の6つの構成要素（シェラーのコンポーネント・プロセス・モデル，武藤，2019；Scherer, 2022）
注：点線は弱い効果，実線は強い効果，双方向の矢印は再帰的（recursive）な効果を表す

分や社会にとってどの程度価値のあるものなのか，①〜④の複雑な認知的評価が短時間の間に展開する（武藤，2019）。

第2の構成要素は，**行為傾向**（action tendencies）で，内的に体験された感情に応じた行為への動機づけが生起することを指す（例：第一志望校への合格は社会的にも誇れると価値判断できるので，"ちょっとオーバーかもしれないけど，万歳三唱を唱えている人も発表会場にいるし，自分も思い切ってバンザイ！って弾けてみようかな！"，といった特定行為へのやる気が高まる）。

第3の構成要素は**身体内部の生理的変化**（physiological responses）で，**自律神経系**（autonomic nervous system）などの作用により，瞳孔が大きく見開いたり，動悸や発汗などが起こったりする（例：合格を確認する前後に大きな不安や喜びを感じている時，筋肉が緊張したり心臓がどきどきする，握りしめた手に汗をかく，といった身体変化が起こる）。

第4の構成要素は**運動表出**（motor expression）で，主観的に体験されたそれぞれの感情内容に対応して，笑顔や泣き顔のような特定の顔面の表情（expression）が作られ，また叫び声をあげたり，飛び上がったり，といったさまざまな運動反応が起こる。

第5の構成要素は**体験された情感**（experienced feeling）で，構成要素1〜4までの情報が中枢神経系で統合され，判断された内容に合致した特定の感情が主観的に体験される（例：合格したことを確認できた驚き・喜び・誇り・幸福といったポジティブな感情が沸きあがってくる）。冒頭でみた私たちが普段体験している多彩な"気持ち"はまさに，この体験された情感（主観的情感）に相当する。

最後の第6の構成要素は**感情に対するカテゴリー化・ラベリング**（categorization, labeling）では，第5のプロセスで体験された情感について，特定の感情領域（例：喜び，怒りなど）にカテゴリー化して言語ラベルが貼られたり（喜び領域 ⇒ "幸せだ"，怒り領域 ⇒ "絶対許せない"など），比喩的な言語表現（幸せでふわふわと雲の上にいるような感じがする，など）で文章化されたりする。

また，第6のプロセスで"気持ち"に明確なラベルが貼られることで（"はらわたが煮えくり返るほど怒りを感じてる"），あらためて最初の第1プロセスの評価が強められることがある（今回の裏切りは本当にひどいことだったんだ）。同様に，第2の構成要素である行為傾向（告発しよう！と思い立つ）

や第5の構成要素である体験された情感（怒り）が強化されたり弱められたりすることもあるなど，CPMでは，各要素は複雑で柔軟な相互影響関係にあることが想定されている（図1.3の矢印の流れを参照）。

　以上のようにシェラーのCPMを要約すると，感情現象は，状況に対する評価に始まり，評価結果が行動を動機づけ，同時に発汗などの生理的変化や表情などの運動表出を引き起こし，それらを中枢神経系で総合した結果"気持ち"（主観的情感）が生じ，それを感情概念や感情語によってラベリングすることで他者とも共有可能な"気持ちの表明"が可能になっていく，としている。**"評価→行為傾向（行動への動機づけ）・生理的変化・運動表出（表情等）→主観的情感→感情語のラベリング"**というおおまかな流れとして理解していこう。

1.3節 ┃ 感情に対する考え方の時代的変遷

　私たちの感情は，これまで学問の世界でどのように考えられてきたのだろうか。本節では，長い歴史をもつ西欧哲学での感情論と19世紀以降の心理学での感情論の基本的立場について比較しながら，感情に対する考え方の歴史的変遷についてみていこう。

A. 西欧の哲学での伝統的な感情論

　古代ギリシャ哲学では，幾何学の大家であるピタゴラス（Pythagoras）に代表される数学や論理学が重要視され，理性や論理・理論を表す「ロゴス（logos）」をいかに正しく身につけ賢者として生きていくかがさまざまな哲学者たちによって問われた。ギリシャの哲学者であるプラトン（Plato）もその一人であり，人の魂（プシュケー，Psyche）は**理性（reason）**と**熱情（passion）**によって構成されていて，理性は合理的で魂を正しい方向に導く一方，熱情は非合理的で悪しき方向にいざなうものとしている（遠藤，2013；鈴木，2019）。

　続く古代ローマの哲学や中世のキリスト教哲学，17〜18世紀の近代認識哲学やドイツのカント，ヘーゲルなどの観念論でも理性の働きを重視し，非合理性を有する感情を，いかに理性が調整・統制するかに重きを置いた哲学論が西欧においては展開されてきたといえる（**図1.4**）。

図1.4　伝統的な西欧哲学・初期の心理学での感情論："理性は魂を正しい方向に導くが，感情は悪しき方向にいざなう"

B. 19世紀後半〜20世紀前半の心理学における感情に対する見方

　19世紀後半にドイツとアメリカで誕生した心理学も，当初は先述した西欧哲学の伝統的な考え方を踏襲し，理性に劣るとされた感情に対する関心は希薄だった。20世紀前半にアメリカで盛んになった行動主義心理学においても，**ワトソン**（Watson, J. B.）自身は感情の生得的な3要素（愛・激怒・恐れ）を提唱したものの（Watson, 1930），意識や感情などの内的過程は直接観察できないものとしてしりぞけられ，客観的に測定可能な行動のみを心理学の対象とすべきと強く主張したため，感情研究は低調な状態が続いた。20世紀半ばに成立した認知心理学においても，学習や思考，記憶などの理性に関連する心的機能の解明が重視され，感情に対する関心は依然として大きなものではなかったのである。

C. 20世紀後半以降の感情に対する科学的関心の高まり

　1980年代に入ると，それまで独立して探究されることが多かった人間の認知機能と感情機能，そして行動との密接な関連についての探究が活性化するようになった。情動知能（emotional intelligence, 7章参照），感情制御（emotion regulation, 7章参照），意思決定（decision-making）における感情の役割（2章参照）など，さまざまなトピックスについて認知心理学と感情心理学の融合的な研究が多く実施されてきている。

　さらに2000年近くになると，脳神経科学（neuro-science）や人工知能（artificial intelligence），人型ロボット（ヒューマノイドロボット）の開発などの科学技術が大きく進展する中で，人間の感情機能に関する科学的関心が急速に高まり，学問領域を超えた**感情科学**（emotional science）が脚光を浴びるに至っている（Dukes et al., 2021）。とくに，脳

神経科学の領域においてfMRIなどの脳画像処理技術が発達し，感情機能に関連する脳内部位の精緻な観察や測定が可能となったことは，感情心理学の現代的な発展に大きく貢献している（2章参照）。

　本書では，今後も急速に発展することが予想される感情科学について理解を深め，さまざまな領域で応用していくために必要となる感情心理学の基礎的事項について学んでいく。

〈文献〉
Dukes, D. et al.(2021). The rise of affectivism. *Nature Human Behaviour*, 5(7), 816-820.
遠藤利彦(2013).「情の理」論. 東京大学出版会, 7-25.
ホークセマ, S. 他(著). 内田一成(訳)(2015). ヒルガードの心理学 第16版. 金剛出版, 554-556.
公認心理師試験研修センター(2024). 令和7年版公認心理師試験出題基準.
楠見孝・米田英嗣(著). 感情と言語. 藤田和生(編)(2007). 感情科学の展望. 京都大学学術出版会, 55-84.
松村明・三省堂編修所(編)(2019). 大辞林 第四版. 三省堂.
武藤世良(著). 内山伊知郎(監)(2019). 感情心理学ハンドブック. 北大路書房, 100-141.
中村 明(1993). 感情表現辞典. 東京堂出版, 1-458.
大平英樹(編)(2010). 感情心理学・入門. 有斐閣, 5-7.
Ortony, A. et al.(1988). *The cognitive structure of emotions*. Cambridge University Press & Assessment.
Scherer, K. R.(2022). Theory convergence in emotion science is timely and realistic. *Cognition and Emotion*, 36:2, 154-170,
Smith, C. A. & Lazarus, R. S.(1991). Emotion and adaptation. Pervin, L. A.(ed.), *Handbook of Personality: Theory and research*. Guilford Press.
鈴木直人(著). 内山伊知郎(監)(2019). 感情心理学ハンドブック. 北大路書房, 78-94.
内山伊知郎(監)(2019). 感情心理学ハンドブック. 北大路書房, ii.
Watson, J. B.(1930). *Behaviorism*(*revised ed.*). University of Chicago Press.
山内弘継(1978). 資料言語手がかりによる感情・情動の心理的測定の試み. 心理学研究, 49, 284-287.

第 2 章

感情喚起に関する
神経生理学的基盤

- ■ 感情に関する大脳神経系の主な部位（腹内側前頭前皮質，扁桃体，島，視床下部）について説明できる。
- ■ 感情喚起に関する古典的な理論であるジェームズ・ランゲ説（末梢神経説），キャノン・バード説（中枢神経説），パペッツの回路について説明できる。
- ■ ルドゥーの二経路説，ダマシオのソマティック・マーカー仮説について説明できる。

　感情喚起に関する神経系の働きを探求する領域を感情神経科学（affective neuroscience）と呼ぶ。本章では感情に関与する主な脳部位について紹介し，神経系の働きに関連した古典的な感情喚起理論（ジェームズ・ランゲ説：末梢神経説，キャノン・バード説：中枢神経説，パペッツの回路）と近年の理論（ルドゥーの二経路説，ダマシオのソマティック・マーカー仮説）について学ぶ。

2.1節 ┃ 感情に関与する脳部位

A. 脳機能の測定

　ヒトを含めた哺乳類の神経系は，解剖学的に中枢神経系（central nervous system：CNS）と末梢神経系（peripheral nervous system：PNS）の2つの部分に大別される。中枢神経系は脳と脊髄から構成されていて，脳は大脳・間脳・中脳・橋・小脳・延髄に分かれて頭蓋骨の中に収まっており，脊髄は脳幹につながる背骨の中にあって全身の皮膚・関節・筋肉の末梢神経から脳へと情報を伝達するとともに，脳からの情報を末梢神経へと伝える役割を担っている（図2.1）。もしも脊髄が遮断されてしまうようなことがあれば，筋肉の麻痺や感覚の消失などが起こる。私たちの全身は末梢神経から脊髄を経由して中枢神経系の脳とつながっており，皮膚・関節・筋肉・内臓・血管・腺など，身体の各部位すべてが脳の制御下で機能し

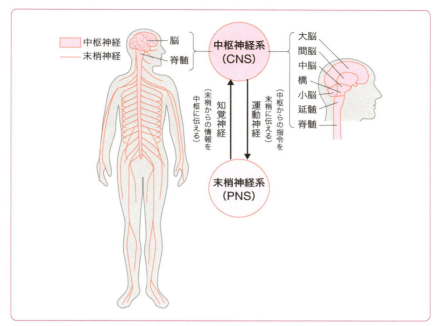

図2.1　中枢神経系（CNS）と末梢神経系（PNS）

ている。

　感情と脳の活動との関連を探求する方法は3つあり，第一には理論や仮説に沿って動物の脳を外科的に操作（電気刺激を与えたり，切除手術を施す等）する方法，第二には事故や病気による脳損傷患者の症例から特定の感情反応と脳の損傷部位との関連を検討する方法がある。そして第三の方法は，感情刺激に対する脳波（electroencephalogram：EEG）の測定や，近年技術進歩が著しい脳機能イメージング技術を用いた測定を行う方法である（**図2.2**）。脳の活動をリアルタイムで可視化する脳機能イメージングにはさまざまな方法があるが，感情神経科学研究では，扁桃体などの脳深部の活動も比較的鮮明に見ることができる機能的磁気共鳴画像法（functional magnetic resonance imaging：fMRI）や，帽子状の装置を被るだけで測定することができ対象者への負担が小さい近赤外光脳機能イメージング法（fNIRS）が用いられることが多い。以下では，これまでにわかってきている感情と関連する主な脳部位についてみていこう。

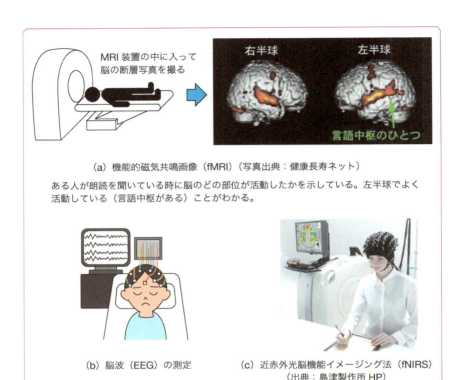

(a) 機能的磁気共鳴画像（fMRI）（写真出典：健康長寿ネット）

ある人が朗読を聞いている時に脳のどの部位が活動したかを示している。左半球でよく活動している（言語中枢がある）ことがわかる。

(b) 脳波（EEG）の測定　　　(c) 近赤外光脳機能イメージング法（fNIRS）
（出典：島津製作所 HP）

図2.2　さまざまな脳機能測定法（脳波，fMRI，fNIRS）

B. 腹内側前頭前皮質

　1848年，アメリカのバーモント州の小さな町で，鉄道建設作業員の**フィニアス・ゲージ**（Gage, P., 当時25歳）は，岩盤爆破作業中にダイナマイトによって飛ばされた長さ1m以上の鉄の棒が頭蓋骨を貫通してしまい，頭部に重傷を負った（**図2.3**）。幸運にも一命を取り留めて奇跡的な回復を示し，知的な面や感覚機能には大きな問題は残らずに職場復帰さえも果たすことができたという。ところが，彼の感情や性格的特徴は一変し，事故前の有能でバランスのとれた穏やかな性格から，極度の感情の変わりやすさや衝動性の高さ，対人的な無礼さや他者への関心の薄さ，優柔不断で意思決定ができなくなってしまったなど，劇的なマイナスの効果が出現した。ゲージの手当を担当した医師ハーロウ（Harlow, J. M.）は，その後も予後を追跡し，著しく変化した彼の感情や性格的特徴が元に戻ることはなかったことを報告

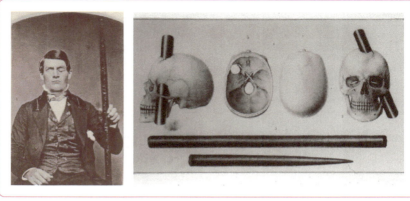

図2.3 （左）フィニアス・ゲージ，（右）ゲージの脳を貫通した鉄の棒（出典：National Library of Medicine, Digital collections）

している（Harlow, 1868）。

　1861年に37歳で死去したゲージの頭蓋骨はハーバード大学に長らく保管されていたが，1994年にアメリカの脳神経科学者**ダマシオ**（Damasio, A.）らの研究グループが，損傷の跡が残るゲージの頭蓋骨のエックス線画像の調査から，彼の損傷部位が眼窩前頭皮質に位置する**腹内側前頭前皮質**（ventromedial prefrontal cortex, **図2.4**）を中心としたものであることを明らかにした（Damasio et al., 1994）。

　ゲージの症例は，腹内側前頭前皮質の損傷が感情に大きく関与していることを示唆するものとして，これまでに多くの議論や研究が重ねられてきているが，詳細な関連メカニズムについては未だに明らかになっていないという（村山，2006）。前頭前野は，論理的思考や創造性など人間の高度な精神機能を司る重要部位であり，系統発生的にもヒトで最もよく発達している部位である。行動のプランニングや推論，意思決定プロセスなどにも深く関係しており，ゲージが事故後に劇的な感情の抑制・調整困難を示すようになったことについても，鉄棒の貫通によってこれらの高度な精神機能が物理的に破壊されたことに由来するのではないかと推測されている。

C. 扁桃体
　扁桃体（amygdala, 図2.4）は，左右の側頭葉内側に1つずつ位置するアーモンド型の構造をもつ神経核（神経系の分岐点や中継点となる神経細

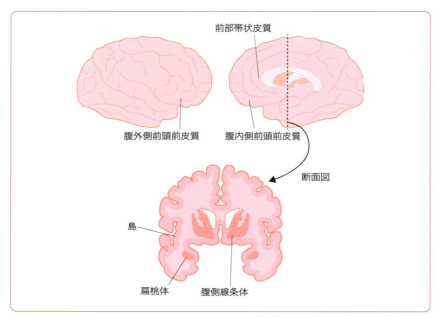

前部帯状皮質

腹外側前頭前皮質　　腹内側前頭前皮質

断面図

島

扁桃体　　腹側線条体

図2.4　感情と関連するさまざまな脳部位（腹内側前頭前皮質，扁桃体，島など；柳澤他，2019, p177）

胞群）であり，感情全般（とくに恐怖）にとって重要な部位であることが明らかにされている（Lindquest et al., 2016）。15～20mm程度の小さな部位であるが，**図2.5**のような3つの神経核群（皮質内側核群・中心核・基底外側核群）の複合体であり，基底外側核群には視覚，聴覚，嗅覚などすべての感覚系からの情報が入り込み，扁桃体内部でそれらの情報が統合される（Bear et al., 2016）。扁桃体は視床下部と連絡経路をもっており，私たちが強い情動を感じた際の動悸や発汗などの自律神経系による生理的反応は，この扁桃体から視床下部への連絡を経由して引き起こされる（6章p.75参照）。

　さまざまな神経科学的研究から，扁桃体が恐怖感情と深く関与することが知られている。ブライターら（Breiter et al., 1996）のfMRIを用いた研究では，無表情の顔・楽しそうな顔・恐怖の顔の3種類を見せた時の扁桃体の活動を比較すると，恐怖の顔により高い活性化が観測されたという（**図2.6**）

　クリューバー（Klüver, H.）と**ビューシー**（Bucy, P.）は，アカゲザルに

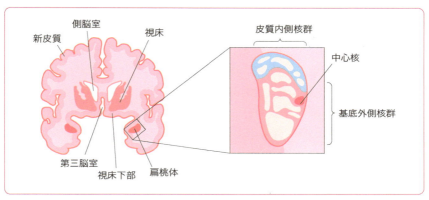

図2.5　扁桃体の内部（Bear et al, 2016, p483）

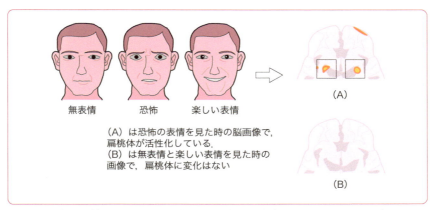

図2.6　恐怖の表情刺激に対する扁桃体の選択的活性化（Brieter et al., 1996）

扁桃体を含む両側側頭葉の切除手術を行い，恐怖と攻撃性が顕著に減弱することを発見した。実験者が近づいても逃げようとはせず，天敵であるヘビにすら恐れることなく近寄り，攻撃的な表情や叫び声もみられなくなってしまったという（Klüver & Bucy, 1939）。そのほかにも刺激の認識困難や性欲が亢進するなどの異常行動も出現した。これらの症状は**クリューバー・ビューシー症候群**（Klüver-Bucy syndrome）と呼ばれ，切除手術を受けたラットやオオヤマネコなど他の動物や，側頭葉損傷をもつヒトの症例についても認められている。

　アドルフ（Adolphs, R.）とダマシオらのグループでは，扁桃体を損傷した成人女性の症例（氏名のイニシャルをとって，S.M.の症例として知ら

れている）について表情認知の実験を行ったところ，幸福や悲しみ，嫌悪の表情写真については健常者と同様に正しく識別できるのに，怒りと恐怖の表情写真についてはどうしてもうまく読み取ったり説明したりすることができなかったことを報告し，扁桃体が他者の怒りと恐怖に特化した表情認知と関連することを明らかにしている（Adolphs, et al., 1994）。

　さらに，**ルドゥー**（LeDoux, J., 1994）は，動物を対象とした恐怖条件づけ実験（ある音の後には弱い電気刺激による痛みが随伴し，別の音の時には何も起こらない→痛みが伴う音に対してのみ音を聴くだけで心拍や血圧が高まるようになる）を行い，条件づけが成立した後で扁桃体を破壊すると，学習した心拍や血圧反応の高まりがみられなくなることを示した。扁桃体は恐怖体験に関する情動記憶の維持にも関わっているといえよう。

D. 島

　島（insula, とう，あるいは**島皮質**ともいう）は，両側側頭葉の内側にある大脳皮質であり（図2.3），感情全般との関連（柳澤・阿部，2019）が示されているだけでなく，言語機能や自他の痛みへの共感性（Fan et al., 2011）にも関連するなど，広範囲な心理機能との関連が報告されてきている部位である。島は，全身にわたる**内受容感覚**（interoception, 腹痛や頭痛などの身体的な不快や緊張時に自分の心臓の鼓動を感じたり，内臓・血管・骨格筋・体温・体液等の身体内部からの信号を受け取ることによって生じたりする主観的な感覚の総称）と深く関連しており，近年では，後述する感情生起に関する心理構成主義理論（3章p.41参照）において重視されている部位である（大平，2014）。

E. 視床下部

　視床下部（hypothalamus）は間脳に位置し（図2.5），全身に広く分布する大規模な神経網である**自律神経系**（autonomic nerve system）の総合中枢であり，感情に伴う生理反応や行動反応に深く関わる。自律神経系は，**交感神経系**（sympathetic nervous system：SNS）と**副交感神経系**（parasympathetic nervous system：PNS）からなり，強い怒りや恐れ，大きな喜びや驚きなど感情的に興奮している時には，SNSが活性化し，心拍数の上昇や発汗，筋肉の緊張などさまざまな身体変化を生じさせる。一方，感情が平穏に戻る時にはPNSが活性化し，それらの活動は平時

のリラックスした状態に戻る。SNSとPNSの活性化や鎮静化は，扁桃体などからの連絡を受けて発動する。感情喚起時の身体変化については第6章で詳しくみる。

F.　視床下部－下垂体－副腎系（HPA系）

　山道で遠くにヒグマがいることを見つけた場面では，誰もが強烈な恐怖に襲われ，心臓は高鳴り手に汗握り，一目散に逃げることを考えるだろう。**ストレス因子**（stressor，ストレッサー，ここではヒグマ）の知覚によって喚起された扁桃体の活性化は，ストレッサーに対処するためのさまざまな**ストレス反応**（**図2.7**）を迅速に生起する。ストレス反応には，ストレッサーに対する回避行動（逃げる），ストレッサーへの注意集中と警戒（注意の限定），動悸や発汗などの自律神経系の交感神経系の活性化，ストレスへの耐性を上げるための副腎（左右の腎臓の上に位置する小さな三角形の臓器）での**コルチゾール**（cortisol）の分泌などが含まれる。コルチゾールはストレス反応を調整する重要な物質であるため，一般に"ストレスホルモン"とも呼ばれている。

　ストレス反応の制御メカニズムとして有名なのが**視床下部－下垂体－副腎系**（hypothalamic-pituitary-adrenal system：**HPA系**）と呼ばれる生体システムである。少し複雑だが，図2.7に沿ってみていこう。ストレッサー（山道で出会ったヒグマ）が知覚されると，その情報は扁桃体から視床下部に伝えられてHPA系が活性化する。HPA系の活性化は，以下の流れで機能する。〔視床下部（hypothalamus→H）→ホルモン分泌を制御し

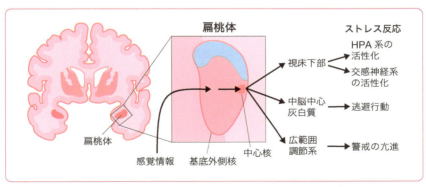

図2.7　扁桃体によるストレス反応の制御（Bear et al., 2016, pp582）

ている下垂体（pituitary→P）：下垂体からの指令による副腎（adrenal→A）でのコルチゾールの分泌]。コルチゾールは血中に放出され，ストレスに対抗して生存を確保するためのエネルギー源となるグルコース（血中のブドウ糖）を動員したり免疫系を抑制したりして，ヒグマに襲われずに山から逃げ帰るのに必要な体力や気力を維持することに貢献する。

2.2節 ┃ 感情喚起に関する古典的な神経生理学的理論

本節では，感情喚起の機序（メカニズム）について，神経生理学的観点から説明しようとしてきた古典的な諸理論について，歴史に沿ってみていこう。

A. ジェームズ・ランゲ説（末梢神経説）

ジェームズ（James, W.）は，1875年にアメリカで初の心理学の講義を行い，心理学研究室を設置した心理学の祖の一人である。ハーバード大学の哲学教授に就任したジェームズは，1884年に執筆した "*What is emotion ?*（情動とはなにか）" という論文の中で，感情生起に関する最初の学説となる "我々は身体の生理的変化に応答して感情を経験する" という仮説を提唱した（James, 1884）。同時期にデンマークの心理学者**ランゲ**（Lange, C.）も同様の学説を発表したため，この学説は**ジェームズ・ランゲ説**（James-Lange theory）と呼ばれている。

私たちは一般的に，"悲しい（感情）から泣く（身体反応）""うれしい（感情）から笑顔になる（身体反応）" など，感情が身体反応を引き起こすと認識しているが（**図2.8**），ジェームズ・ランゲ説ではこの考えを否定し，"泣く" あるいは "笑顔になる" という身体の末梢部位の反応が先に起こり，

図2.8　常識的な感情の喚起メカニズム（刺激→主観的体験（情感）→身体反応）（Gleitman et al., 2010）

"私は身震いしているから恐怖を感じてるんだ！"

刺激

泣く，震えるなどの
身体（末梢）反応

恐怖感

主観的体験
（情感）

図2.9　感情喚起に関するジェームズ・ランゲ説（刺激→身体（末梢）反応→主観的体験（情感））（Gleitman et al., 2010）

それが脳（中枢部位）にフィードバックされて，"悲しい"・"うれしい"という主観的な感情体験を引き起こすという常識とは逆の順序を仮定しており，**末梢神経説**（peripheralist theory）とも呼ばれている（**図2.9**）。

　19世紀後半に提唱されたジェームズ・ランゲ説は感情喚起に関する最初の神経生理学的な古典的学説として高名であるが，感情と生理的・身体的反応は確かに密接に結びついてはいるものの，彼らが想定したような因果関係や誘発の順序性は十分には立証されていない（Bear, et al., 2016）。その後20世紀に入り，次項で紹介する神経生理学者のキャノンやバードらによって批判を受けてこの学説は衰退していったが，生理的・身体的反応が感情（主観的体験）に先立つという枠組みは，シャクターとジンガーの二要因理論（p.24）に部分的に継承されていった。

B. キャノン・バード説（中枢神経説）

　アメリカの神経生理学者**キャノン**（Cannon, W.）は，生理学的な実証研究の知見を基に1927年にジェームズ・ランゲ説を批判する論文を発表した。キャノンは第一に，脊髄切断によって身体器官の反応や身体感覚が消失してしまった動物やヒトの症例でも感情がなくなることはなかったことを論拠として挙げ，ジェームズ・ランゲ説において身体器官（末梢神経系）の反応が脳にフィードバックされることが感情生起の必要条件であるとした点に異を唱えた。第二の反論は，ジェームズ・ランゲ説が特定の感情と特定の身体反応が1対1に結び付くことを前提としている点であった。例えば，ヘビ嫌いな人がヘビを発見した際の動悸や発汗と恐怖感情との結びつきを考えてみると，同様な動悸や発汗，体の硬直は，相手に対して激しい怒りを覚えた

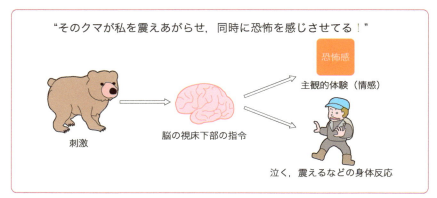

図2.10　感情喚起に関するキャノン・バード説（刺激→脳の視床下部→主観的体験と身体反応の同時生起）（Gleitman et al., 2010）

際にも生じるかもしれないし，宝くじに大当たりして仰天して大喜びした状況でも，さらには，感情体験と無関係の高熱時に同様な状態が出現することもありえる。とくに敵と遭遇したり大地震に巻き込まれるといった緊急時の反応（emergency reaction）には，交感神経系の活性化による全身各所での画一的な身体反応（動悸，発汗，瞳孔縮小等）が含まれ，そこから生じる感情が敵に対する怒りなのか自身への恐れなのかを身体反応だけから弁別することはできないのではないかとキャノンは指摘したのである。

　キャノンは**バード**（Bard, P.）とともに，同時期に感情喚起の新しい学説を提唱し，自身が行った実験的研究から，感情を引き起こす中核的部位は**視床下部**（hypothalamus, 図2.5）であると結論し，感情は**図2.10**のような流れで喚起されると理論化した。

　この学説はキャノン・バード説（Cannon-Bard theory）と呼ばれているが，ジェームズ・ランゲ説が感情の末梢神経説（感情は末梢の身体反応が引き起こす）とされるのに対比して，キャノン・バード説では感情を引き起こすのは脳内の大脳皮質であることから，中枢神経説（centralist theory）と呼ばれている。

C. パペッツの回路

　キャノン・バード説などを受けて，アメリカの神経生理学者**パペッツ**（Papez, J.）は，**辺縁葉**（limbic lobe, **図2.11左**；脳幹の周囲を包み込むように環状構造を形成する帯状回皮質や海馬を含む広範囲な脳の内側面の

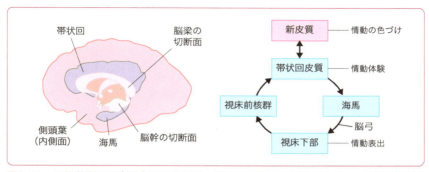

図2.11　辺縁葉（左：脳幹を包み込む海馬→帯状回の青い皮質領域）とパペッツの回路（右）

皮質領域）を中心とした循環的な感情生起モデルを提唱した（Papez, 1937，**図2.11右**）。パペッツの回路（Papez circuit）と呼ばれるこのモデルでは，感情刺激は視床を経由して視床下部へと入力され，その後自律神経系から身体反応へ至る流れはキャノン・バード説と同じであるが，同時に視床下部から分岐した感情情報は視床前核を経由して辺縁系を構成する帯状回皮質から投射され，他の大脳新皮質によって引き起こされた活動によって**"情動の色づけ（emotional coloring）"** がなされた結果，多彩な感情体験が生じると考えた。帯状回皮質に到達した情報はさらに記憶に関する中心的な部位である**海馬**（hippocampus）を経て再び視床下部に戻る，という複雑な循環回路を構成する，と提案した。

　アメリカの生理学者である**マクリーン**（Maclean, P.）は，1952年に，パペッツの回路に感情喚起に重要な機能を有する扁桃体と眼窩前頭皮質などを加えて**辺縁系**（limbic system）と名づけ，情動を司る部位群として概念化した。マクリーンはさらに自説を発展させて，**脳の三位一体説**（進化の段階に応じて，爬虫類脳：脳幹や小脳，旧哺乳類脳：辺縁系，新哺乳類脳：新皮質，という三層構造）を提唱している（Maclean, 1973）。

　その後の解剖学的な研究から，パペッツの回路やマクリーンの辺縁系を構成する各要素は相互に機能的に連絡していることは確かめられたものの，海馬など感情よりも記憶に深く関わっている部位が含まれていることも明らかになるなど，感情喚起の説明理論としては批判も多く受けるようになり（LeDoux, 1994），いずれも感情喚起に関する古典的理論として位置づけられるようになっていった。

D. シャクターとジンガーの二要因理論

　1960年代に入って，アメリカの実験社会心理学者**シャクター**（Schachter, S.）は，ジェームズ・ランゲ説のように感情が生起するにあたっては生理的な興奮が前提となるが，そこからどの種類の感情が生起するかは，自分の身に生じた身体的反応に対する認知的評価によるラベルづけ（理由づけ）が重要であると考えた。

　シャクターが同僚の**ジンガー**（Singer, J.）とともに行った実験では，自律神経系の興奮を喚起するエピネフリンを"ビタミン剤"であると偽って2つの被験者グループに注射して人工的な興奮状態を作り出した（被験者には，この実験はビタミン剤の効果をみるものである説明している）（Schachter & Singer, 1962）。一方のグループの被験者には注射の副作用（注射によって15〜20分の間興奮状態となること）について伝え（副作用告知群），もう一方のグループには副作用については何も伝えず注射のみを行った（副作用告知なし群）。この2つのグループはさらに2つの異なる感情（①幸福感と②怒り）を引き出すための実験状況に分けられた。幸福感を引き起こすための実験条件では，待合室に被験者と居合わせるサクラ（実験者であることを隠してシナリオを演じる）が，紙飛行機を被験者に向かって飛ばしたり丸めた紙でバスケット遊びやフラフープをするなど被験者とともに楽しい状況を作りだした（幸福感喚起状況）。一方，怒りを引き起こす条件では，サクラと被験者の2人は実験者に手渡された長い質問紙に回答するように教示されるが，サクラは質問項目に文句を言い続け，ついには質問紙を破り捨てて部屋を出ていってしまう…という険悪な状況を作った（怒り喚起状況）。事後に尋ねられた自己評定による幸福感尺度の得点について，幸福感喚起状況に置かれた副作用告知群（25名）と副作用告知なし群（25名）の間には平均得点の差に統計学的に有意な差があり（$p<.05$），告知なし群のほうがより高い幸福感得点であったことが示された。怒り状況においても統計学的な有意水準には達しなかったが（$p<.10$），同様に，告知なし群（23名）の平均点のほうが告知群（22名）より怒り得点が高い傾向が示された。告知された群は，待合室での自分の興奮状態が注射の副作用であると解釈（ラベルづけ）していた一方，副作用について告知されなかった群は，サクラが作り出したそれぞれの状況の雰囲気により強く影響されたと考えることができるだろう。

　この実験結果からシャクターとジンガーは，ある特定の感情が生起するた

"私はクマに遭遇して焦り（興奮），
この状況を危険であると認知的に評価した結果，恐怖感を感じている"

刺激

a. 生理的興奮
（焦り）

"なんて巨大で恐ろしいクマなんだ！このクマに襲われそうになっているから焦っている！"

b. 認知的解釈
（ラベルづけ）

恐怖感

a＋b→
主観的体験
（情感）

図2.12　シャクターとジンガーの二要因理論（刺激→a. 生理的興奮（身体生理学的変化）→b. 認知的解釈（ラベルづけ）→a＋bによる主観的体験）（Gleitman et al., 2010）

めには，**一般的な生理的興奮（身体生理学的変化）とそれに対する認知的な解釈による説明**（ラベルづけ：注射の副作用のために興奮している，あるいは楽しい／険悪な状況にいたから楽しい／不愉快な気持ちになっている等）**の両方の要因が必要**であると定式化し，感情生起の二要因理論（two-factor theory）を提唱した（**図2.12**）。彼らの実験に対しては，後に行われた追試的研究で同様な結果が得られないこともあったため，確かな理論として確立しなかったが，感情喚起における認知的評価の重要性を指摘した先駆的な学説として有名である。

2.3節 ┃ 感情喚起に関する近年の神経生理学的理論

　本節では，近年の感情喚起に関する神経生理学的理論のうち代表的なルドゥーの二経路説とダマシオのソマティック・マーカー仮説の2つの理論について説明する。

A. ルドゥーの二経路説：低次経路と高次経路

　動物を使った扁桃体の破壊実験で有名な神経科学者の**ルドゥー**（LeDoux, J.）は，パペッツの回路における視床下部を扁桃体に置き換えた新たな恐れの感情喚起に関する二経路説を提唱している（LeDoux, 1998）。

　ルドゥーによると，恐れの感情刺激は感覚視床に入力された後，①扁桃体に直接至る経路（低次経路：迅速で大雑把な処理，誤りも多い）と②大脳の感覚皮質を経由して扁桃体に間接的に至る経路（高次経路：時間はかかるが

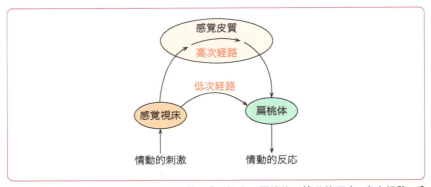

図2.13　ルドゥーの二経路説（低次経路：感覚視床→扁桃体→情動的反応, 高次経路：感覚視床→感覚皮質→扁桃体→情動的反応）（LeDoux, 1998）

精緻な処理）の2つの経路によって並列的に感情刺激が処理され，情動反応が生起する，とされる（**図2.13**）。

　例えば，暗い道に落ちていた白いロープについて考えてみよう。低次経路での処理によって，それを瞬間的に“ヘビだ！”と見誤って“わっ！”と叫んで後ずさるが，高次経路での処理によって，“いや…待てよ，あれはまったく動いていなかったし，ただのロープか紐かもしれない”と，再度詳細に対象を検分してより的確な判断に至り，低次径路で活性化した感情反応が制御されて動悸や恐怖感が収まり，安堵しつつ，またゆっくりと歩き出すことができる，といった状況がその例であるといえよう。

B. ダマシオのソマティック・マーカー仮説

　先述のゲージの脳損傷部位を新しい画像化技術を用いて明らかにした神経科学者**ダマシオ**（Damasio, A.）は，1994年に，感情に関連する身体感覚と意思決定との関連についての<u>ソマティック・マーカー仮説</u>（somatic maker hypothesis）を発表した（Damasio, 1994）。この仮説では，人が何か意思決定をする際には，過去の体験で学習して自動化した感情に伴う身体感覚（ソマティック）が迅速によみがえって信号（マーカー）として機能し，その場での意思決定を補助する，と考える。例えば，森の中でクマに遭遇すれば誰しもが激しい動悸や体中の筋肉が硬直して身がすくむような身体感覚を体験するが，その時に恐怖感情に伴う身体感覚が学習され，その後，再び森を散策するという類似した状況に至ったとき，過去の経験に基づいた

不穏な身体感覚（ソマティック・マーカー，何となく不安で胸がどきどきしたり胃がむかむかしたりするなど）が自動的に生起して，やっぱりクマがまた出てきそうなこの森を一人で散歩することは止めておくことにしよう，と判断する（意思決定），といった状況が挙げられる。

　ダマシオらの仮説を実証する実験として有名なのが**アイオワ・ギャンブリング課題**（Iowa Gambling Task；Bechara et al., 1997）である。この課題では，テーブルの上に4組のカード束が置かれ，このうち2組は，利益が高いが損失も高く長期的には損失をもたらす悪い組（ハイリスク・ハイリターン）として設定され，他の2組は，利益と損失がともに低く長期的には利益をもたらす良い組（ローリスク・ローリターン）として設定された。被験者は，最初に一定額の貸付金を渡され，4組のうち好きな山から自由に何度もカードをめくり，最終的に多くの利益を得るように求められた。対象となった健常群は，次第に良い組（ローリスク・ローリターン）を選択するようになって課題成績が向上したが，腹内側前頭前皮質（図2.3）を損傷した患者群では，認知的機能に問題がないにもかかわらず，躊躇なく悪い組（ハイリスク・ハイリターン）を選択し続けてしまい，課題成績が向上しなかったという。健常者群では，何度もカードをめくる操作の中で，ハイリスクのカードの山をめくることに"何となく嫌な感じ"が伴う（ソマティック・マーカー）ようになり，ハイリスクの山のカードはめくらないという意思決定がなされるようになっていくのに対し，脳損傷群ではそうしたソマティック・マーカー感覚が身につかず，最後まで同じ過ちをおかし続けてしまった，ということになるだろう。腹内側前頭前皮質を損傷した患者たちが，前節でみたゲージと同様に，知的能力に問題がないにもかかわらず日常生活において適切な意思決定が困難になってしまうのは，腹内側前頭前皮質が過去の経験の記憶から同様な刺激場面にマッチした情動を喚起するシグナル（ソマティック・マーカー）を発信し，適切な推論や意思決定を助けていることを示すのではないかと考えられている。

　以上，本章では感情に関連する脳部位や，感情喚起に関する神経生理学的な古今の理論をみてきた。感情に関する脳部位については，この他にも喜びなどのポジティブな感情に関連する腹側線条体（ventral striatum）や，感情の認知的制御に関連する腹外側前頭前皮質（ventrolateral prefrontal cortex），共感性に関連する前部帯状皮質（anterior cingulate cortex）など数多くの脳部位について研究が進められてきている（図2.4，柳澤・阿部，2019）。fMRIやfNIRSのようなリアルタイムでの脳の活動を可視化する脳機能イメージング技術の進歩とともに感情神経科学は急速に発展してきているものの，複雑な感情過程全体については未知のことがまだ非常に多い。本章でみてきたように，扁桃体が恐怖や怒りの感情との深い関連性をもつことは確かなことであるが，他のさまざまな脳部位（例えば眼窩前頭皮質や前帯状回など）も恐怖や怒りなどのネガティブ感情に関連することが報告されているし，扁桃体自体も喜びなどポジティブな感情にも関連することがわかっていて，特定の感情と脳部位との関係はきわめて複雑である。感情の神経生理学的基盤の解明が進む中で新たな感情喚起の理論が考案されていくことが予想され，今後の感情神経科学研究の進展に注目することが必要であろう。

〈文献〉

Adolphs, R. et al.(1994). Impaired recognition of emotion in facial expressions following bilateral damage to the human amygdala. *Nature*, 15, 372(6507), 669-672.

Bear, M. F. et al.(2016). *Neuroscience: Exploring the Brain, 4th ed*. Jones & Bartlett Learning.（ベアー, M. 他（著）藤井聡（監訳）(2021). 神経科学 脳の探求 改訂版. 西村書店, 470-491, 582）

Breiter, H. C. et al.(1996). Response and habituation of the human amygdala during visual processing of facial expression. *Neuron*, 17, 875-887.

Bechara, A. et al. (1997). Deciding advantageously before knowing the advantageous strategy. *Science*, 275(5304), 1293-1295.

Damasio, H. et al.(1994). The return of Phineas Gage. *Science*, 264, 1102-1105.

Damasio, A.(1994). *Descartes' error: Emotion, reason, and the human brain*. Quill Publishing.（田中三彦（訳）(2010). デカルトの誤り 情動, 理性, 人間の脳. ちくま学芸文庫）

Fan, Y. et al.(2011). Is there a core neural network in empathy? An fMRI based quantitative meta-analysis. *Neuroscience & Biobehavioral Reviews*, 35, 903-911.

Gleitman, H. et al.(2010). Psychology(8th ed.). W. W. Norton & Company, 495.

Harlow, J. M.(1868). Recovery from the passage of iron bar through the head. *Publication of the Massachusetts Medical Society*, 2, 329-347.

James, W.(1884). What is emotion? 1884. In W. Dennis(Ed.), *Readings in the history of psychology*. Appleton-Century-Crofts. 290-303.

Klüver, H., & Bucy, P. C.(1939). Preliminary analysis of functions of the temporal lobes in monkeys.1939. *The Journal of Neuropsychiatry and Clinical Neurosciences*, 9, 606-620.

公益財団法人長寿科学振興財団. 健康長寿ネット：磁気共鳴機能画像法(fMRI) https://www.tyojyu.or.jp/net/kenkou-tyoju/tyojyu-iryo/fmri.html

LeDoux, J. E.(1994). Emotion, memory and the brain. *Scientific American*. 270, 50-57.

LeDoux, J. E.(1998). *The Emotional Brain*. Weidenfeld & Nicholson Ltd.

Lindquist, K. A. et al.(2016). The brain basis of positive and negative affect. *Cerebral Cortex*, 26,1910-1922.

Mclean, P. D.(1973). *A triune concept of the brain and behaviour*. University of Toronto Press.

National library of medicine digital collections. Neurology - wounds: recovery from a head wound. https://collections.nlm.nih.gov/catalog/nlm:nlmuid-101434515-img

村山航（著）北村他（編）（2006）. 感情心理学の新展開. ナカニシヤ出版, 67-92.

大平英樹（2014）. 感情的意思決定を支える脳と身体の機能的関連. 心理学評論, 57, 98-123.

Papez, J. W. (1937). A proposed mechanism of emotion. *Archives of Neurology and Psychiatry*, 38, 725-743.

Schachter, S. & Singer, J. (1962). Cognitive, social, and physiological determinants of emotional state. *Psychological Review*, 69(5), 379-399.

柳澤邦昭・阿部修士（著）, 内山伊知郎（監）（2019）. 感情心理学ハンドブック. 北大路書房, 176-192.

第**3**章 感情喚起に関する理論（1）基本感情理論と構成主義理論

到達目標

- 基本感情理論の概要について説明できる
- 心理構成主義理論の概要について説明できる
- 社会構成主義理論の概要について説明できる

　第1章・第2章では，心理学が成立する以前の西洋哲学の伝統を含めて感情がどのように定義され，またどのような機序（メカニズム）で喚起されるのか，身体と脳との関係性に注目したさまざまな考え方についてみてきた。第3章と第4章では，現代の感情心理学における代表的な感情喚起の理論について学ぶ。まず第3章では，恐れ・怒り・喜びなどの基本的な感情はそれぞれ特異的な生物学的プログラムによって自動的に発動すると考える基本感情理論と，それとは異なり，各種の感情はある事象に遭遇した際に，個人の認知的枠組みや社会的文脈の影響を受けて，その都度個人の中で心理的に構成（創発）されていくものと考える構成主義理論について説明する。

3.1節 基本感情理論

A. 感情の進化的基盤

　基本感情理論（basic emotion theory）では，感情を，個体の生存を有利にする機能をもつものとして，長い生物の歴史のなかで進化し定着したと考える。恐れ・怒り・悲しみ・喜びなどの**基本感情**（basic emotion）には，例えば"恐れ"は敵との遭遇時に逃げるための内的準備状態を瞬時に準備する，"怒り"は体温が上昇し敵との戦いへの攻撃傾向が高まるなど，それぞれに異なる適応上の機能をもって互いに**分離独立**（discreteness）していると想定する。また，一連の感情反応（表情・身体的/生理的反応・主観的体験・思考ー行動傾向）もそれぞれ独自のものとして生得的にプログラムされ，必要な状況で瞬時に自動的に発現する，と仮定している。
　また，基本感情の表出に伴う顔面の表情は，社会・文化による表示規則

（display rules；Ekman, 1972）の学習によって多少の調整はなされるものの（例えば，日本では人前での怒りや不機嫌等の否定的な表情表出は抑制的であるほうが望ましい，などの暗黙の文化的な表示規則がある等），基本的には人類共通のものであり，他の個体に対して同一のメッセージを伝えるとしている。近年では，それぞれの基本情動には独自の神経学的基盤があると仮定する神経科学的な検討も行われてきている（Hamann, 2012）。

　基本感情理論は現代の感情心理学の代表的理論の1つであるが，そのルーツは，19世紀半ばに『種の起源』を著し，"自然選択"[1]に立脚する進化論を唱えた**ダーウィン**（Darwin, C.）の著作"*The expression of the emotions in man and animals*"（邦題：人及び動物の表情について，1872）に遡る。

B. ダーウィンのヒトと動物の表情の比較研究

　皆さんは，喜怒哀楽といった顔の表情が，私たち人間だけでなく，他の動物にもあるのか考えたことがあるだろうか？　犬や猫などと一緒に暮らしている人々なら，彼らの眼差しや口元に，喜びや親愛，怯えなどの豊かな感情状態を感じることが多いだろう。ダーウィンは『人及び動物の表情について』の中で，乳幼児を含めたヒト，類人猿，犬，猫，馬，鳥類，爬虫類など多様な動物について，怒り・恐れ・親愛・歓喜・驚愕などの情動表出に伴う顔面筋運動（表情）や発声，姿勢について詳細に比較検討を行った。例えば，激しい怒り（憤怒）を覚えたときには心臓がドキドキし，怒り特有の表情や身振りが動物にも人間と同様に出現したり，失望してがっかりした時には口元をすぼめる特有の表情がヒトにもチンパンジーにも共通して見られる（**図3.1〜図3.3**）ことなど，ヒトと近縁の動物には共通する表情があることを詳細に論じている。発達初期の幼い子どもであっても同様で，表出の細かな規則については生育歴のなかで学習する部分はあるものの，感情表出（表情や身振り）の本質的な部分は生得的であると結論した。

　ダーウィンはまた，感情表出に伴う表情や身振りが自然選択によって進化し定着したものであるとすれば，地球上のどの地域でも・どの人種でも共通して見られるはずであると考えた。驚愕時の表情や羞恥時の赤面，激怒した

1　自然選択（natural selection）：ある特徴を有する個体が自然環境への適応の良好さから生き残り，その個体の遺伝子が次世代に継承されていく，とする考え方。

図3.1　ダーウィンの表情観察：幼児の泣喚の表情（閉眼，四角く開いた口，ほうれい線の顕著な皺等が特徴的, DARWIN ONLINE, plate I）

図3.2　（左）他者への攻撃的な笑い，（右）犬の怒りの表情（犬歯の露出，耳の後方密着が特徴）（DARWIN ONLINE, plate IV/fig.14）

際の身振り，上機嫌時の顔の表情，冷笑や罵倒時の唇や犬歯の状態などの16項目の質問票を作成し，未開民族も含む広範な対象者の観察結果を記載してもらうよう知人たちに依頼した。得られた回答の分析から，"同一の精神状態は世界到る処（ところ）著しき斉一さを以て表出される" として，表情の人類普遍性を強調した。

　1872年にダーウィンが提唱した感情の人類普遍性に関する仮説が科学的に検証されるようになるのは，100年近く後の1960年代以降である。第1

図3.3 失望して不機嫌なチンパンジー
唇の突出が特徴，一度与えられたミカンを取り上げられて不機嫌になった時の様子（DARWIN ONLINE, fig.18）

章でみたように，20世紀前半の心理学は，感情をあいまいで科学的検討が不可能なものであると考える行動主義が全盛であり，感情に関心を寄せる研究者はわずかであった。次節では，ダーウィンの仮説を継承して基本感情理論を発展させたエクマンらの研究について見ていこう。

C. エクマンの文化人類学的研究

　表情の人類普遍性に関するダーウィンの仮説を検証するために，アメリカの心理学者**エクマン**（Ekman, P.）らは，ニューギニア（太平洋南部に位置する世界で2番目に大きな島）の東部海抜1,200m～2,700mの高地に住み，1960年代当時では西欧人の写真や映像を見たこともなく，文字文化をもたないフォレ族（**図3.4**）を対象とした研究を行った（Ekman & Friesen, 1971）。エクマンらは，フォレ族の189名の成人と130名の子どもを対象として，特定の感情（幸福・恐れ・悲しみ・怒り・驚き・嫌悪）を喚起させる以下のような短いストーリーを聞いてもらい，正解を含む3枚の西欧人の表情の写真（図3.4左）からその話の主人公に合うものを選択してもらった。

①幸福：友達が来訪してくれてうれしい
②恐れ：斧や矢など闘う道具が何もなく小屋に一人きりでいる時に，小屋の入口に大きなイノシシが立っているのを見る
③悲しみ：自分（母親）の子どもが亡くなってとても悲しい
④怒り：戦いに際して怒っている
⑤驚き：たった今何か予期しない新しいものを見つけた
⑥嫌悪：嫌いなものを見つけた・くさい臭いのものを見つけた

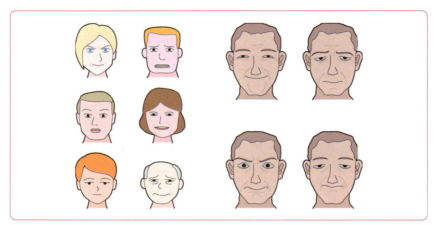

図3.4　エクマンら（Ekman & Friesen, 1971）が研究で使用したアメリカ人男女（左）と
フォレ族（右）の基本感情の表情の例

　表3.1にあるように，子どもについては76％〜100％と概ね高い正答率
となった。成人については，恐れと驚きの正答率は5割以下と低く，両者の
識別の難しさ（28％〜48％）が伺われるが，その他については概ね高い正
答率で西欧人の表情写真を選択することができたという（恐れと驚きの組み
合わせ以外での大人の正答率：64％〜100％）。
　続いてエクマンらは10ヶ国（アメリカ，日本，スコットランド，西ドイ
ツ，トルコ等，表3.2）の大学生を対象とした同様の国際共同研究を行い，
6種類の白人の成人男女の表情写真（幸福・驚き・悲しみ・恐れ・嫌悪・怒
り，図3.4）に対する感情語の選択課題においても，概ね高い正答率（60％
〜98％）が観察されたことを報告している（Ekman et al., 1987）。エク
マンらはこうした一連の研究から，幸福（happiness）・悲しみ（sad-
ness）・怒り（anger）・恐れ（fear）・嫌悪（disgust）・驚き（surprise）
の6つの感情を"基本感情（basic emotion）"と呼び，それらは社会・
文化を超えて人類に普遍であり，基本感情に関する表情認識の能力は生得的
なものである，と結論している（Ekman et al., 1987）。
　一方で，この10ヶ国の大学生を対象とした研究で，刺激として呈示され
た白人男女の表情写真に対する感情強度の評定（どの程度その感情を強く表
現していると感じるかについて，8件法：[1. わずかに表現している〜8.
強く表現している] で評定を求めた）においては，香港・日本・スマトラ

表3.1　エクマンらの感情と顔面表情との関連に関する文化人類学的研究（Ekman & Friesen, 1971）

物語で叙述された感情	フォレ族の成人（189名，3枚の写真から選択）		フォレ族の子ども（130名，2枚の写真から選択）	
	提示された別の感情（2種類）	正答率	提示された別の感情（1種類）	正答率
幸福（happiness）	驚き・嫌悪	90%	驚き	87%
	驚き・悲しみ	93%	悲しみ	96%
	恐れ・怒り	86%	怒り	100%
	嫌悪・怒り	100%	嫌悪	88%
怒り（anger）	悲しみ・驚き	82%	悲しみ	90%
	嫌悪・驚き	87%	—	—
	恐れ・悲しみ	87%	—	—
悲しみ（sadness）	怒り・恐れ	81%	怒り	85%
	怒り・驚き	81%	驚き	76%
	怒り・幸福	87%	嫌悪	89%
	怒り・嫌悪	69%	恐れ	76%
	嫌悪・驚き	77%	—	—
嫌悪（disgust, いやな臭い）	悲しみ・驚き	77%	悲しみ	95%
嫌悪（disgust, 嫌いなもの）	悲しみ・驚き	89%	悲しみ	78%
驚き（surprise）	恐れ・嫌悪	78%	幸福	100%
	幸福・怒り	65%	嫌悪	100%
	—	—	恐れ	95%
恐れ（fear）	怒り・嫌悪	64%	悲しみ	92%
	悲しみ・嫌悪	87%	怒り	88%
	怒り・幸福	86%	嫌悪	100%
	嫌悪・幸福	85%	—	—
	驚き・幸福	48%	—	—
	驚き・嫌悪	52%	—	—
	驚き・悲しみ	28%	—	—

のアジア3ヶ国のグループとそれ以外のアメリカなどの欧米7ヶ国では，アジアグループの評定値がより低く（より弱い感情表現であると評定），幸福・驚き・恐れの3つの感情については統計学的にも有意差が見られという。エクマンらは，感情の顔面表出には人類普遍性が強く認められるものの，それぞれの社会や文化のなかで感情をどのように表出するのが望ましいのかという**表示規則**（display rules）については，さまざまなバリエーションが

表3.2　エクマンらの感情と顔面表情との関連に関する国際比較研究（Ekman et al., 1987）

実験に参加した大学生の国籍（人数）	正答率					
	幸福	驚き	悲しみ	恐れ	嫌悪	怒り
エストニア（85名）	90％	94％	86％	91％	71％	67％
西ドイツ（67名）	93％	87％	83％	86％	61％	71％
ギリシャ（61名）	93％	91％	80％	74％	77％	77％
香港（29名）	92％	91％	91％	84％	65％	73％
イタリア（40名）	97％	92％	81％	82％	89％	72％
日本（98名）	90％	94％	87％	65％	60％	67％
スコットランド（42名）	98％	88％	86％	86％	79％	84％
スマトラ（36名）	69％	78％	91％	70％	70％	70％
トルコ（64名）	87％	90％	76％	76％	74％	79％
アメリカ（30名）	95％	92％	92％	84％	86％	81％

※参加した大学生は，6種類の表情写真（幸福・驚き・悲しみ・恐れ・嫌悪・怒り）を10秒間見ている間にその表情を表す単語を7種類（幸福・驚き・悲しみ・恐れ・嫌悪・怒り・侮辱）から1つ選択してチェックするよう教示された。表中の数値は，正解とされた表情単語を選択した割合を示す。

存在していることにも言及している（Ekman et al., 1971）。

D. 基本感情に関するさまざまな理論

　では，どのようにして"ある感情"が基本感情であると認定することができるのだろうか。エクマンは，ある感情が基本感情かどうかを判断するためには，以下のような①〜⑨の9つの基準が満たされる必要があるとしている（Ekman, 1992；遠藤，2013）。なお，括弧内の例は筆者によるものである。

　①種内普遍性：表情や発声などが明らかに他の感情表出とは区別することが可能で，社会・文化にかかわらず人類共通であること（例：猛獣に遭遇した時の恐怖表情や叫び，愛する者との死別時の悲しみや号泣）。
　②種間普遍性：チンパンジーやゴリラなどヒトに近い他の動物にも類似した表出が見られること。
　③生理的反応の特異性：心臓の動悸や発汗など自律神経系の反応との関連の仕方に，他の感情とは異なる特異性がみられること。
　④先行事象の特異性：大切な人との死別が悲しみを引き起こすように，あ

る感情を喚起する先行事象には一定の共通性がみられ，他の感情とは区別できること。

⑤一連の反応過程の一貫性：生理的反応や表情パターン，行動傾向などの一連の感情反応に一貫性が認められること（例：猛獣に遭遇した時の動悸や発汗・恐怖表情・叫び・逃走あるいは闘争など）。

⑥感情喚起の迅速性：個体の生存確率を上げるために，状況を認識したと同時にごく短時間（数ミリ秒）のうちにその感情が生起すること。

⑦短時間での終息：ある特定の感情状態が長く継続すると状況が変化した際に切り替えが遅れて対応が難しくなるため，基本感情の持続は短時間であることが必要となる。

⑧無意識的な自動的評価（automatic appraisal）の存在：適応にとって有害か有益か瞬時で自動的な意識下の評価がなされ，それに続いて喚起されるものであること。

⑨意図性の欠如：その感情は意図的に引き起こすものではなく，自然に湧き上がってくるものであること。

　エクマンは，前述の6つの基本感情はこの9つの基準をすべて満たしていると改めて論じ（Ekman, 1992），より近年ではこの6つに軽蔑（contempt）を加えた7種類を提案している（Ekman & Cordaro, 2011）。
　何を基本感情の要件（基準）であるとするかには，エクマンの9つの基準以外にもさまざまな考え方がある（Tracy & Randles, 2011）。**イザード**（Izard, C. E.）は，個体発生における発達早期での発現を重視し（8章参照），エクマンの6つの基本感情に興味・軽蔑・罪・恥の4種を加え10種を基本感情であるとした（Izard, 1991）。そのほかにも，**レベンソン**（Levenson, R. W.）は楽しさ・悲しみ・恐れ・怒り・嫌悪・興味・驚き・愛情・安堵の9種類（Levenson, 2011），**パンクセップ**（Panksepp, J.）と**ワット**（Watt, D.）は遊び・パニック／悲しみ・恐れ・憤怒・探究・欲望・世話の7種類（Panksepp & Watt, 2011），**プルチック**（Plutchik, R.）は8種類（エクマンらの6種類に期待と受容を加えたもの）を挙げているなど（Plutchik, 1980），研究者によって基本感情の種類数や基準はさまざまで，やや混沌としている。基本感情理論とは立場の異なる理論家たちから，こうした種類数や基準に一致点が見いだされない状況は，基本感情理論の整合性のなさを示すものとして批判されてきている点でもある（遠藤，

2013)。

　また**戸田正直**（1992）は，感情について，ある状況下（例：農作業の途中でふと遠くを見たとき，そこにクマを発見する）で，瞬時に適応的な行動（今，ここで，鍬を放り出して一目散に逃げ去る）を起こすよう人を駆り立てる（urge, アージする）もの，と定義し，**感情のアージ理論**（urge theory of emotion）を唱えた。戸田の理論では，感情は，人類が狩猟採集をして暮らしていた長い先史時代を通して生存維持に必要なものとして進化し，現在でも必要な状況下では速やかに発動して個体の適応を助けるものと考えられている。アージ理論は，感情喚起について進化的基盤を想定している点で，基本感情理論の1つと考えることができるだろう。

E. 各基本感情の適応における機能

　エヴァンズ（Evans, D.）は，エクマンらの研究で示されたような基本感情の人類普遍性は，基本感情に遺伝子配列や脳の機能に関する共通の生物学的基盤があることの強力な証拠となるとしており，そのルーツは人類発祥の10万年以上前に遡ると指摘している（Evans, 2001）。

　エヴァンズによれば，それぞれの基本感情は私たちの祖先たちが生き延びて子孫を残すために異なる役割を果たしており，例えば，否定的（ネガティブ）な感情である**恐れ**は，生存を脅かす捕食動物や敵に対して迅速に逃げたり隠れたりする行動を引き出すだろうし，**怒り**はそれらに立ち向かい闘う態勢をいち早く整えることに役立つ。**驚き**の感情は予期しなかった事態に対して足を止めて注意を払い，大きく見開いた目から情報を最大限入力して，それをしっかりと検分することを可能にする。伝染性の細菌の温床となった腐った食物の悪臭を嗅いだ瞬間に生じる**嫌悪**の感情は，その食物に触れたり口に入れたりすることを避け，私たちの健康を保つために役立つ。

　肯定的（ポジティブ）な感情についても，恋愛が成就したり旧知の友人に再会する，素敵なプレゼントをもらったりした時に感じる**喜び／幸福**は，個人の良好な社会的適応を確認するものであり，私たちは喜びを感じる能力によって，生存や繁殖に有利な出来事や事物，人を選択することができる。また同時に，喜びの感情を表情や行動で表出することで，それを与えてくれた他者に対して感謝の気持ちを伝達することが叶い，良好な人間関係を維持できるだろう。反対に，大切なものや人を失くしたときに感じる**悲しみや悲痛**は，社会適応に必要な資源の喪失や将来の適応そのものの失敗を予期させる

もの（例えば，親の死によって自分の将来が危うくなる等）であり，個人に深い否定的な感情として体験される。しかし同時に，悲しみや悲痛の表情表出によって，他者の同情や慰め，援助を引き出すことにもつながり，個人の適応に有利に働く可能性を有するともいえる。

　基本感情理論の立場では，感情は，かつてのプラトンやカントといった西欧哲学者たちが考えた理性を妨害する障害物ではなく，個人の生存に有益で重要な機能をもつものとして進化の過程のなかで獲得され，遺伝子に刻まれてきたもの，と考える。エヴァンズは基本感情（基本情動）について次のように述べている。

　"基本情動は，脳というハードウエアにしっかりと組み込まれたもの，すなわち，私たちの文化というよりはむしろ遺伝子によって私たちの神経回路に深く刻み込まれたものであり，私たち人間がすべて共通に有する基本的な心のデザインの一部をなしているのである（エヴァンズ，2005）。"

　またオーストリアの進化生物学者**アイブル＝アイベスフェルト**(Eibl-Eibes-feldt, I.) は，9歳の先天性の盲聾の少女の表情の観察から，他者の表情を一度も見聞することがなくても健常者と同様な喜怒哀楽の表情表出があることを報告し，"人間の複雑な情動行動は他者から後天的に学習したものではなく生得的に組み込まれたものである"と結論している（Eibl-Eibesfeldt, 1970）。

F. 基本感情の神経学的基盤

　ハマン（Hamann, S.）は，基本感情の喚起に伴う脳の活性部位に関する諸研究を総覧し，喜び（幸福），悲しみ，怒り，恐れ，嫌悪の5種類の活性化部位について統計学的に処理して比較したところ，それぞれがおおよそ独立して区別されることを明らかにしている（Hamann, 2012）。**図3.5**はハマンの論文に掲載されているこの5種類の感情の脳の活性部位を示したものである。実際の研究では，実験参加者が脳画像撮影装置に入っている時に特定の感情を喚起する写真を見せたり，参加者自身に該当する感情を想起してもらったり（恐怖を抱いた体験について思い出して下さい，といった教示を与える）して，各感情を主観的に体験している最中の脳の活性部位を測定した。5つの感情で強く活性化する部位（黄色と赤の部位，ホットスポット hotspotという）の数や広さが異なること，また恐れは扁桃体，嫌悪は島皮質・前頭前皮質（ventral prefrontal cortex）・扁桃体，悲しみは中

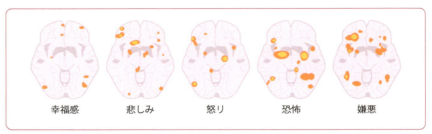

図3.5　5種類の基本感情に伴う脳の活性化の様相（黄色は赤色より温度が高い，Hamann, 2012を基に作成）

央前皮質（medial prefrontal cortex），怒りは眼窩前頭皮質（orbitofrontal cortex），そして幸福／喜びは前帯状皮質（rostral anterior cingulate cortex）とそれぞれ関連していることがわかる。

　一方で，図3.5を見ると，似たような部位が複数の感情にまたがって活性化している様相もみられ，それぞれの基本感情が完全に特定部位と1対1の関係ではないことも明らかであり，ある感情の喚起に関わるのは複雑な部位間の相互作用であることが推測される。基本感情に関する神経科学的基盤については，各感情に特異に対応する個別の神経回路があるのではなく，より包括的で大規模な感情に関する脳のネットワークによって喚起されるとする理論が提唱されるなど（Pessora, 2017），現在も研究が続けられており（Nummenmaa & Saarimäki, 2019），今後の研究の動向に注目すべきであろう。

3.2節 ｜ 構成主義理論

　3.1節で見た基本感情理論では，恐れや怒り，喜びといった人間の生存にとって重要度の高いいくつかの感情（基本感情）は，進化の歴史の中でそれぞれに対応した特異的な脳内の神経基盤が構築され，人類普遍性をもつと仮定していた。しかし，本節でみる構成主義理論（心理構成主義理論，社会構成主義理論）では，各種の感情はそれぞれ独立に生得的にセットされたプログラムではなく，ある事象に遭遇した際に，個人の認知的枠組みや体験にもとづく記憶，そして社会的文脈の影響を受けて，その都度，個人の中で心理的に構成（創発）されていくものとし，基本感情理論とは異なる立場をとる。

A. 心理構成主義理論

　心理構成主義理論（psychological constructionism）とは，感情は，後述するコア・アフェクトと呼ばれる刺激の知覚によって個人内に生じる神経生理学的状態に対して，その都度その人なりの主観的解釈によってなされる概念化（言語化）の産物である，と考える立場の総称である。やや抽象的で複雑な理論であり，現在も進展が続いているが，ここではラッセルとバレットの主張の概要についてみていく。

ⅰ）円環モデルとコア・アフェクト理論

　ラッセル（Russell, J. A.）は，**図3.6**に示された28の感情を表す英単語（うれしい，びっくり，怒り，うんざり等）の類似性に注目した語彙分類の調査研究を行い，これらの感情語は，**"快－不快（感情価）"** と **"覚醒－睡眠（覚醒度）"** の2軸（2次元）による4座標面に附置することができるとする円環モデル（circumplex model；Russell, 1980）を提唱した。

　ラッセルの考え方は，3.1節でみた基本感情理論とは異なり，各感情は，基本的な脳の活動に関する覚醒度（y軸）と事象が個体にとってどの程度望ましいか否か（快か不快か，x軸）という感情価の2つの含有成分（x, yの座標）によって個々の感情が喚起するとしている。例えば，第3象限の気落ち（droopy）は，感情価の次元ではマイナスの不快方向に布置し，覚醒

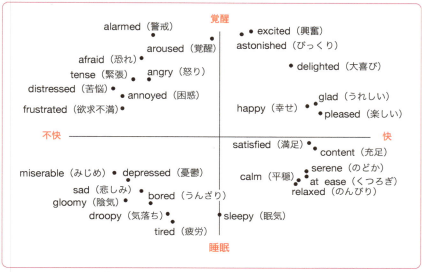

図3.6　ラッセルの感情の円環モデル（Circumplex Model of Affect）

（睡眠）次元でもマイナスの睡眠に近い方向にある。

　さらにラッセルは，この2つの軸（覚醒度と感情価）は神経生理学システム上に実存するものであるとして，コア・アフェクト理論（Core Affect Theory；Russell, 2003）を提唱している。コア・アフェクトとは，円環モデルの2つの軸である覚醒度と感情価によって規定される神経生理学的状態のことを指し，ある事象を知覚して生じてくるコア・アフェクト自体には，悲しい・うれしいなどの特定の主観的情感は伴わず，事象を取り巻く状況への解釈や以前の経験に基づく記憶などに照らして感情の概念化（カテゴリー化：悲しい，うれしい等のラベリング）が行われ，その結果，特定の主観的情感を体験する，と仮定している。

　コア・アフェクト理論における感情の喚起過程について考えてみよう。スタートは，①事象の知覚（例：クマを遠くに見つける）であり，続いて②特定のコア・アフェクト（覚醒度と感情価の2軸に座標を持つ神経生理学的状態）が生起する（例：高い値の覚醒度と不快度）。③ ②に続いて状況への解釈や記憶への照合による感情の概念化が行われ（カテゴリー化）（例：クマに気づかれたら襲われる，クマに襲われて死んだ人のニュースを思い出すなどから，非常に危険で恐ろしい事態であると悟る），その結果として④特定の感情を主観的に体験する（例：警戒心や緊張，恐怖感）。③の状況解釈や記憶との照合のステージでは，個人が置かれた社会的・文化的な状況やこれまでの個人的体験の記憶が大きく影響し，同じようなコア・アフェクトでも，その後に体験する主観的情感は個人ごと・状況ごとに，その都度異なるものとなる，と考える。

　また，未だ特定はできていないものの，コア・アフェクトを構成する感情価と覚醒度がどのような生物学的基盤のもとに生起するのか，両者に関する複雑な神経ネットワークについての探究も進められている（Lindquist et al., 2016）。

ii）概念的行為理論

　バレット（Barrett, L. F.）は，ラッセルのコア・アフェクト理論を発展させ，感情の概念化（＝概念行為 conceptual act）に力点を置いた概念的行為理論（Conceptual Act Theory；Barrett, 2006）を提唱している。概念的行為理論では，上述の事象の知覚（クマを見つける）に続いて，②のコア・アフェクトの生起（高い覚醒度と不快度）と同時並行的に②′感情の概念化（非常に危険で怖がるべき事態）が進行し，②と②′が合流して

③特定の主観的情感（警戒新や恐れ）を体験する，仮定する。

　また，概念的行為理論では，②′の感情の概念化にあたっては，言語の役割を重視する。意味性認知症（semantic dementia）[2]の患者に，喜び・怒り・悲しみ・恐れ・嫌悪・中立の表情写真を各数枚ずつ提示し，それらを自由に分類するよう求めた実験では，ポジティブ・ネガティブ・中立という大カテゴリーで写真を3つに分類することはできても，ネガティブな感情の山に一緒に分類された悲しみ・怒り・恐れ・嫌悪の4種類の感情の区別はできなかったという（Lindquist et al., 2014）。すなわち，快－不快といった大枠の表情認識には言語的知識はあまり必要とされないが，悲しい・怒りといった個別の感情の認識については，感情語に関する概念知識が大きな役割を果たしているのではないか，と推察されている。

　バレットはまた，ラッセルが感情語の概念整理から導き出したコア・アフェクトの2つの軸（覚醒度と快－不快の感情価）について，コア・アフェクトを生じさせる**内受容感覚**（interoception，心拍や胃の収縮，空腹感や体温感覚等）は，実際にはラッセルの想定よりはるかに複雑な情報を神経系に送っており，脳内での情報処理を経た結果生じるコア・アフェクトも，より多次元的で複雑なものとなるだろうと主張している（Barrett, 2017）。バレットらは，内受容感覚からコア・アフェクトがどのようなメカニズムによって生じるのか，脳の予測的な処理機能と関連づけた新たな理論的展開を試みてきており，今後も神経科学的な研究が進むものと予想されている（大平，2021）。

B. 社会構成主義理論

　これまでみてきたように，基本感情理論と心理構成主義理論では，感情喚起のメカニズムに関する理論的立場は異なるものの，ともに感情が喚起される過程には，人類共通の生得的・生物学的なメカニズムが含まれていると仮定している。基本感情理論では，個々の感情はそれぞれが別個のものとして，進化の中でヒトの生存を有利に導くよう遺伝子にプログラムされたものであると定義しているし，心理構成主義理論においても，個々の感情を主観的にどのように体験するかには社会・文化的な概念が関与するものの，感情喚起

2　脳の萎縮によって学習して得た言語的な概念知識にアクセスできなくなり，次第に言葉の意味が失われていく認知症の1種。例えば，"利き手はどちらですか?"と問われても，"利き手"という言語的概念が失われてしまったために，"利き手って何ですか?"と答えてしまう。

の基盤となる内受容感覚から発せられる生理学的情報の脳内処理によって生じるコア・アフェクトの形成過程には，人類共通の神経生理学的なメカニズムが存在する，としている（大平，2021）。

　一方，対極的な理論として，こうした感情の生物学的基盤の影響性の大きさに疑義を唱え，感情は，個人がそれぞれの社会や文化の中に存在する感情概念や感情語，表出方法などを学習した結果生じる，とする社会構成主義理論（social constructivism）がある。社会構成主義理論では，個人が体験する感情は，同様な場面であってもそれぞれの社会・文化で異なる，と仮定する。この立場から行われた比較文化的な感情研究をみてみよう。

ⅰ）感情概念と感情語に関する比較文化的研究

　感情に関する英語は590語程度であるといわれているが，マレー半島の先住民族であるチェウォン族は感情を抑制することが非常に強く強調される文化であり，感情を表現する言葉はわずか7語程度しかないという（Howell, 1989）。

　日本人にはなじみ深い"甘え"（amae, 他者から受容され何をしても許されると思える安楽さ）という言葉に相当する英語は存在しないが（土居，1971），このことについてエヴァンズは，"英語圏では独立性・自己主張・自主性を重んじるが，日本ではそうではなく，むしろ他者と良好な関係を築き，調和した集団の中で生きていくことの方がより重要であることが多い。「甘え」は，人が，こうした価値観に従って生きるのに役に立っている"（エヴァンズ，2005）と考察しており，英語圏と日本語圏で生活する人々の社会・文化の中での慣習や規範の違いが感情を表す概念や言語の違いに反映されているとしている。

　同様な例として有名なのが，ドイツ語のシャーデンフロイデ（schadenfreude）で，他者の不幸（schaden）を見聞した際に感じる快感情（喜び，freude）を表現する感情語である。英語には相当する単語はなく，そのままの綴りと概念を外来語として用いているという。ある文化にのみ存在する感情語や感情概念は他にも多く存在する。一方で，相当する言葉や概念がなくても，それらについてまったく了解不能である文化圏があるか，といえばそうではなく，私たち日本人にもシャーデンフロイデが示す感情内容については了解可能であろう。遠藤利彦（2013）はこうした現象について，それぞれの文化や社会の中で相対的に重要度が高い感情については明確な感情語として存在するし，重要度が低いものについては，了解は可能ではあるもの

表3.3　日本語版特性シャーデンフロイデ尺度の項目（加藤・藤森, 2021）

項　目
第Ⅰ因子　悪性シャーデンフロイデ（α＝.81） ・クラスメートがテストに失敗すると満足した気分になる ・友達の試験の成績が悪いと，ひそかに幸せを感じる ・他の人が悪い成績をとるのを見ると楽しい ・他者の成功や目標達成を心の底から喜ぶのは難しい ・他人の不幸を見聞きすると，自分のことが良く思える
第Ⅱ因子　良性シャーデンフロイデ（α＝.73） ・人が（バランスを崩して）落っこちる動画を見るのは楽しい ・登場人物が傷つくドタバタコメディが好きである ・人が自虐的になっているのを見るのは面白い ・不器用な人を笑うことがある ・閉じかけた（自動式の）ガラスのドアに誰かが突っ込んでいくのを見るのは面白い

の，明確な概念化がなされていなかったり相当する言語が存在しなかったりするだけなのではないか，と論じている。上述の“甘え”の感情についても，イギリス人であるエヴァンズはその著書の中で甘えに相当する体験が自身にもあることを記述しているし，シャーデンフロイデについても，中国にも“幸災楽禍”という同様な感情を表現する4文字熟語があるという。日本でも“他人の不幸は蜜の味”ということわざがあり，近年のインターネット上では，“メシウマ（他人の不幸で今日も飯がうまい）”という言葉が生まれ，若者の間で共有されてきてもいる。

ⅱ）感情過程に関する文化差

　皆さんの卒業した幼稚園や小学校には，“みんな仲良く”という標語があったのではないだろうか。日本を含むアジア圏では，個人が他者と仲良くつながり協調することに大きな価値が置かれる集団主義（collectivism）の色合いが濃く，欧米圏では，個人が他者から独立して自己主張を明確に行うことが尊ばれる個人主義（individualism）が重視されるといわれている。**マーカス**（Markus, H）と**北山忍**は，前者を**相互協調的自己観**（inter-dependent view of self, **図3.7B**），後者を**相互独立的自己観**（dependent view of self, **図3.7A**）と呼び，感情の領域にも文化差をもたらす要因となると提唱している（Markus & Kitayama, 1991）。

　北山らは，日本とアメリカの大学生を対象として，主観的なウェルビーイングと深く関係する感情である“良い気分（good feeling, 幸福感やリラッ

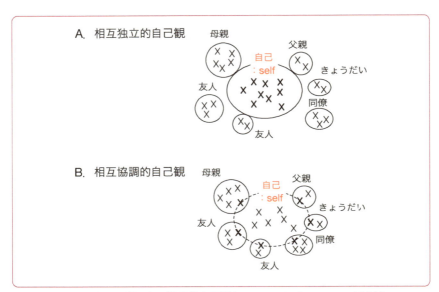

図3.7　相互独立的自己観と相互協調的自己観（Markus & Kitayama, 1991）

クス，落ち着きなど）"を引き起こすのはどのような感情経験であるか日米の比較検討を行った（Kitayama et al., 2000）。その結果，アメリカの学生では"誇り"や"優越感"といった自己内で感じる感情体験がより強く"良い気分"と関連し，一方，日本の学生は"尊敬"や"親しみ"，"触れ合い"という対人関係上で感じるポジティブな感情体験が"良い気分"に結びつきやすいことがわかった。日本では，"謙譲の美徳""能ある鷹は爪を隠す"といったことわざにあるように，他者の前では，有能さを誇示するより，自分を過大評価せず，他人に対して敬意をもって接することを尊ぶ文化的規範が存在することは，私たちも日常的によく経験することであろう。

　増田貴彦らは，日米の大学を対象として，**図3.8**のようなさまざまな表情の主人公（中央の人物）とそれを取り巻く人々の画像を一定時間呈示し，続いて一部を変化させた同じ画像を見せてどこが変化したかを尋ねた（Masuda et al., 2008）。中央の大きな主人公の表情変化（怒り顔から笑顔へ，等）に気づいた人数割合は日米で差がなく高率（ともに90％程度）だったが，大勢の周辺人物の表情変化に気づいた人数割合には日米で差があり，アメリカの学生が40％だったのに対し，日本の学生は65％程度とより高い数値となったという。アメリカの学生に比較して，日本の学生のほうが周囲の

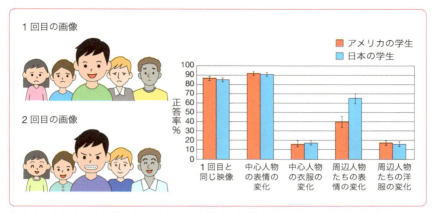

図3.8 表情変化の記憶に関する日米の大学生の比較（Masuda et al., 2008）

人々の表情にも敏感で，よく見て・よく記憶していたのである。

　以上のように，感情表出に関する表示規則や感情の言語的概念化，また他者や自己の感情や表情に対する注意の払い方などについては，社会構成主義理論が強調する通りに，文化や社会の影響を大きく受けているといえるだろう。

iii）感情過程に関するジェンダー差

　洋の東西を問わず，感情の感じ方や表出については，"女性は男性より感情的な存在であり，より強く感情を表出する" "男性は感情に対しては抑制的であるべきであり，人前で涙を見せたりしてはいけない" など，男女の感情の違いに関するさまざまなステレオタイプ（社会一般の多くの人々の間で共有されている先入観や固定概念のこと）が広く浸透している。感情の種類についても，悲しみや恐れ・同情などの弱くやさしく見えるような感情は社会的地位が男性より相対的に低いとされる女性に相応しく，誇りや怒り・軽蔑などの強く威圧的な感情は女性と比較して相対的に社会的地位が高い男性に相応しい，と感じてしまうようなジェンダー・ステレオタイプは，未だ現在でも広く社会に存在していることは事実かもしれない。

　プラント（Plant, E.）らが行った実験では，155名の大学生を対象として，怒りの表情と悲しみの表情を混合して作成したあいまいな表情の合成写真を用意し，1枚は "短髪の男性の顔" として，もう1枚は "長髪の女性の顔" として呈示し，それぞれの写真の人物の感情状態について推測するよう求めた（**図3.9**）。その結果，回答者の性別にかかわらず，男性の顔写真

図3.9　怒りと悲しみを合成したイラストの例（左は短髪の男性に，右は長髪の女性に加工したもの）。顔部分のイラストは左右で同じである。

の場合には悲しみより怒りの評定値のほうがより高く，反対に，女性の顔写真では，悲しみの評定値のほうがより高くなり，上述のとおりの"怒りは男性・悲しみは女性"というジェンダー・ステレオタイプ的な反応が観測されたという（Plant et al., 2000）。

　こうした感情表出の男女差がなぜ起こるかについては，ある瞬間において感じる主観的感情体験そのものに男女差があるわけではなく，感情の表出過程において，ジェンダーに対するその人の信念が関与することによって男女差が生じる，と考えられる。例えば，ある女性が，怖い・悲しい・かわいそうなど，女性らしいと信じている感情の場合には躊躇せずむしろ少し誇張気味に表現するが，怒り・誇りなど女性らしくないと感じている感情については抑制的に表現することになる。男性が悲しみの表出に男らしくないと感じて抑制的になったり，怒りや誇りに男らしさを感じて素直に表出したりする傾向がみられるのも同じメカニズムであるといえよう。私たちは，幼い頃から特定の感情表出に対して，"女らしくない・男らしくない"といった他者からの評価や教育，マスメディアの影響を受ける中で，自然とその価値観を身につけていってしまうのであろう。近年，世界的に多様性（ダイバーシティ）が重視され，ジェンダーの境界が緩やかになりつつある文化的・社会的状況の中では，こうした感情表出にみられるジェンダー・ステレオタイプも次第に薄れていくのかもしれない。

　3.2節では，ラッセルやバレットらの心理構成主義理論と，感情過程に及ぼす文化や社会の影響性を重視する社会構成主義理論についてみてきた。両者の関係性をどのように理解するかは難しいが，社会構成主義理論の創始者であり代表的な研究者である**エイヴァリル**（Averil, J.）はその著書の中で，

感情は，基本感情説が説くように遺伝的に決定され人類普遍の反応であると
いうより，根底に生物学的システムの関与があったとしても，その感じ方や
解釈の仕方，表出方法は社会文化的システムによって作り出されていくもの
であると考えるのが妥当である，と論じている（Averil, 1980）。心理構成
主義理論ではコア・アフェクトという神経生理学的状態に対する言語による
概念化（ラベリング）のプロセスを重視している。言語はまさに文化的産物
であり，両理論は感情過程において社会文化的要素が必須のものであるとし
ている点で共通している立場であるといえるだろう。また3.1節で見たよう
に，基本感情理論でも感情表出に及ぼすそれぞれの文化・社会での表示規則
の役割も重視しており，理論的立場の違いはあるものの，社会文化的要素へ
の着目においては基本感情理論と構成主義理論にも共通する部分があると理
解できるのではないだろうか。

〈文献〉
Averil, J. R.(1980). A constructivist view of emotion. In *Theories of Emotion*, Academic Press, 305-339.
Barrett, L. F.(2006). Are emotions natural kinds?. *Perspectives on Psychological Science*, 1, 28-58.
Barrett, L. F.(2017). The theory of constructed emotion: an active inference account of interoception and categorization. *Social Cognitive and Affective Neuroscience*, 12, 1-23.
Darwin, C.(1872). *The expression of the emotions in man and animals*. John Murray. （ダーウィン, C.(著) 浜中浜太郎(訳)(1991). 人及び動物の表情について. 岩波書店）
DARWIN ONLINE https://darwin-online.org.uk/content/frameset?viewtype=text-t&itemID=F1142&pageseq=1
土居健郎(1971).「甘え」の構造. 弘文堂.
Eibl-Eibesfeldt, I. (1970). *Libe und Hass: zur Naturgeschichte elementarer Vehaltens-weisen*. R. Piper（アイブル=アイベスフェルト, I.(著) 日高敏隆他(訳)(1986). 愛と憎しみ─人間の基本的行動様式とその自然誌(新装版) みすず書房）
Ekman, P. & Friesen, W. V.(1971). Constants across cultures in the face and emotion. *Journal of Personality and Social Psychology*, 17, 124-129.
Ekman, P.(1971). Universals and cultural differences in facial expressions of emotion. *Nebraska Symposium on Motivation*. University of Nebraska Press, 207-283.
Ekman, P. et al.(1987). Universals and Cultural Differences in the Judgments of Facial Expressions of Emotion. *Journal of Personality and Social Psychology*, 53(4), 712-717.
Ekman, P.(1992). An argument for basic emotions. *Cognition and Emotion*, 6, 169-200.
Ekman, P. & Cordaro, D.(2011). What is meant by calling motions basic. *Emotion Review*, 3, 364-370.
Evans, D.(2001). *Emotion: The Science Of Sentiment*. Oxford University Press.（エヴァンズ, D.(著) 遠藤利彦(訳)(2005) 1冊でわかる感情. 岩波書店, 3, 14.）.
遠藤利彦(2013).「情の理」論─情動の合理性をめぐる心理学的考究─. 東京大学出版会.
Hamann, S.(2012). Mapping discrete and dimensional emotions onto the brain: controversies and consensus. *Trends in Cognitive Sciences*, 16, 458-66.
Howell, S.(1989). *Society and Cosmos: Chewong of Peninsular Malaysia*. Chicago Uni-

versity Press.

Izard, C. E. (1991). *The Psychology of Emotion*. Plenum Press.

加藤伸弥・藤森和美(2021). 日本語版Trait Schadenfreude Scale(J-TSS)作成の試みと信頼性妥当性の検討. パーソナリティ研究, 30, 70-79.

Kitayama, S. et al.(2000). Culture, Emotion, and well-being: Good Feelings in Japan and the United States. *Cognition & Emotion*, 14(1), 93-124.

Levenson, R. W.(2011). Basic emotion questions. *Emotion Review*, 3, 379-386.

Lindquist, K. A. et al.(2016). The brain basis of positive and negative affect: evidence from a meta-analysis of the human neuroimaging literature. *Cerebral Cortex*, 26, 1910-1922.

Lindquist K. A. et al.(2014). Emotion perception, but not affect perception, is impaired with semantic memory loss. *Emotion*, 14, 375-387.

Markus, H. R. & Kitayama, S.(1991). Culture and the self: Implications for cognition, emotion, and motivation. *Psychological Review*, 98(2), 224-253.

Masuda, T. et al.(2008). Placing the face in context: cultural differences in the perception of facial emotion. *Journal of Personality and Social Psychology*, 94, 365-81.

Nummenmaa, L. & Saarimäki, H.(2019). Emotions as discrete patterns of systemic activity. *Neuroscience Letter*, 693, 3-8. 11111

大平英樹(2021). 感情と意思決定を創発する予測的処理. 人口知能, 36, 21-27.

Panksepp, J. & Watt, D.(2011). What is basic about basic emotions? Lasting lessons from affective neuroscience. *Emotion Review*, 3, 387-396.

Pessoa, L. (2017). A network model of the emotional brain. *Trends in Cognitive Sciences*, 21, 357-371.

Plant, E. A. et al.(2000). The gender stereotyping of emotions. *Psychology of women quarterly*, 24(1), 81-92.

Plutchik, R.(1980). *Emotion, a psychoevolutionary synthesis*. Harper & Row.

Russell, J. A.(1980). A Circumplex Model of Affect. *Journal of Personality and Social Psychology*, 39, 1161-1178.

Russell, J. A.(2003). Core affect and the psychological construction of emotion. *Psychological Review*, 110, 145-172.

戸田正直(1992). 感情　人を動かしている適応プログラム. 東京大学出版会, 1-312.

Tracy, J. L. & Randles, D.(2011). Four models of basic emotions: A review of Ekman and Cordaro, Izard, Levenson, and Panksepp and Watt. *Emotion Review*, 3(4), 397-405.

第 4 章

感情喚起に関する理論（2）認知的評価理論

- さまざまな認知的評価理論（アーノルドの認知的評価理論，ラザルスの中核関連テーマ，次元的評価理論）について説明できる
- 感情の無意識的評価の現象について説明できる
- 感情喚起に関する4つの代表的理論（基本感情理論，心理構成主義理論，社会構成主義理論，認知的評価理論）の特徴について説明できる

　第3章では，現代の感情心理学における代表的な理論である基本感情理論と構成主義理論（心理構成主義理論と社会構成主義理論）について説明した。本章では，もう1つの代表的理論である認知的評価理論（cognitive appraisal theory）について学び，これら代表的な3つの理論（基本感情理論，構成主義理論，認知的評価理論）の特徴についてまとめる。

4.1節 ‖ 認知的評価理論

A. 感情喚起における認知的評価への注目

　これまでにさまざまな感情喚起に関する理論をみてきたが，いずれにおいても，感情過程は，個人が刺激（目の前に現れた巨大なヒグマ）や状況（山中で周囲には誰もいない）に遭遇し，それに強く影響されるところからスタートすると説明されてきた。しかし，刺激や状況の認知と特定の感情との関連についての詳細な検討は，情報処理理論が心理学に浸透する中で認知心理学（cognitive psychology；Neisser, 1967）の領域が成立する1960年代に入ってから本格的に行われるようになった。

　あなたが**図4.1**のような"秋のすすきの野"を歩いていたとしよう。図中のAのように，アウトドア派（個人的な興味・関心）であるあなたが数人の仲間と登山を楽しみ，下山の終着地点としてこのような広々とした原野に出たとしたら（状況の文脈），この風景を"開放的な自然の風景である"と認知的に評価し，その結果，"すがすがしい感情"を体験するだろう。一

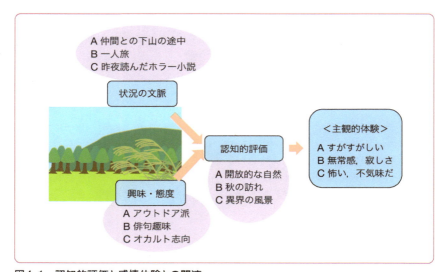

A 仲間との下山の途中
B 一人旅
C 昨夜読んだホラー小説

状況の文脈

興味・態度
A アウトドア派
B 俳句趣味
C オカルト志向

認知的評価
A 開放的な自然
B 秋の訪れ
C 異界の風景

＜主観的体験＞
A すがすがしい
B 無常感，寂しさ
C 怖い，不気味だ

図4.1　認知的評価と感情体験との関連
同じ風景でも認知的評価が異なると喚起される感情は異なったものとなる

方，Bのように，俳句を趣味とするあなたが一人旅の道程のなかでこのすすき野を静かに歩いていたとしたら，"晩秋を感じる趣深い風景"として解釈し，冬に向かっていく寂しさや心細さを感じて一句吟じたくなるかもしれない。あるいはCのように，オカルト志向のあなたが前夜に読んだホラー小説を思い出し，物語の中の異界が目前に広がっているように思われて怖さや不気味さを感じるかもしれない。同じ風景であっても，個人がどのようにそれを認識し解釈するかで，まったく異なる感情を体験することになる。

　カナダの心理学者**アーノルド**（Arnold, M.）は，図4.1の例のように，個人が状況をどのように評価するかによって喚起される感情はそれぞれ異なるものとなると主張した（Arnold, 1960）。アーノルドによると，感情は，刺激や状況を自分にとって**有害（回避すべきもの）**であると評価すれば恐怖や怒りなどのネガティブな感情が喚起し，一方，**有益（接近すべきもの）**であると評価すれば喜びや満足などのポジティブな感情が生起するとし，感情過程の第一段階としての状況や刺激の認知的評価（cognitive appraisal），すなわち**情報処理過程の重要性**を指摘した。第2章でみたアメリカのシャクターとジンガーもアーノルドと同じ時期に，ある特定の感情が生起するためには一般的な生理的興奮（身体生理学的変化）とそれに対する認知的な解釈による説明（ラベルづけ）の両方の要因が必要であるとして感情の二要因理

論を提唱したが，アーノルドの認知的評価の重視とともに，感情喚起における認知的評価理論の先駆的な学説として有名である（Schachter & Singer, 1962）。

B. 個別的評価理論：ラザルスの中核関連テーマ

　ストレス研究で名高いアメリカの心理学者**ラザルス**（Lazarus, R.）は，怒りや不安，喜びなどの各感情を喚起するためには，最低限必要となる自分と状況との関係性についての中核関連テーマ（core relation theme，**表4.1**）と呼ばれる典型的な認知的評価が存在するとした（Lazarus, 1991）。ラザルスによれば，表4.1のような15種類の主要な感情（怒り～同情）には，それぞれに対応する出来事への解釈が存在する。例えば"怒り"の喚起には，ある特定の状況（不当で差別的な言葉を投げかけられる，など）に対して，"自分の品位を貶められ，自分自身や自分の属性に対する攻撃や侮辱を受けている"という認知的な解釈が存在する。同様に"悲しみ"には，"修復不能な喪失"（親しくて愛着ある人物との死別，など）を経験しているという認識があるとする。特定の感情を喚起する認知的評価の内容をそれぞれ別々に説明しようとする立場を，個別的評価理論（discrete appraisal theory）と呼ぶ。

C. 次元的評価理論

　ラザルスらの個別的評価理論の立場とは異なり，次元的評価理論（dimensional appraisal theories）の立場では，いくつかの基本的な評価次元の組み合わせによって多様な感情の喚起を説明しようとする。

　ローズマン（Roseman, I. J.）は，（1）動機づけの状態：報酬の増加／損失の回避，（2）状況の生起：起こる／起こらない，（3）確かさ：確実／不確実，（4）望ましさ：望ましいこと／望ましくないこと，（5）主体：他者／自己の5つの評価次元の組み合わせで，14の感情（驚き・喜び・安堵・悲しみ・苦痛・希望・恐れ，フラストレーション，好き，嫌い，怒り，誇り，罪悪感，後悔）の喚起を説明できるとしている（Roseman, 1984）。例えば**表4.2**のように，（2）の状況生起と（4）の望ましさの2つの評価次元の組み合わせで，4つの感情（望ましいことが起こる＝喜び，望ましいことが起こらない＝悲しみ，望ましくないことが起こる＝苦痛，望ましくないことが起こらない＝安堵）を説明することができる，と考えている。

表4.1　ラザルス（1991）の感情に先立つ事態の認知：中核関連テーマ

感情	自分と状況との関係に関する解釈の内容：中核関連テーマ
① 怒り（anger）	自分や自分の属性に対する侮辱的な攻撃を受けている
② 不安（anxiety）	不確かだが，実在する脅威に直面している
③ 恐怖（fright）	差し迫った，具体的で，そして抵抗できない身体的危険にさらされている
④ 罪悪感（guilt）	道徳的規律に反してしまった
⑤ 恥（shame）	自分の理想に応えることに失敗した（理想とする自分を裏切るようなことをしてしまった）
⑥ 悲しみ（sadness）	取り返しのつかない喪失を体験している
⑦ 羨望（envy）	誰かほかの人が持っているものを欲しいと思っている
⑧ 嫉妬（jealousy）	自分が愛情や好意を向けている人を奪おうとする第三者に対して憤っている
⑨ 嫌悪（disgust）	受け入れがたい物や考えを取り込んでしまったり，それらに近づき過ぎている
⑩ 喜び（happiness）	目標の実現に向かってほどよく前進している
⑪ 誇り（pride）	自分が価値を置いていること（自分自身や自分が同一化している誰かやグループ）が認められたり達成を賞賛されて自分のアイデンティティが高められている
⑫ 安堵（relief）	自分の目標に一致しない苦痛な状態が改善に向かっている，あるいは苦痛な状態が取り除かれた
⑬ 希望（hope）	最悪の事態を恐れつつも良くなっていくことを望んでいる
⑭ 愛（love）	報いられるかどうかにかかわらず，相手に愛情を向け関わりたいと思っている
⑮ 同情（compassion）	他者の苦しみに心を動かされ，助けたいと思っている

表4.2　次元的評価理論の例（Roseman, 1984）

	起こる	起こらない
望ましいこと	喜び	悲しみ
望ましくないこと	苦痛	安堵

　またスミス（Smith, C. A.）らは，6つの代表的な感情（喜び，希望，悲しみ，恐れ／不安，怒り，罪悪感）について，図4.2の2段階の評価理論で説明している（Smith et al., 1993；遠藤，2009）。第1次評価では，自分の目標や利害関心に関連するかどうか（関連しないと認知すれば感情は喚

感情の種類	喜び	希望	悲しみ	恐れ/不安	怒り	罪悪感	感情は喚起されない
第1次評価	自分の目標・利害関心に関連する						関連しない
	ポジティブな関連		ネガティブな関連				
第2次評価		状況が改善する可能性がある	状況が改善する可能性がない	状況が改善する可能性がない／わからない			
					他者に責任がある	自分に責任がある	
		将来に明るい期待がもてる	将来に明るい期待がもてない				

図4.2　スミスらの2つの評価次元と6つの感情との関連（Smith et al., 1993；遠藤, 2009）

起しない），目標・利害に一致しているかどうか（合致していればポジティブな感情群：喜び，希望，合致していなければネガティブな感情群：悲しみ，恐れ／不安，怒り，罪悪感）が判断され，**第2次評価**では，状況改善の見込みの有無で異なることが予想され（もっている＝希望，もっていない＝悲しみ，もっていないあるいはもっているかどうかわからない＝恐れ／不安），目標や利害関心に合致しない状況の原因が他者にあると評価すれば怒りが，自己に責任があると評価すれば罪悪感が生じる，と説明している。

　第1章で，感情を刺激評価に始まる一連の複雑なプロセスとみなすシェラーのコンポーネント・プロセス・モデル（CPM）を紹介したが，CPMでは認知的評価の次元として下記の4次元が提唱されている（Scherer, 2013；武藤, 2019）。

①関連性（relevance）：新奇性，状況自体に対する快－不快，目標・欲求との関連性
②含意（implication）：原因帰属（原因は自分か／他者か，／偶然か／意図的か），結果の予想可能性，期待との相違，緊急性等
③対処可能性（coping potential）：制御可能な状況なのかどうか，個

人の努力や調整等

④規範的重要性（normative significance）：内的基準（自分の基準や理想の一致度），外的基準（法律や社会的規範との適合性）

以上のように，次元的評価理論の領域では，評価次元の内容や数をどのように設定するか研究者によってさまざまな見解がある（三谷・唐澤，2005）。私たちの感情は状況に遭遇した瞬間に湧き上がってくることがほとんどであり，状況を知覚してからうれしいとか怖いといった主観的経験をするまでのきわめて短い時間の中で，評価次元に沿った複雑な情報処理が行われている。認知的評価（cognitive appraisal）をめぐる複雑な情報処理のメカニズムについては，神経科学的基盤との関連を含めて，今後も多くの研究が必要とされている。

D. 感情の無意識的評価

感情は先行する刺激に対する意識的な認識や思考・判断がなくても喚起されることがある。スウェーデンの心理学者**オーマン**（Öhman, A.）と**ソアーズ**（Soares, J. J.）は，不安症の1つである特定の事物に対する限局性恐怖症（specific phobia）の傾向が高い対象者と恐怖症傾向のない対象者を用いた実験から，このことを確かめた（Öhman & Soares, 1994）。

オーマンとソアーズは，ヘビ恐怖群とクモ恐怖群，どちらの恐怖傾向もない群（統制群）の3群の対象者について，逆行マスキングの手法（ターゲットとなる刺激を意識的に認識することが不可能なごく短時間呈示し，その後すぐに別の刺激を呈示してターゲット刺激をマスキングする実験手法）を用いて，ヘビ・クモ・花・キノコの4種類の刺激を短時間呈示（30ミリ秒）し，すぐ続いて中立的なマスキング刺激を投影した。各対象者はごく短時間呈示されたターゲット刺激に対して，"それを見た"という認識はなかったにもかかわらず，ヘビ恐怖群はヘビ刺激について，クモ恐怖群はクモについて特化して生理学的な恐怖反応（皮膚コンダクタンス反応：皮膚に汗をかく程度を電気的に測定したもの）が高まり，クモ恐怖群はクモ刺激について同様の生理学的な恐怖反応が生じたのである（**図4.3**）。

このオーマンらの研究については，その後，脳内で恐怖感情と深い関連をもつ扁桃体の神経画像に関する**ホエーレン**（Whalen, P. J.）らの研究からも裏づけられている（Whalen et al., 1998）。ホエーレンらは，エクマ

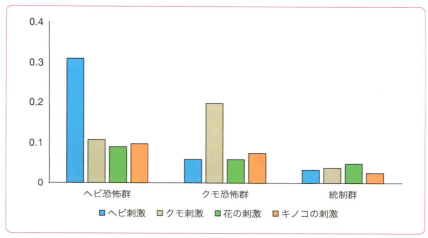

図4.3　感情の無意識的評価（Öhman & Soares, 1994）
無意識条件（逆行マスキング）でも，恐怖時の生理的反応（汗腺活動）が生じる

ンらの表情写真（3章p.34参照）から，恐怖表情と幸福表情の写真を用い
て，28ミリ秒の認識不可能なごく短い時間に恐怖表情を呈示し，すぐに幸
福表情でマスキングを行ったところ，対象者の認識や行動には恐怖表情に対
する反応がまったくなかったにもかかわらず，恐怖感情を処理する扁桃体が
活性化していることがfMRI（機能的磁気共鳴画像）による神経画像で確認
された。対象者が意識的に恐怖表情の写真を認識できていなくても，扁桃体
は視覚情報から恐怖表情を瞬時にキャッチしてそれを情報処理していた，と
いうことになろう。この研究から，私たちは視覚や聴覚等の感覚器官から神
経系に入力される情報のすべてを意識的に把握できているわけではなく，意
識下（無意識）の情報であっても扁桃体を中心として感情に関する情報処理
が行われ，相当する生理学的反応（上述のオーマンらの実験では皮膚コンダ
クタンス反応）が扁桃体からの指令によって生じた，と解釈することができ
る。感情の無意識的評価の現象は，第2章で学んだルドゥーの**感情生起の二
経路説**（視床に入力された感情関連刺激は，①扁桃体に直接至る低次経路：
迅速で大雑把な処理と，②大脳の感覚皮質を経由して扁桃体に間接的に至る
高次経路：時間はかかるが精緻な処理の2つの経路によって並列的に処理さ
れ情動反応が生起すると仮定する理論）の理論とも関連するものであり，こ
の場合は，①の低次経路による反応であると解釈できるだろう。

　3章と4章を通じて，現代の感情心理学における代表的な4つの理論（基本感情理論，心理構成主義理論，社会構成主義理論，認知的評価理論）について学んできた。**表4.3**に各理論の特徴を，グロスとバレットの整理（Gross & Barrett, 2011）に準拠して簡単にまとめたので，復習に利用してほしい。私たちの感情がどのようなメカニズムで喚起されるのかは，未だ不明のことも多く，理論間での議論も続いている（武藤，2019）。今後神経科学的な研究も含めてさらなる感情科学の発展の中で理論的な収束も進んでいくことと予想されるが，現在までのところでは，歴史的な経緯を含めてそれぞれの理論の骨子を整理して理解することが重要であろう。

〈文献〉

Arnold, M. B.(1960). *Emotion and Personality*. Columbia University Press.

遠藤利彦(著). 繁桝算男・丹野義彦(編著)(2009). 心理学の謎を解く, 97-127.

Gross, J. J. & Barrett, L. F.(2011). Emotion generation and emotion regulation: one or two depends on your point of view. *Emotion Review*, 3, 8-16.

Lazarus, R. S.(1991). *Emotion and Adaptation*. Oxford University Press.

三谷信広・唐澤かおり(2005). 感情の生起における認知的評価次元の検討. 心理学研究, 76, 26-34.

武藤世良(著). 内山伊知郎(監)(2019). 感情心理学ハンドブック. 北大路書房, 100-141.

Neisser, U.(1967). *Cognitive psychology*. Appleton-Century-Crofts.(ネイサー, U.(著) 大羽蓁(訳)(1981) 認知心理学. 誠信書房)

Öhman, A. & Soares, J. J.(1994). Unconscious anxiety: phobic responses to masked stimuli. *Journal of Abnormal Psychology*, 103, 231-240.

Roseman, I. J.(1984). Cognitive determinants of emotion. *Review of Personality & Social Psychology*, 5, 11-36.

Schachter, S. & Singer, J.(1962). Cognitive, social, and physiological determinants of emotional state. *Psychological Review*, 69(5), 379-399.

Scherer, K.(2013). The nature and dynamics of relevance and valence appraisals. *Emotion Review*, 5, 150-162.

Smith, C. A. et al.(1993). In search of the "hot" cognitions: attributions, appraisals, and their relation to emotion. *Journal of Personality and Social Psychology*, 65(5), 916-929.

Whalen, P. J. et al.(1998). Masked presentations of emotional facial expressions modulate amygdala activity without explicit knowledge. *The Journal of Neuroscience*, 18, 411-418.

表4.3 感情喚起に関する4つの理論体系の中核的仮定の比較（Gross & Barrett, 2011）

特徴	基本感情理論	認知的評価理論	心理構成主義理論	社会構成主義理論
感情は独自の精神状態である	○	○	×	△（モデルによって異なる）
感情は特別なメカニズムによって喚起される	○（情動プログラムが存在）	△（モデルによって異なる）	×（モデルによっては基本成分を仮定したものもある）	×
各感情は特定の脳回路によって喚起される	○（それぞれに特定の皮質下回路を想定）	×	×（分散する脳神経ネットワークが基本成分に対応している）	×
各感情は独自の表現型（顔面，声，身体状態）をもつ	○	△（モデルによって異なる）	×	×
各感情は独自の反応傾向（思考ー行為傾向）をもつ	○	○（ほぼすべてで○）	×	×
感情には経験（体験）が必要である	△（モデルによって異なる）	○	○	×
普遍性をもつと想定しているものは？	感情そのものが普遍性をもつ	認知的評価(appraisal)が普遍性をもつ	心理学的要素が普遍性をもつ	社会的文脈（コンテキスト）の影響が普遍性をもつ
感情は人間以外の動物とも共通部分をもつ	○	△（いくつかの認知的評価は共有している）	情動（アフェクト）は共有している	×
進化はどのように感情を形成したか？	特定の感情が進化した	認知的評価が進化した	基本成分が進化した	文化と社会構造が進化し感情に影響するようになった

第 5 章

感情が認知に及ぼす影響

▶ 感情プライミング，自動的注意，脅威刺激への注意バイアスについて
説明できる

▶ 気分一致効果および気分状態依存効果，感情ネットワークモデル，
PNA 現象について説明できる

▶ 感情情報機能説，感情調整説，感情混入モデルについて説明できる

　私たちが感じる恐れや怒り，喜びなどのさまざまな感情には，現在置かれ
ている状況がどのような意味があるか，どう行動すべきか迅速に指針が示さ
れ，個人の環境への適応を向上させることに役立っている。例えば恐怖感は，
状況の中に危険が存在することを瞬時にその人に悟らせ，注意を集中して様
子を伺いつつ，すばやく逃げて身の安全を確保することに役立つ。同様に，
安堵感や満足感は，それを感じている状況が安全であり，緊張を解いてリ
ラックスしてもよいことを本人に知らせる。状況によって喚起された感情は，
私たちがその状況をより深く認識し，迅速かつ適切に判断することに役立つ
機能を有している。5章では，私たちの事物に対する注意や，記憶，推論，
意思決定といった認知過程に感情がどのように影響するか概観する。

5.1節 注意に及ぼす影響

A. ネガティブな感情刺激に対する自動的注意

　図5.1の（a），（b）の絵を片方を隠したうえで，別々に眺めてみよう。
中立的な8つの同じ顔に埋め込まれた（a）の友好的な顔と，（b）の威嚇的
な顔のどちらをより速く見つけることができただろうか？

　ストックホルムのカロリンスカ研究所の**オーマン**（Öhman, A）らの実
験では，被験者となった18名の大学生たちは，コンピューターの画面に呈
示される図5.1のような9つ1組（8つの中立的な顔＋ターゲットとなる1
つの感情を示す顔）の刺激の中から，ターゲットとする4種類の感情を示す

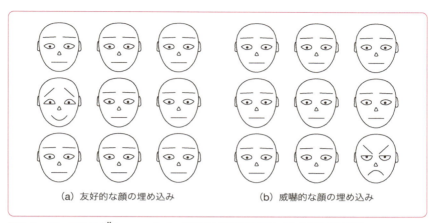

図5.1　オーマンら（Öhman et al., 2001）の研究で用いられた顔図形の例

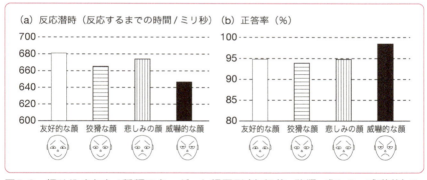

図5.2　埋め込まれた4種類のターゲット顔図形（友好的・狡猾・悲しみ・威嚇的）の，
（a）平均検出時間（ミリ秒）と，（b）正答率（%）（Öhman et al., 2001）

顔（友好的な顔・狡猾な顔・悲しい顔・威嚇的な顔）があった時には右指側
の反応キーを押し，なかった時には左指側の反応キーをできるだけ速く押す
よう教示された。結果は**図5.2**のとおり，威嚇的な顔に対して最も速く・正
確に回答することが示された（Öhman et al., 2001）。

　人物写真を用いたアメリカの**ハンセン**（Hansen, C.）らの研究でも同様
な結果が得られており，中立的な表情群や喜びの表情群の中に埋め込まれた
怒りの表情の検出時間は，逆の場合（怒りの表情群の中に埋め込まれた中立
的な表情や喜びの表情の検出時間）よりも統計学的に有意に速いことが報告
されている（Hansen & Hansen, 1988）。ハンセンらは，こうした現象

を**群衆の中の顔効果**（face-in-crowd effect）と呼び，他者からの攻撃を予期させる怒りや威嚇的なネガティブ表情は無意識のうちに**自動的注意**を引き起こし，より迅速に情報処理されるとしている。

B. 感情プライミング

　感情刺激にはまた，プライミング効果（priming effect，直前の刺激がその後の認知的な情報処理に影響を及ぼすこと）があることも知られている。アメリカの社会心理学者である**マーフィー**（Murphy, S. T.）と**ザイオンス**（Zajonc, R. B.）は，"見た"という認識が生じないような短時間（4ミリ秒）呈示された表情顔の写真（プライム刺激）が，直後に見る漢字刺激に対する好意度に影響することを報告している（Murphy & Zajonc, 1993）。

　23名のアメリカの大学生たちは，スクリーンに順次呈示される10種類の未知の漢字刺激に対して，1つずつへの好意度を5件法（1. まったく好ましくない 〜 5. かなり好ましい）で評定を求められたが，各漢字刺激の呈示の直前に"見た"という認識が生じえないごく短時間（4ミリ秒間）の顔写真のプライム刺激（怒りの顔あるいは幸福な顔）が呈示されていた。プライム刺激の種類ごと（プライム刺激なし・怒りの顔・幸福な顔・感情に無関係な多角形図形）に算出した漢字刺激に対する好意度の平均値を示したのが**図5.3**である。

　被験者の大学生たちはいずれもプライム刺激にはまったく気づいていなかったにもかかわらず，ネガティブなプライム刺激である怒り顔の写真を呈

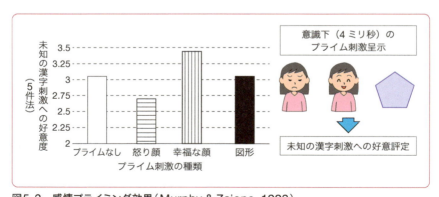

図5.3　感情プライミング効果（Murphy & Zajonc, 1993）
4条件（プライム刺激なし・ネガティブ感情刺激・ポジティブ感情刺激・統制刺激）におけるターゲット刺激（漢字）への好意度の平均値

示された場合の評定平均値は2.70で最も低く，ポジティブな刺激の幸福な顔の場合は3.46と相対的に高く，両者には統計学的に有意な得点差が観察された（$p < .001$）。評定は5件法だったので，3点は"どちらでもない"という評定値となるが，ポジティブ刺激の場合は"好ましい"という肯定側に，ネガティブ刺激では"好ましくない"という否定側に偏った平均値となっている一方，プライム刺激がない場合と多角形図形の場合にはそれぞれ3.06と中立の3点に近い値となっていることも興味深い結果であるといえるだろう。"見た"という意識がなくても，感情刺激が直後の刺激に対する評定に影響を及ぼすことが示され，マーフィーとザイオンスはこの現象を感情プライミング（affective priming）と呼んでいる。

C. 脅威刺激に対する注意バイアス

これまでみてきたように，刺激によって喚起されたネガティブな感情は，環境の中に自分を脅かすものがあることに瞬時に私たちの注意を向けさせ，敏感に情報処理するよう導く。山道をひとり歩いているときに，遠くにクマらしき黒い動物の姿をみかけたときに感じる恐怖感は，その存在に自動的に注意がくぎ付けにされ，それ以外のものは目に入りにくくなるだろう。ネガティブ感情を喚起する刺激への注意の偏り（集中）は注意バイアス（attentional bias）と呼ばれる。注意バイアスは，脅威刺激への迅速な対応を引き起こす点で個人の適応を高めるために役立つ現象であるが，一方で，それが過度な場合には不安障害や恐怖症などの精神病理の状態維持につながってしまうことも，多くの研究から知られてきている。

イギリスの臨床心理学者のマクレオド（MacLeod, C.）らは，16名の全般性不安障害の人々と16名の健常統制群の大学生を対象として，ドット・プローブ課題（visual dot-probe task；スクリーンの所定の位置に呈示される小さいドット＝点を見つけ次第，ボタンを押す，という課題）と呼ばれる実験を行った（MacLeod et al., 1986）。実験では，スクリーンの上下に2対の単語が呈示され，1つは48種類の脅威感情を喚起する単語（批判される，失敗，愚かな，災害，暴力など）のうちの1単語で，もう1つは中立的な単語が同時に呈示される。次々と上下2対の単語が呈示されるが，時々単語ではなく，上下どちらかの位置に小さな点（ドット）が現れ，その点をみつけ次第速やかに手元のボタンを押すよう指示された。測定対象となったのはドットが現れた時のボタン押しまでの時間（反応時間）で，不

安症の人々では脅威感情を喚起する単語と同じ位置に続いてドットが出現した場合（脅威語とドットの一致条件）の反応時間が，中立語の場所にドットが出現した場合（脅威語とドットの不一致条件）よりもずっと短いことが明らかになった（一致条件：平均592.82ミリ秒，不一致条件：平均694.53ミリ秒）。一方，統制群の一般大学生では差はみられたもののそのような大きな差ではなく（一致条件：平均540.41ミリ秒，不一致条件：583.65ミリ秒），マクレオドらは，不安障害群では脅威語に対して注意バイアスが強く生じたため，一般統制群の大学生に比較して脅威語と同じ場所に出現したドットをよりすばやく検出することができた，と解釈している。

　その後の多くの研究から，マクレオドらが対象とした全般性不安障害の患者群だけではなく，社交不安群やパニック障害，PTSDなどの不安や恐怖に関連する障害群や，健常群における高不安群でも同様な脅威刺激への注意バイアスが生じていることを検証している（守谷，2019など）。高いレベルでの不安や恐怖を感じている個人ほど，脅威感情を喚起するような刺激（脅威語や他者のネガティブな表情など）に注意バイアスが生じて敏感に反応することを示しており，症状の緩和や治癒とともに注意バイアスも消失していくことが明らかにされている（守谷，2019）。

　以上のように，ポジティブあるいはネガティブな感情を喚起する刺激に対しては自動的注意が向いて瞬時に評価が行われ，それに続いて呈示される別の刺激に対する判断や評価に影響する。及川（2006）によれば，多くの研究からその評価は刺激への接触から0.25秒（250ミリ秒）以内という瞬時に完了するといわれている。とくに脅威感情を喚起する刺激についてはより敏感に注意が向くようプログラムされていると結論することができるだろう。

5.2節 ‖ 記憶に及ぼす影響

A. 気分一致効果と気分状態依存効果

　アメリカのスタンフォード大学の認知心理学者であった**バウアー**（Bower, G. H.）は，感情が記憶に及ぼす影響性について巧妙な実験によって検証を試みた〔Bower, 1981〕。

　バウアーの実験では，催眠誘導によって異なる感情状態に導かれた2つの対象者グループが設定された。一方は幸福な気分（happy群）へ，もう一

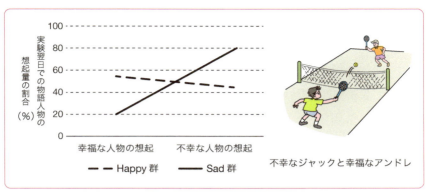

図5.4　気分一致効果：感情に一致した事象をより多く学習し記憶に留める（Bower, 1981）

方は悲しい気分（sad群）へと誘導されたあと，同じ内容の短い物語を読む
よう指示された。物語の内容はアンドレとジャックという二人の男子大学生
が仲良くテニスをする，というもので，アンドレは人生においてすべて順調
で幸福な状況にあり，一方ジャックは何もかもうまくいかず悲惨な状況にあ
る，という対照的な設定だった。物語は，アンドレとジャックのそれぞれの
生活の様子や情緒的な状態について第三者的視点からリアルに描写され，二
人に関する記述量も同じになるように調整されていた。対象者は，物語を読
み終わったあと実験者から，①誰がこの物語の主人公だと思うか，②誰があ
なたと似ているか尋ねられた。その結果，happy群では主人公は幸福なア
ンドレで，物語にはアンドレに関する記述が多かったし，自分に似ているの
はアンドレのほうであると回答した。一方，sad群はその反対で，主人公は
ジャックでジャックの話のほうが多く，自分はよりジャックに似ている，と
判断したのである。

　さらにその翌日に，すでに催眠誘導の効果も消えて平常気分に戻っている
2群の対象者が再び研究室に呼び出され，昨日読んだアンドレとジャックの
物語を思い出す（再生：recall）よう指示された。その結果，Sad群は想
起した内容のうち80％が悲しいジャックのことであったが，happy群は
55％が幸福なアンドレのことであった（**図5.4**）。

　この実験結果から，人はその時の感情に一致した内容の事象により多くの
注意を向け，それをより多く学習して記憶に留める傾向があることが明らか
になり，これをバウアーは気分一致効果（mood congruent effect；

Bower, 1981）と名づけた。気分一致効果については，その後多くの研究が展開してきている（北村，2019；Faul & LaBar, 2023）。

　記憶には，〔記銘（覚える：符号化，encoding）⇒ 貯蔵（忘れないでおく：storage）⇒ 想起（思い出す，recall）〕の３段階があるが，気分一致効果は，"記銘時の感情"に一致した内容の情報が想起されやすい現象を指している。一方，気分状態依存効果（mood state congruent effect）は，"記銘時と想起時の感情"が一致していると想起がより促進される現象を指している。例えば，楽しい気分を誘導された時に覚えた中立的な単語は，想起時に再び楽しい気分を誘導された状態だと想起の成績が良く，同様に悲しい気分で覚えた場合には，悲しい気分の時に思い出しやすい（Bower, 1981）。気分一致効果と気分状態依存効果はいずれも感情が記憶に及ぼす影響性に関する概念であるが，記憶の３段階に沿って区別して理解しておこう。

B. 感情ネットワークモデル

　バウアーは，前節の気分一致効果について感情ネットワークモデル（affective network model）によって説明を試みている。感情ネットワークモデルは，認知心理学者のコリンズ（Collins, A. M.）とロフタス（Loftus, E. F.）の意味ネットワークモデル（semantic network model；Collins & Loftus, 1975）を基に考案された。意味ネットワークモデルでは，私たちは言葉を個々ばらばらに記憶しているのではなく，意味の近い言葉どうしの間にリンクを張り，それらをネットワーク化して貯蔵していると仮定する（連想ネットワークモデルともいう）。バウアーはこの意味ネットワークモデルを援用し，さまざまな感情にも，それぞれリンクする出来事や感情を表す言葉，自律神経系の反応，表情の記憶に関するネットワークが存在する，と仮定した（Bower, 1981, 図5.5）。

　図5.5の"喜び"のノード（node, 概念のこと）は関連する感情言語（うれしい）や笑顔などの表出行動，気分が高揚して心拍が速くなるなどの自律神経系の反応，そして喜びを感じた過去のさまざまな出来事の記憶のノードを活性化し，想起しやすくする。一方，対極的な感情である"悲しみ"の感情ネットワーク全体については抑制が働き，想起するのが難しくなる。

　前述の感情一致効果は，実験的に誘導された幸福気分（happy）あるい

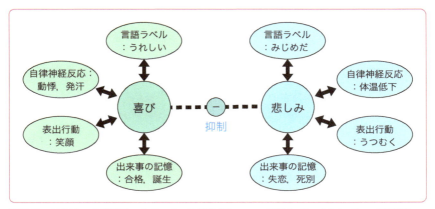

図5.5　バウアーの感情ネットワーク・モデル（Bower, 1981；Faul & LaBar, 2023）

は悲しい気分（sad）によってそれぞれ活性化するネットワークが異なることから解釈することができるだろう。幸福気分にある被験者は幸福感に関するネットワークが活性化しているので，物語中の幸福な人物であるアンドレについてより注意が向き，自動的に活性化された自分自身に関する幸福な出来事の記憶とも結びつけて"アンドレは自分に似ている"と判断し，後日でもアンドレに関するより多くの情報を思い出すことができる。反対に，悲しみのネットワークが活性化していた被験者は，悲劇的な人物であるジャックの情報が自分の悲しい想い出ともリンクし，ジャックのことをより深く記憶に留めることとなったと解釈することができよう。

C. PNA現象

　感情ネットワークモデルは，気分一致効果のメカニズムを説明する優れたモデルではあるものの，その後の追試研究の中で，ポジティブな感情については繰り返し確認することができたのに対し，ネガティブな感情の場合には結果が再現されないことも多かった（北村，2019）。感情一致効果に関するこうした感情の種類による結果の違いについては，ポジティブ・ネガティブ非対象（positive negative asymmetry, PNA；Singer & Salovey, 1988）と呼ばれている。

　PNA現象についてはさまざまな理由が考えられているが，その1つに，気分維持修復動機（mood maintenance and repair model）の作用を指摘する説明がある。私たちは，ポジティブな感情状態にあるとそれを維持

しようとする。一方，ネガティブな感情状態については，その不快さから脱するためにポジティブな記憶を呼び起こして気分を修復しようとするため，ネガティブ感情の場合には必ずしも気分に一致する記憶の想起が促進されるとは限らないのではないか，と説明する（北村，2019）。先にみたバウアーの実験では，気分が維持されやすい催眠誘導法を採用したためにネガティブ気分が長引き，気分一致効果がよりクリアにみられたとも考えられよう。

5.3節 | 社会的判断に及ぼす影響

A. 気分一致判断効果

感情は刺激情報への注意や記憶だけでなく，私たちの社会生活のなかでの人や事物に対する評価や判断（社会的判断，social judgment）にも影響する。**アイセン**（Isen, A. M.）らは，ショッピングモールを歩いている男女を対象にサンプル配布を行った群（ギフトあり群，小さなサンプル商品（男性は爪切り，女性はメモ帳）を渡した群：25名）と配布を行わなかった群（ギフトなし群：29名）をランダムに設定し，両群について，商品満足度調査の路上アンケートと称して声をかけた（Isen et al., 1978）。対象者は，自分が所有している自動車とテレビについて，性能の良さなどの満足度を尋ねられた。車とテレビへの満足度の平均値を求めて両群で比較したところ，ギフトあり群のほうが統計的に有意に高い評定平均値を示した（1. 低い〜7. 高いの7件法の評定で，ギフトあり群は6.01点・ギフトなし群は5.13点）。アイセンらはこの結果について，ギフトをもらって気分が良くなったことによって（positive mood），熟知している自分の所有物（自動車とテレビセット）の"良い面"を想起しやすくなったために高評価となったのではないか，と考察している。気分が良いときのほうが事物に対して高評価となり，気分が悪いときには低評価となる現象を気分一致判断効果（mood congruent judgement effect）という（北村，2008）。

B. 感情情報機能説

社会的判断への影響に関する感情情報機能説（affect as information；Schwarz & Clore, 1983）では，私たちは自分が良い気分のときには判断対象がその良い気分を引き起こしたと誤って判断するために（誤帰属），楽観的で良い評価をしてしまい，反対に悪い気分のときにはその原因が判断

対象にあると誤帰属するために，悲観的で悪い評価をしてしまう。感情機能説では，感情そのものが情報機能をもっていて，対象に対する判断時に価値的な色づけをする，と考えている。

　シュワルツ（Schwarz, N.）と**クロア**（Clore, G. L.）は，大学生を対象として人生満足度に関する電話アンケートの実験を行った。半数の学生には雨の日に，残り半数の学生には晴れの日に電話をかけた。学生たちは，現在の幸福感，人生への不満足感，人生満足度の3項目についてそれぞれ10点満点で回答を求められたが，3項目とも天候の影響がみられた。晴れの日の回答者は雨の日の回答者よりも高い人生満足度が示された（現在の幸福感：晴れの日群は7.50点・雨の日群は6.31点／人生への不満足感：晴れの日群3.64点・雨の日群5.10点／人生満足度：晴れの日群6.86点・雨の日群6.21点）。この結果について，電話でこれらの項目について尋ねられた時，天気が良いために無意識のうちにポジティブになっていた気分（感情情報）を根拠に"人生に満足しているから良い気分なのだ"と誤って判断（誤帰属）して高めの満足度評価となり，一方，雨の日にはすでになんとなくブルーな気分になっていた感情状態（感情情報）を"自分の人生はうまくいっているかどうか自分にも疑問だからちょっとブルーな気分になっているのだ"と誤帰属したためより低い評価になった，と解釈されている（Schwarz & Clore, 1983）。

　その後，シュワルツはポジティブ感情とネガティブ感情では，それぞれ情報処理の方略（ストラテジー）が異なるとし，ポジティブ感情の時には自分の周囲にリスクはなく良好な状態であるはずなので，簡便で短時間で済む直感的（ヒューリスティック）な情報処理方略を採用するが，ネガティブ感情は生体にリスクの存在を知らせるものなので，より慎重になり，分析的で時間のかかる熟慮型のシステマティック処理になるのではないか，と考察を進めている（Schwarz, 1990）。感情が手がかりとなって採用される認知的な情報処理システムが異なってくる，というアイデアはさまざまな研究者に継承され，感情調整説（affect tuning hypothesis）と呼ばれている。

C. 感情混入モデル

　オーストラリアの心理学者である**フォーガス**（Forgas, J. P.）は，社会的判断に及ぼす感情の影響性について，さまざまな理論を統合した感情混入モデル（affect infusion model：AIM, Forgas, 1995）を提唱している。

やや複雑なモデルであるが，しっかり理解していこう。

　感情混入モデルでは，社会的判断を行う際の情報処理方略について，感情混入の少ない（感情の影響を受けにくい）2つの処理方略（直接アクセス型と動機充足型）と，感情混入の多い（感情の影響を受けやすい）2つの処理方略（ヒューリスティック型と実質型）の計4つのタイプの方略を想定している（Fogas, 1995; Faul & LaBar, 2023）（図5.6）。

〈判断過程において感情混入の少ない情報処理方略〉

①直接アクセス型：よく知っている典型的な判断対象に対して用いられる労力の少ない情報処理方略。例えば，誰もが知っているけれど自分とは直接関係ない有名人について，その人の人生満足度を判断する時に，"社会的に成功したその人の人生は他の有名人と同様に幸福に決まっているだろう"と，紋切り型（ステレオタイプ化した）な判断を行うような場合で，現在の自分の感情状態が判断に影響する余地は小さい。

②動機充足型：特定の目標が存在する場合に用いられる労力の多い情報処理方略。前述のPNA現象における気分維持修復動機の作用がこれにあたるとされており，ネガティブな感情の時に気分一致判断効果がみられにくいのは，ネガティブ感情の不快さを脱したいという動機のために積極的な感情改善が行われてしまうので，事後の判断課題時にネガティブ気分の混入が制限され効果がみられなくなる，と考えられる。

〈判断過程において感情混入の多い情報処理方略〉

③ヒューリスティック（直観）型：簡便で最小限の処理や直感に従う労力の少ない情報処理方略。感情情報機能説でみたプロセスが関わっていると考えられており，晴天によって引き起こされたポジティブな感情が情報源として自分の人生の満足度判断時に混入して"人生に満足しているから良い気分なんだ"と直感的な誤帰属が起こり，より楽観的な判断を行うような場合を指す。ヒューリスティック型の処理はポジティブ感情の際に採用される方略とされている。

④実質型：新奇で複雑な情報を既存の知識構造に関連づけながら精緻に行う労力の多い情報処理方略で，バウアーの感情ネットワーク理論で想定されたプロセスが関わっていると考えられている。実質型の処理はネガティブ感情時に採用されるとされている。

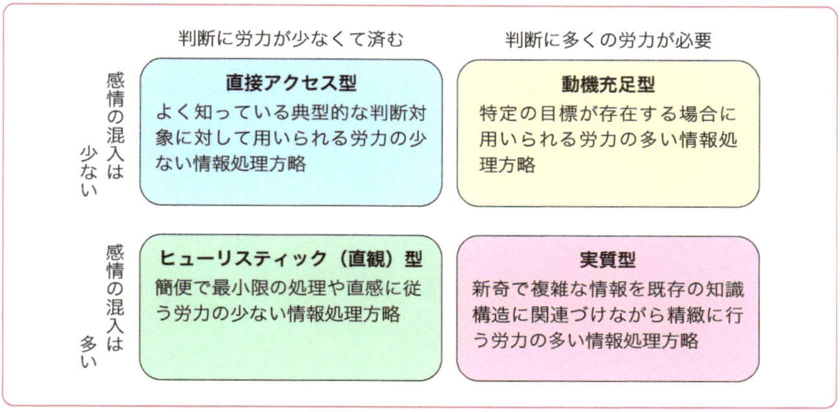

図5.6 フォーガスの感情混入モデル（Forgas, 1995；Faul & LaBar, 2023）

感情混入モデルは，社会的判断に感情がどのように影響するかを情報処理方略の観点から包括的に説明しようとするモデルであるが，理論的には記憶に対する感情の影響性にも適用可能なモデルではないかとする指摘もあり（Faul & LaBar, 2023），今後も実証的な検討が進められていくことが予想される。

本章では感情が注意，記憶，社会的判断といった認知過程にどのような影響を及ぼすか，代表的な研究と理論からみてきた。これまでの心理学では，感情と認知はそれぞれ別の領域として発展してきた歴史が長い。両者の関係について包括的に議論されはじめたのは1980年代以降と比較的新しいが，本章でみたように感情と認知は不可分な関係性にあって複雑な相互作用が行われていることが少しずつ明らかにされてきている。今後，神経生理学的な研究も含めてさらなる展開が期待される研究領域であるといえるだろう。

〈文献〉
Bower, G. H. (1981). Mood and memory. *American Psychologist*, 36, 129-148.
Collins, A. M. & Loftus, E. F. (1975). A spreading-activation theory of semantic processing. *Psychological Review*, 82(6), 407-428.
Faul, L. & LaBar, K. S. (2023). Mood-congruent memory revisited. *Psychological Review*, 130(6), 1421-1456.
Forgas, J. P. (1995). Mood and judgment: the affect infusion model (AIM). *Psychological Bulletin*, 117(1), 39-66.
Hansen, C. & Hansen, R. (1988). Finding the face in the crowd: An anger superiority ef-

fect. *Journal of Personality and Social Psychology*, 54, 917-924.

Isen, A. M. et al.(1978). Affect, accessibility of material in memory, and behavior: A cognitive loop?. *Journal of Personality and Social Psychology*, 36(1), 1-12.

北村英哉(2008). 感情研究の最新理論ー社会的認知の観点から. 感情心理学研究, 16, 155-166.

北村英哉(著). 北村英哉他(編)(2019). 感情研究の新展開. ナカニシヤ出版, 262-272.

MacLeod, C. et al.(1986). Attentional bias in emotional disorders. *Journal of Abnormal Psychology*, 95(1), 15-20.

守谷順(2019). 社交不安の注意バイアス. 心理学評論, 62, 66-87.

Murphy, S. T. & Zajonc, R. B.(1993). Affect, cognition, and awareness: affective priming with optimal and suboptimal stimulus exposures. *Journal of Personality and Social Psychology*, 64(5), 723-739.

Öhman, A. et al.(2001). The face in the crowd revisited: a threat advantage with schematic stimuli. *Journal of Personality and Social Psychology*, 80(3), 381-396.

及川昌典(著). 北村英哉他(編)(2006). 感情研究の新展開. ナカニシヤ出版, 113-131.

Schwarz, N. & Clore, G. L.(1983). Mood, misattribution, and judgments of well-being: Informative and directive functions of affective states. *Journal of Personality and Social Psychology*, 45(3), 513-523.

Schwarz, N.(1990). Feelings as information: Informational and motivational functions of affective states. In Higgins, E. T. & Sorrentino, R.(Eds.), *Handbook of motivation and cognition: Foundations of social behavior*(*Vol.2*). Guilford Press, 527-561.

Singer, J. A. & Salovey, P.(1988). Mood and memory: Evaluating the network theory of affect. *Clinical Psychology Review*, 8, 211-251.

第 **6** 章 　感情が行動に及ぼす影響

到達目標

■▶ 主要な感情について，先行する認知的評価および結果としての行為傾向との関連について説明できる
■▶ 自律神経系の働きを経由した感情の身体内部の変化への影響について説明できる
■▶ 顔面筋運動である表情への影響性や，他者の表情認知（表情知覚），表情模倣について説明できる

　感情は，瞬時に特定の行動を方向づけ，生起させることができる強力な機能をもっており，私たちの環境への適応に貢献している。本章では，感情が行為や身体内部の変化，顔面筋運動である表情に及ぼす影響性について，これまでにわかってきている主な知見についてみていく。

6.1節 ┃ 感情に方向づけられる行為傾向

　感情は**動機づけ**（motivation）と同様に，私たちの次の行動を準備する。感情に続いて特定の行動が生起するかどうかは，その時々の状況や条件によって必ずしも一定ではないが（満員電車の中で，スマホの画面に志望校合格の通知を見て，やった！　と大声で叫びたいが，周囲を気にしてそれは差し控えられることが多いだろう），怒りや恐れ，喜びといった代表的な感情は特定の行為傾向（action tendency）につながることが多いことが知られている（**表6.1**）。

　例えば，他者からいわれのない人格攻撃を受けたり，自分の所属している集団の名誉を傷つけられたりした場合（外国で人種差別や祖国の文化や習慣について不当な偏見を向けられる，など）には，誰しも怒りを感じ，抗議や反論，報復などの攻撃的な行動に出たくなるだろう。多くの基本感情理論（3章参照）の研究者たちは，進化心理学的な観点から，表6.1の上段に並ぶさまざまなネガティブな感情は，狩猟生活を送っていた太古の人類にとって生死にかかわるような危険（例えば，マンモスに遭遇する，さまざまな病

表6.1　感情と行為傾向との関連（Smith & Lazarus, 1990; Fredrickson, 1998）

認知的評価（appraisal）	感情（emotion）	行為傾向（action tendency）
他者からの侮辱や非難	怒り（anger）	攻撃する
具体的な危険を経験	恐れ（fear）	逃避する
自分が規律や道徳に違反	罪悪感（guilt）	償う
不快なものの取り込み／接近	嫌悪（disgust）	吐き出す
自分の理想を裏切る経験	恥（shame）	隠れる
漠然とした脅威を経験	不安（anxiety）	回避する
修復不可能な喪失を体験	悲しみ（sadness）	慰めを求める
良い方向に進むことへの熱望	希望（hope）	関与や対処を維持する
目標の実現に向けた前進	喜び（joy）	自由に活発にふるまう
価値がありそうな未知のものとの遭遇	興味（interest）	探究する
目指すものを成し遂げた経験	満足（contentment）	まとめ統合する

気に罹患することへの不安など）に対して迅速かつ有効に対処するために役立ち，淘汰圧（環境に適応した生物が子孫を残し，他は滅びること）に有利に働いたため，長い人類の歴史のなかで人間に定着してきた，としている（Levenson, 1994；Tooby & Cosmides, 1990など）。日々の生活のなかで猛獣や天敵に怯えることがまれになった現代でも，社会集団のなかで他者から攻撃され侮辱されることは自分の社会的地位を脅かす出来事であり，これに対して強い怒りから抗議して名誉を挽回することは，その人の社会的資源の確保にとって重要な意味をもつ行動となるだろう。ネガティブな感情は，強力な規定力で特定の行動へと個人を駆り立て，環境への適応を良好なものにする機能をもっているといえる。

　一方，表6.1の下段の希望や満足，喜びといったポジティブな感情は，自分の身の回りは安全で緊張を解いてよいことを個人に教え，行動範囲が広がり自由度が増す。新たな社会資源の形成に役立つものであるが，ポジティブ感情の機能の詳細については次の7章でみていく。

6.2節 ┃ 感情に伴う身体内部の変化：自律神経系の働き

　私たちが恐怖や怒りなどの情動（emotion）を強く体験している時には，

表6.2　交感神経系（SNS）と副交感神経系（PNS）が引き起こす身体変化

	交感神経系（SNS）の働き	副交感神経系（PNS）の働き
＜気分＞	緊張と興奮（逃走／闘争）	安堵とリラックス（癒し）
＜器官＞		
眼	瞳孔の拡大	瞳孔の縮小
口	唾液の抑制	唾液の促進
肺	気道の弛緩	気道の収縮
心臓	心拍の増加	心拍の現象
汗腺	発汗の増加	―
腸	―	血管の拡大
胃	消化の抑制	消化の促進
肝臓	グルコース*放出の促進	―
副腎腺	アドレナリン**放出の促進	―
皮膚	血管の収縮	血管の拡大
筋肉	収縮	弛緩
膀胱	弛緩	収縮

*グルコース：体内の血液中にある糖のことで，エネルギー源となる
**アドレナリン：副腎から分泌されるホルモンで，ストレス反応の中心的役割を果たし，血中に放出されると心拍数や血圧を上げ，瞳孔を開きブドウ糖の血中濃度（血糖値）を上げる作用などがある

　私たちの間脳にある視床下部（2章参照）の自律神経系が交感神経系（SNS）を活性化させ，さまざまな身体変化が起こる（**表6.2**）。交感神経系にスイッチが入っている時には気分が興奮し，筋肉の収縮や心拍数の増加，消化器機能の低下，発汗，瞳孔の拡大など，必要であれば闘ったり逃げたり（闘争・逃走反応：fight-or-flight response）できるように生体にエネルギーを充填し，行動を準備する。

　一方，危機が去って安全が確認されると，副交感神経系（PNS）が活性化して気分は落ち着き，筋肉は弛緩，心拍数も血圧も低下し，瞳孔も縮小して全身がリラックスした状態に戻る。

　レベンソン（Levenson, R. W.），**エクマン**（Ekman, P）らは，こうした自律神経系の活動の様相がさまざまな感情によってどのように異なるか検討を行っている（Levenson et al., 1990）。彼らは俳優や研究者，大学生たちを対象として，横に座っているコーチ（実験者）の指示に従って，6つの感情（怒り，恐れ，悲しみ，嫌悪，幸せ，驚き）を作る特定の顔面筋の

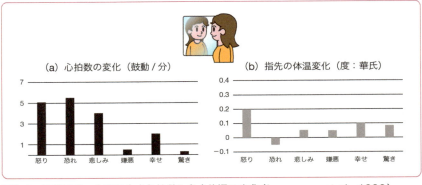

（a）心拍数の変化（鼓動 / 分）　　　　　　（b）指先の体温変化（度：華氏）

図6.1　表情を作った時の（a）心拍数と（b）体温の変化（Levenson et al., 1990）

動き（眉毛や目尻の上げ下げやまぶたの開き方，口元の上げ下げ等）をしてみるよう教示された。被験者たちが鏡に自分の顔を映しつつ，コーチの指示に沿って特定の表情を人工的に作っている間に，彼らの心拍数や指先の体温などの自律神経系の生理指標がどのように変化するか測定が行われた。心拍数と指先の体温変化の結果を示したのが**図6.1**である。

　図6.1より，顔面の表情が心拍数や体温などの生理的状態に変化を引き起こすこと，そしてその変化は感情の種類によって異なることがわかる。最も生理的変化が大きいのは"怒り"で，心拍数も体温も上昇している。同じネガティブな感情であっても，"恐れ"や"悲しみ"は心拍数のみが上昇し体温の変化はごく小さく，"嫌悪"は体温がむしろ低下している。日常生活のなかで，怒りには"はらわたが煮えくり返る"，嫌悪には"ドン引きしてしまう""気持ちが冷める"といった表現を使うことがあるが，それなりの生理学的な変化が対応しているようでもあり，興味深い。

　近年では，心臓血管系の指標や呼吸率，皮膚温度などの多様な生理指標に，顔表情の画像を加えたデータに対するパターン認識技術を用いた研究も行われてきており（Kolodyazhniy et al., 2011），心臓や頬や眉の筋肉の活動データなどいくつかの情報を組み合わせたモデルの識別率が高いことなども知られるようになってきている。また，上記のレベンソン，エクマンらの研究ではポジティブ感情は喜びの1種類だけであったが，**シオタ**（Shiota, M. N.）らの研究では，大学生を対象とした同様な実験から，実験中のくじで思いがけず10ドルを手にすることによる熱狂（enthusiasm），子どもの頃好きだったアニメの主人公（attachment love）やかわいい動物の赤

ちゃん（nurturant love），愉快なマンガ（amusement），雄大な自然（awe）のそれぞれのスライドを見ることによって引き起こされるポジティブ感情について検討し，それぞれ心拍数や体温変化において異なる生理学的特徴を示す結果を報告している（Shiota et al., 2011）。感情識別に関する自律神経系の指標については，感情の喚起方法やどのような文脈のなかで喚起された感情なのかによっても結果が異なり，今後のさらなる精緻な研究が必要とされる領域であるといえるだろう。

6.3節 ‖ 感情と顔の表情との関連

A. 表情の表出：顔面筋の働き

　第3章でみたように，ヒトと動物の表情の共通性に最初に着目したのは，進化論で有名なチャールズ・ダーウィンである。ダーウィンにはじまる基本感情理論の研究者たちは，怒り，恐怖，悲しみ，喜び，驚き，嫌悪といった基本的な感情には特有の**顔面筋**（facial muscle）の運動が伴い，それは文化を超えて人間に共通であるとして，欧米諸国やアジア圏，ニューギニアのフォレ族といったさまざまな人種・民族を対象とした実証研究が行われてきた（Ekman, 1972；Smith & Lazarus, 1990など）。

　私たちの顔の表情を作るのは，頬・唇・鼻・眉毛・瞼（まぶた）といったそれぞれのパーツであり，感情の種類に応じて特徴的な動き方をする。例えば，喜びの感情を感じているときには，自然に唇の両端（口角）が上に引き上げられて頬に皺ができ，目尻が下がって，おなじみの"笑顔"が作られるだろう。私たちは悲しみには泣き顔，怒りには相手をきつく睨みつける険しい顔，強い恥には汗顔，誇らしい時のしたり顔など，さまざまな感情に特徴的な表情を自動的に瞬時に作ることができる。皆さんも，さまざまな感情について自分がどのような表情をしているのか鏡に向かって試してみると，頬・唇・鼻・眉毛・瞼などのパーツの典型的な配置について知ることができるだろう。

　私たちの顔の表情は，額にある前頭筋，目の開閉にかかわる眼輪筋，眉を中央に寄せて皺を作る皺眉筋，鼻の穴を広げる鼻筋，口の開閉や口をすぼめる時に使う口輪筋など，表情を作るのに関わる顔面筋には30種類以上あるといわれている（伊藤，2012）。これらの表情筋はすべて脳神経の1つである**顔面神経**（facial nerve）がコントロールしており，刺激評価によって

引き起こされる多様な感情過程（悲しい，うれしいといった主観的体験，上記の行動傾向や自律神経系が関わるような身体内部の変化など）の一環として表情を具現化するよう指令する。顔面神経に障害が発症すると，表情筋を思い通りに動かすことができなくなり，顔面麻痺や三叉神経痛，眼瞼下垂，顔面痙攣などのさまざまな症状が出現する。

B. 顔面フィードバック仮説：表情が感情を作る

　うれしい時に笑顔になり，落ち込んだ時に憂い（うれい）顔になるなど，特定の表情が特定の感情と連動することはありふれた日常感覚として容易に理解することができるが，基本感情理論の立場の感情心理学者**トムキンス**（Tomkins, S. S.）は，"顔面筋の動きから感情が新たに作られる"とする**顔面フィードバック仮説**（facial feedback hypothesis；Tomkins, 1962）を提唱している。

　ストラック（Strack, F.）らは，この顔面フィードバック仮説について，ペンを使った巧妙な実験を行った（Strack et al., 1988）。92名の大学生を，障害のある人々のための日用品の在り方に関する予備的実験という名目で大学の実験室に招き，ひとりずつ個別ブースの中の椅子に座ってもらった。被験者の前の机上には，1本のフェルトペンと消毒用のアルコール綿が置かれており，フェルトペンを消毒後，2つのグループの被験者の一方はフェルトペンを歯でしっかりと挟んでくわえ（**図6.2左**），口角が上がり自然と笑顔の形状になる条件），もう一方のグループには直接唇でしっかりと挟む（**図6.2右**），口がすぼみ自然と不機嫌や失意時の表情となる条件）ように教示した。3つめの手を使うグループに対しては，利き手ではないほうの手にペンを持つよう指示した。被験者たちはそれぞれの条件下で，ペンを使って2点を結ぶ課題や指定された文字に下線を引いたりする課題に挑戦し，それぞれの課題に対する難しさの評定を尋ねられた。その後，この実験の本題で

図6.2　（左）人工的な"笑顔"と（右）しかめ面顔

ある楽しいマンガを読む課題に取り組み，それぞれのペンのくわえ方・持ち方のまま，4種類のマンガ（ゲイリーラーソンの『ファーサイド』シリーズ）を読んだ後の面白さの評定（0点から9点の10件法で高得点ほど面白いと評定している）を求められた。

　結果は，ストラックらの予想どおり，a）の笑顔の状態になっているペンを歯で挟んだ群の"面白さ"の評定値が，b）のしかめ面顔の状態の唇でペンをくわえた群よりも統計学的に高いことが示された（ペンを歯で挟んだ笑顔状態での評定：5.14点 vs ペンを唇でくわえたしかめ面顔：4.32点，$p=.03$）。

　この実験から，感情を引き起こす原因の1つとして，顔面筋運動そのものが付け加わることとなり，5.2節でみたレベンソン，エクマンらの研究結果（さまざまな表情を人工的に作ると，それぞれの表情に対応した生理学的な変化が生じる）とともに，"顔の表情が感情を作る"ということもあり得ることがわかった。顔面筋運動そのものが脳にフィードバックされ，特定の感情の喚起に影響することは事実であるといえるだろう。つらいことがあった時，"泣くのはいやだ，笑っちゃおう！"とがんばって笑顔に戻ってみることによって，ネガティブな感情を脱してポジティブな感情へと回帰することは確かにあり得ることなのかもしれない。

6.4節 ‖ 他者の感情の認知

　私たちは，何のために感情を特定の顔面筋運動である"表情"で表現するのだろうか？ そしてなぜ主要な表情は，文化による差異は認められつつも，人類においておおよそ共通しているのだろうか？ 感情心理学では，表情には自己と他者との社会的相互作用（social interaction）においてお互いの感情状態を迅速に伝え合う機能があるとし，受け手側の**感情認知**（emotion recognition）に関する研究が多く行われてきた。

A. 他者の表情の読み取り：表情知覚

　私たちは他者の表情からその人の感情をどの程度正確に読み取ることができるのだろうか？ **グオ**（Guo, K.）らは，6つの基本感情（幸福・悲しみ・怒り・恐れ・嫌悪・驚き）について，正面・斜め45度・横向きの3つの角度の表情写真を呈示し，表情認知の正確さ（accuracy）を測定したところ，

いずれの角度でも正解率は平均して80％程度でほぼ等しく，表情認知については顔の向きの影響はそれほど大きなものではなかったことを報告している（Guo & Shaw, 2015）。他者の表情認知については，生後まもない乳児であっても他者の感情の種類を識別可能であること（Ruba et al., 2017）や，高齢期でも識別能力の低下は小さく加齢の影響をそれほど強く受けないこと（Murry & Isaacowitz, 2018）も知られてきている。他者の感情を読み取る能力は，"ゆりかごから墓場まで"の人の生涯において重要な機能を果たしていることを示唆するものといえよう。

B. 表情模倣：感情コミュニケーションの基盤を成すもの

目の前にいる他者ににっこりと笑顔を向けられると，よほどその人のことが嫌いだったり恐れていたりしない限り，自然に自分も笑顔で応じるだろう。同様に，悲しみに暮れている人を前にすればこちらもやはり悲しげな表情になる。意図せずに自然に相手の表情を模倣することを**表情模倣**（facial mimicry；Dimberg, 1982；藤村，2017，**表情同調** congruent facial expressionとも呼ばれる）という。

表情模倣（表情同調）は，怒り，嫌悪，驚き，喜び，怒りなどの基本感情それぞれに特異的に生ずるのではなく，より大雑把に快（ポジティブ）と不快（ネガティブ）の2つの軸に沿って生じる。ポジティブな感情表出に対しては笑顔を作る大頬骨筋が，また悲しみや怒りなどのネガティブな感情表出に対しては眉毛を下げてしかめ顔を作る皺眉筋が活性化するという（藤村，2017；2020，**図6.3**）。前述の顔面フィードバック仮説を思い出してみると，相手の表情を模倣することで，相手と同種類の感情を本当に感じることになる，と理解することができる。自動的に生起する表情模倣によって相手の感情を追体験している，というのは非常に興味深い現象であるし，それだけ私たち人間にとって相手と感情を共有するコミュニケーションが重要であるといえるだろう。

表情模倣（表情同調）の神経学的基盤について，ドイツの心理学者の**リコフスキー**（Likowski, K. U.）らは，脳内のミラーニューロンの働きが関連していることを実験的に明らかにしている（Likowski et al., 2012）。**ミラーニューロン**（mirror neurons）とは，イタリアの脳神経学者**リゾラッティ**（Rizzolatti, G.）らが1990年代にサルの神経学的実験から，他のサルや人間の特定の動作（手を伸ばす，握る，つかむ，標的に向かって移動す

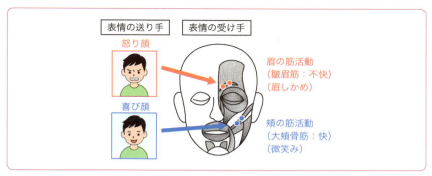

図6.3　表情模倣時に非意図的に働く顔面筋：皺眉筋と大頬骨筋（藤村, 2020）

るなど）を見る時，自分がその動作を行うときと同じ脳内の一群のニューロンが発火する（活性化する）ことを発見したことから名づけられたもので，他個体の特定の動作に応答するように特化された一群のニューロンをミラーニューロン・システムと名づけた（Rizzolatti & Craighero, 2004）。例えば，相手が林檎を噛むところを見る時，自分はただ見ているだけなのに，脳内では，噛んでいる相手と同じような部位が活性化する（**図6.4**）。

　リコフスキーらが行った人間を対象とした実験では，表情模倣時に生起する顔面筋の測定（快感情に伴う笑顔の際の大頬骨筋と不快感情に伴う眉しかめの際の皺眉筋，図6.3）とともに，fMRI（functional magnetic resonance imaging: 磁気共鳴画像法，脳や脊髄の活動に関連した血流動態反応を視覚化する方法）を用いて顔面筋運動と同時に発火する脳内のミラーニューロン・システムの様子を測定した（Likowski et al., 2012）。実験では20名の女子大学生が被験者となり，アバターの表情を観察している時の顔面筋運動と脳内の下前頭回や補足運動野，小脳などのミラーニューロン・システムを構成するといわれている部位の発火状況が同時に測定された。分析の結果，両者の活性度（顔面筋運動とミラーニューロン・システムの発火）には関連があることが明らかになり，ミラーニューロン・システムが表情模倣の神経学的基盤となっている可能性が示された。ミラーニューロン・システムは，私たちが自分の行動や感情を表出する時と他者の行動・感情を理解する時とで同じ神経回路を用いている可能性を示す重要な現象であり，現在もさまざまな検討がなされてきている（Bonini et al., 2022）。

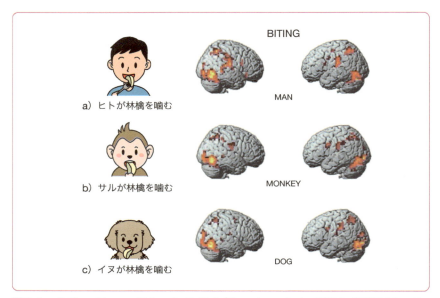

図6.4　ミラーニューロン・システム（Buccino et al., 2004, ©2004 by the Massachusetts Institute of Technology.）
相手の動作（この場合は，ヒト・サル・犬が林檎を噛む）を見る時，実験参加者の脳内ではミラーニューロン・システムが活性化し，行為している相手と同じ場所が活性化する。

C. 発声による感情知覚

　私たちは日常生活のなかで，"声"からその人の感情を推し量ることも多い。怒っている声，不機嫌な声，愛情深いやさしい声，悲しい声，恐怖の叫び声など，声は感情を豊かに表現する。発声の特徴を構成している要素は，大きさ（声量，loudness: ラウドネス），高さ（音高，pitch: ピッチ），声質（ハスキーボイスやファルセットなど），速度（早口なのかゆっくり話すのか）など多様である。各構成要素が感情知覚とどのような関連があるのかさまざまな研究がなされてきているが，悲しみは低い声（ピッチが緩やか）で速度はゆっくりであり，喜びはより高い声（ピッチが速い）で速度は早めになる傾向が確認されている（竹原，2019）。

　スイスの感情研究者であるシェラー（Scherer, K. R.）らは，男女2名ずつ4名のベテランの俳優を用いて，先行研究から抽出された典型的な感情（喜び，悲しみ，恐れ，怒りの4種類）を喚起するシナリオ（例えば，悲しみに対しては"愛する人が死んだ"という設定状況）を各感情2つずつ用意し，無意味な文章から構成される2種類のセリフ（セリフ1："Hat sundig

pron you venzy.", セリフ２："Fee gott laish jonkill gosterr.") を
各感情のシナリオに沿って感情豊かに読みあげ，その録音を行った（Scher-
er et al., 2001）。その際，特定の感情を込めない中立的（neutral）な読
み方も同時に録音された。実験にはさまざまな国（ドイツ，スイス，フラン
ス，イギリス，アメリカなどの欧米８ヶ国とインドネシア）の428名の大学
生が参加し，ヘッドフォンで録音を聴いた後に，それぞれの無意味セリフに
ついて，４つの感情がそれぞれどの程度あてはまるか７件法（0. 全くあては
まらない〜6. 強くあてはまる）で評定するよう教示された。分析の結果，
喜びについては42％と低めの正答率となっていたが，怒り，恐れ，悲しみ，
中立については66％〜73％の正答率が得られ，いずれもチャンスレベル
（偶然である確率）を超え，より正解に近い値となった。シェラーらは３章
でみたエクマンらのフォレ族や欧米・アジア各国での顔表情写真による感情
知覚の結果と同様に，発声による感情知覚にもある程度の文化的普遍性がみ
られるのではないかと推測している。近年では，顔表情と発声を組み合わせ
た感情知覚の研究も行われてきているが，私たちが日常生活で感じていると
おり，両者が組み合わさることによって，より速く正確な感情知覚が促され
ることがわかってきている（田中，2011）。

〈文献〉

Bonini, L. et al.(2022). Mirror neurons 30 years later: implications and applications. *Trends in Cognitive Sciences*, 26, 767-781.

Buccino, G. et al.(2004). Neural circuits involved in the recognition of actions performed by nonconspecifics: An fMRI study. *Journal of Cognitive Neuroscience,* 16(1), 114-126.

Dimberg, U.(1982). Facial reactions to facial expressions. *Psychophysiology*, 19(6), 643-647.

Ekman, P.(1972). Universals and cultural differences in facial expressions of emotion. Nebraska Symposium on Motivation, 1971. University of Nebraska Press, 207-283.

Fredrickson, B. L.(1998). What good are positive emotions?. *Review of General Psychology*, 2(3), 300-319.

藤村友美(2017). コミュニケーションにおける表情表出の機能的役割. 生理心理学と精神生理学, 35(1), 3-13.

藤村友美(2020). 顔と顔のつながり：コミュニケーションにおける表情同調. 心理学ワールド/日本心理学会編, 89, 5-8.

Guo, K. & Shaw, H.(2015). Face in profile view reduces perceived facial expression intensity: An eye-tracking study. *Acta Psychologica*, 155, 19-28.

伊藤隆(著) 高野廣子(編)(2012). 解剖学講義 改訂3版. 南山堂.

Kolodyazhniy, V. et al.(2011). An affective computing approach to physiological emotion specificity: Toward subject-independent and stimulus-independent classification of filminduced emotions. *Psychophysiology*, 48, 908-922.

Levenson, R. W. et al.(1990). Voluntary facial action generates emotion-specific autonomic nervous system activity. *Psychophysiology*, 27(4), 363-384.

Levenson, R. W. (1994). Human emotion: A functional view. In Ekman, P. & Davidson, R. J. (Eds.), *The nature of emotion: Fundamental questions*. Oxford University Press, 123-126.

Likowski, K. U. et al. (2012). Facial mimicry and the mirror neuron system. *Frontiers in Human Neuroscience*, 6, 214.

Murry, M. W. E. & Isaacowitz, D. M. (2018). Age similarities in interpersonal perception and conversation ability. *Journal of Nonverbal Behavior*, 42, 101-111.

Rizzolatti, G. & Craighero, L. (2004). The mirror-neuron system. *Annual Review of Neuro-science*, 27(1), 169-192.

Ruba, A. L. et al. (2017). Developmental changes in infants' categorization of anger and disgust facial expressions. *Developmental Psychology,* 53, 1826-1832.

Scherer, K. R. et al. (2001). Emotion inferences from vocal expression correlate across languages and cultures. *Journal of Cross-cultural Psychology*, 32(1), 76-92.

Shiota, M. N. et al. (2011). Feeling good: Autonomic nervous system responding in five positive emotions. *Emotion*, 11, 1368-1378.

Smith, C. A. & Lazarus, R. S. (1990). *Handbook of personality: Theory and research*, L A. Pervin (Ed.), Guilford Press, 609-637.

Strack, F. et al. (1988). Inhibiting and facilitating conditions of the human smile: a nonobtrusive test of the facial feedback hypothesis. *Journal of Personality and Social Psychology*, 54(5), 768-777.

竹原卓真(著), 内山伊知郎(監)(2019). 感情心理学ハンドブック. 北大路書房, 144-158.

田中章浩(2011). 顔と声による情動の多感覚コミュニケーション. *Cognitive Studies*, 18(3), 416-427.

Tomkins, S. S. (1962). *Affect, imagery, and consciousness*. Springer Publishing.

Tooby, J. & Cosmides, L. (1990). The past explains the present: Emotional adaptations and the structure of ancestral environments. *Ethology and Sociobiology*, 11, 375-424.

第 7 章

感情の制御と心身の健康

- グロスの感情制御のプロセスモデルについて説明できる
- ラザルスのストレス理論を説明できる
- 感情制御の不全に関連する精神疾患の種類と概要について知る
- フレドリクソンの拡張形成理論について理解し，肯定的感情と健康との関連について知る
- 感情をめぐる臨床支援の方法を知る

　これまでの章でみてきたように，感情は個人に現在自分が置かれている状況を迅速に知らせ，状況にあった行動をとることを促して良好な適応を維持する機能をもつ。しかしその一方で，他者への怒りや嫌悪感をストレートにぶつけて相手との信頼関係を失ったり，場違いな感情表出をして周囲のひんしゅくをかってしまったりするなど，感情のコントロールの難しさもまた，私たちは日常的に体験している。本章では，感情制御（emotion regulation）理論について学ぶとともに，感情制御の不全に関わる精神疾患を概観する。また，肯定的感情と健康との関連や，感情をめぐる臨床支援の概要についても学ぶ。

7.1節 ┃ 感情制御のプロセスモデル

　感情制御の必要性は古くから指摘されており，プラトンは暴れる馬を御するように，気概（感情）と欲望を理性が上手に制御する必要があると説き，第1章で述べたカント，ヘーゲルから，感情研究に偉大な貢献をしたスピノザやアダム・スミスに至るまで，非合理的な感情は合理的な精神によって調整・統制されるべきものとされてきた（遠藤，2007）。近代心理学でも感情を不適応的で有害とする思想は根強く，フロイトの防衛機制やセルフコントロールなどの研究が行われ，感情を制御することがウェルビーイングや社会的成功につながると考えられてきた（Cicchetti et al., 1995）。

A. 感情制御のプロセスモデル

スタンフォード大学の感情心理学者**グロス**（Gross, J.）は，感情が生起する4つのプロセスとそれに対応した5つの制御方略を提示し，さらにその方略を実行する4つのステップを明らかにした（Gross, 1998）。

感情制御のプロセスモデルの第1段階は感情の生起過程である。グロスは意味ある**状況**への遭遇，情報への**注意**，目標や価値に基づく**評価**，主観的経験や行動・生理**反応**という4つのプロセスを経て感情が生じるとした（**図7.1a**）。例えば，就職面接で（状況），面接者が怖い顔をしているのに気づき（注意），自分への不満と捉え（評価），恐怖，息切れ，落ち着かなさを感じる（反応）。**図7.1a**の反応から状況に引かれた矢印は，感情生起のサイクルのアウトプットが新たな状況となり（すなわち，面接室で恐怖を感じ，

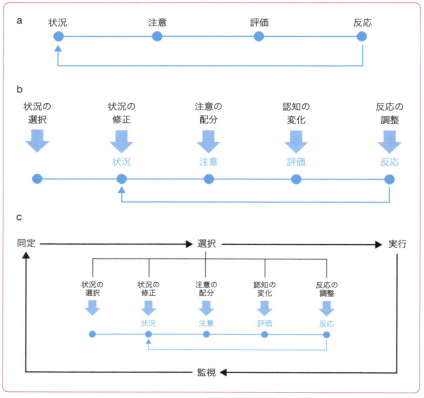

図7.1 グロスの感情制御プロセスモデル（Gross, 2015を基に作成）

息も絶え絶えに落ち着かないでいる状況），次なるサイクルが生じることを意味している。感情が状況を変え，それが次に生じる感情に影響を与えるのである。

　そして感情制御は感情生起の各プロセスで行われ，感情生起に影響を及ぼす（Gross, 2015）。**図7.1b**は感情を制御する5つの方略を表している。

ⅰ）**状況の選択**：望ましい感情を生起する状況に接近したり，望ましくない感情を生起する状況を回避することで感情を制御する。例えば楽しくなりそうな映画を見に行くとか，苦手な人を避けるなどである。

ⅱ）**状況の修正**：状況を選択した後にそのインパクトを変えるために状況を直接修正する試みである。授業で発表するときに緊張することを予想して，親友に最前列に座ってもらうことで状況のインパクトを変えることができる。状況修正は別の状況を作り出したり，外的な，物理的な環境を変えることを意味する。

ⅲ）**注意の配分**：すでに起きている状況を変えることができないとき，注意の対象を制御する。典型的な方略が**気晴らし**で，例えば腕を骨折した人が使える方の腕をストレッチしたり，コメディー映画を見たりする。一方，感情を生起させる認知や主観的感情反応に注意を向け続けることを反すうと呼び，感情の強度や持続時間を高めたり，抑うつ症状を深刻化させることが知られている。

ⅳ）**認知の変化**：状況への意味づけや評価を変えることでその状況の感情的重要性を制御する。この方略に**再評価**がある。例えば，学校で友人に笑顔であいさつをしたら，その友人がさっと通り過ぎたとする。この時の認知的変化には，友人が自分のことを単に気づかなかったとか，次の授業の発表のことで頭がいっぱいだったと解釈する。友人の本当の事情はわからないが，再評価を行うことで感情そのものを変えたり，強度や持続時間を変えることができる。

ⅴ）**反応の調整**：感情体験（主観的体験，行動，生理反応）を修正する。飲酒，喫煙，食事は主観的状態を変えることができるし，運動や深呼吸は生理反応を変えることができる。内定を取った喜びを就職が決まらない友人の前で抑えるのは感情反応の表情抑制という。

　補足事項として，これらの方略は感情統制を行う時期の違いにより2つに分けられる。最初の4つのプロセスは感情反応の前に生じるため先行事象焦点型感情制御と呼ばれ，感情を喚起させる事象を変えたり（状況の選択，状

表7.1　感情制御の方略

感情制御	プロセス	選択される方略	説明【就活面接の場合】
先行事象焦点型	状況選択	回避	感情を生起させる状況を変える（避ける, 近づく）【面接を辞退する】
	状況修正	直接的要求	状況に影響を与えるような行動をする【自分が落ち着ける場所に面接を変えてもらう】
	注意の配分	気晴らし	感情を生起させている状況から注意をそらし, その状況の感情に関連しない側面や感情を生起させない別の状況に注意を向ける【面接官の顔ではなくメモに目をやる】
		反すう	感情の原因や結果について繰り返し注意を向ける【面接官が表情を曇らせた瞬間を何度も思い返す】
	認知的変化	認知的再評価	感情を生起させている状況や目標を再評価／再解釈する【面接官は志願者に明白な反応をしないように言われているのだろうと自分に言い聞かせる】
		受容	評価せずに感情を受け入れる【面接中に現れる不安の兆候に気づき, 関心をもつ】
反応焦点型	反応調整	表情抑制	感情状態を外に表さないようにする【失望を悟られないように無表情を装う】
		生理的対処	行動や何かを摂取することにより生理的反応を変える【深呼吸して心拍数を下げる】

況の修正）, 認知を変えたりする（注意の配分, 認知の変化）。反応調整は感情反応の後に行われるため反応焦点型感情制御と呼ばれる。表7.1に5つの感情制御方略の特徴と就職面接のシナリオを使った具体例を示す。

B. 拡張版プロセスモデル

　これまで述べたさまざまな方略が選べるとして, 実際に用いる方略を選ぶにはどのようなプロセスが関与するのだろうか。感情統制研究の進展に伴いグロスは上位の制御プロセスを導入した（Gross, 2015）。

　感情制御サイクルは自分が目標とするあるいは理想とする感情状態と, 実際のあるいは予想される状況との不一致から始まる。不一致は感情制御の契機として同定され, 制御方略が選択され, 方略が実行され, そして目的の感

情制御が行われたかどうかサイクル全体が**監視**される（**図7.1c**）。就職面接のシナリオでは，恐怖を感じていることが同定され，面接者に注目する代わりに努めて明るくふるまうことを選択し，顔面筋を緊張させ自信のなさそうな様子をかき消そうとする。心配の表情を見せないことでワクワク感が高まってきたかもしれない，と感じるとともに，状況が変化したことに気づく。それがその先の感情制御方略に影響を与える。

　感情制御はしばしばストレスへの対処として行われる。ストレスとは身体の健康やウェルビーイングを脅かすと知覚された出来事や状況を指す。以下にストレスの代表的理論であるラザルスらの認知的評価理論を基にストレスとその対処について紹介する。

A. ストレスの評価

　ラザルス（Lazarus, R. S.）のストレス理論の中心概念はストレスに関する2つの評価である（**図7.2**）。ストレスとなりうるような状況に遭遇したとき，その状況が自らのウェルビーイングにどのような意味をもつかが評価される（一次評価，primary appraisal）。状況が何らかの損害をもた

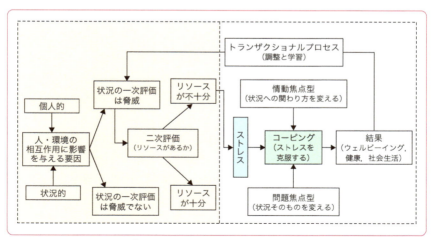

図7.2　ストレスとコーピングのトランザクショナルモデル（Lazarus & Folkman, 1984）

らすなら脅威と判断され，利益や成長の契機となるならチャンスと評価される。状況が脅威と判断されると，次に状況を好転させるリソースが自分にあるかが評価される（二次評価，secondary appraisal）。「私はできる」「友だちがいるから大丈夫」「がんばればなんとかなる」と思えばほとんどストレスを感じない。一方，「やってみるけど多分失敗するだろう」「この方法でやってみてダメならおしまいだ」などと思うと深刻な状況に陥ってしまう。

B. ストレスへの対処

　状況の要求と自分のリソースが合致しないと判断されたら，健康や感情状態が脅かされてしまう。問題の原因や不快な感情に対処し，ストレス状況を変化させる認知的・行動的取り組みをコーピングと呼ぶ。感情制御はネガティブな感情への対処であり，コーピングの1つと考えることができる。コーピングには2つの方法がある（Lazarus & Folkman, 1984）。

　問題焦点型コーピング（problem-focused coping）とは，ストレスを感じる状況（ストレッサー）を修正・解消しようとする方法で，普段私たちが行っている問題解決のプロセスと同様に，問題の同定，解決策の立案，それぞれのコストと利益の比較，方法決定を行う。前のセクションで述べたグロスの感情制御プロセスモデルでは状況の修正にあたる。情動焦点型コーピング（emotion-focused coping）とは，ストレスに関連するネガティブな感情に対処する方法で，グロスのモデルでは反応の調整にあたり，ネガティブな感情反応を緩和させ，問題解決を効果的に進める効果をもたらす。

C. ストレスとコーピングのトランザクショナルモデル

　図7.2に示したラザルスらのトランザクショナルモデルは，一次および二次評価がコーピングの選択に影響を与えるとする。状況が制御可能であり，自分のリソースで対処できると判断されたときに問題焦点型コーピングが選択される。ストレッサーに対してほとんど何もできないと判断された場合には情動焦点型コーピングが用いられる。長期的にストレス反応を管理するのに役立つのは適応的なコーピングとされる（例えば，問題を修正したり，状況の良い点に注目したりする）。不適応的なコーピングとは，短期的にはストレスの経験（覚醒や症状）を軽減するが，長期的には何の変化ももたらさないか，むしろ問題を悪化させてしまう。コーピングとしての飲酒は短期的なストレス反応の軽減には効果があるかもしれないが長期的にはマイナスと

表7.2　COPE尺度のコーピング方略（Carver et al., 1989；大塚, 2009）

方略	項目例
問題解決型コーピング	
積極的コーピング	問題を乗り越えるための直接的な行動をする
計画	何をすべきか戦略を立てる
競合する活動の抑制	他の考えや行動で気が散らないようにする
抑制	あまりに急いで何かをしないように自分を制する
道具的サポートの求め	状況をより深く考えるために誰かと話す
情動焦点型コーピング	
情動的サポートの求め	友人や身内から精神的な支えを得る
肯定的な再解釈と成長	起きていることの良いところを探す
受容	起きたという現実を受け入れる
否認	「これは現実ではない」と言い聞かせる
宗教に頼る	神仏に助けを求める
あまり有効でないコーピング	
感情の焦点化と表出	動揺していることに気づく
行動的諦め	問題を解決するための努力を減らす
心理的諦め	問題から気をそらすために他のことに取り掛かる
その他	
ユーモア	状況をおもしろおかしくとらえる
アルコール, 薬物使用	気分をよくするためにお酒や薬を飲む

なる。

　ストレスやコーピングは1回きりの事象ではない。実際，（適応的であれ不適応的であれ）コーピング後の状況について私たちは再び一次評価と二次評価を行う。ストレス対処のプロセスはトランザクショナルであり，状況の評価が反応を駆動し，反応は状況や自分自身を変化させ，その変化がまた私たちの評価とコーピングに影響を与える。このようなプロセスの結果，ストレスを感じなくなることもあれば，どのような対処も効果がなく，ストレッサーが長期化し，健康や感情状態に慢性的な弊害をもたらすこともある。

　カーバー（Carver, C.）らは，ラザルスの心理学的ストレスモデルと行動自己制御モデルという2つの理論に基づき，15の方略からなるコーピング尺度を作成した（COPE：Carver et al., 1989；大塚，2009）。**表7.2**

にCOPE尺度の項目例を示す。ラザルスに続く研究では1000を超えるコーピング方略が開発され，100近い測定尺度が存在する。こうした方略を階層構造に集約する方法や，問題解決型コーピングと情動焦点型コーピングを円環的に布置する試みもなされているが十分な検証には至っていない。

7.3節 ‖ 感情の病理・障害：失感情症，躁鬱，怒りの制御困難など

怒り（敵意，激怒），恐怖（不安），うつ（悲しみ）は，基本的な感情状態とみなされ，思考や行動に強い影響を及ぼすと考えられてきた。ダーウィンは，恐怖と激しい怒りを人間と動物に共通する特徴と考え，適応と生存を確実にするために進化してきたと主張した。フロイトは，不安が潜在的に有害な状況に対処する行動を促進する機能をもつとともに，攻撃が怒りや敵対的行動を動機づける本能的な欲求であり，怒りが対象に直接表出できない時，それは自分に向けられ，結果としてうつやその他の心身症状を引き起こすとした。このセクションではこれらの基本的な感情の統制とそれがうまくいかない場合の症状について概説する。

A. 感情調節の不具合

ⅰ）怒り

基本的な感情の1つである怒りは，ダーウィンやキャノンの画期的な研究以来，生存に対する脅威（危険や痛み）への適応的な反応として理解されてきた。私たちは①妨害，②不正，③他者からの攻撃，④裏切り，見捨てられ，拒絶，⑤他者による社会的規範や秩序の違反などを契機に怒りを感じる。怒りは心理的リソースを動員し，目的のある行動に多大なエネルギーを与える。青色発光ダイオードの開発で，2014年のノーベル物理学賞の栄光を手にしたカリフォルニア大学サンタバーバラ校の中村修二教授は，研究の原動力は怒りだと述べたといわれる（毎日新聞，2024/9/2）。さらにまた自尊心の保護機能をはじめ，ネガティブな感情の伝達手段として働き，幸福や目標達成を阻む障害を克服する動機づけを高める。

怒りには適応的機能がある反面，個人および社会の福祉に悪影響を及ぼすこともある。ストレス関連の心血管疾患など，さまざまな健康問題とも関連するだけでなく，強い生理的興奮は適切な情報処理を妨げ，行動のコントロールを低下させる。また，直接的な報復，支援関係の喪失，回避や非難な

ど社会的に望ましくない結果をもたらすことがある。

　怒りのような強いネガティブな感情の制御は困難を伴う。アリストテレスは芸術活動を通して感情を浄化するカタルシスを推奨した。その後フロイトは暴力的な映像に夢中になったり，セラピーで過去の出来事を再体験したり，イライラさせる人に怒鳴ったりする時，怒りが浄化されると考えた。しかしながら怒りをコントロールしないと，言語的・身体的攻撃のリスクを高めることが示されている（Berkowitz, 2012）。反対に，感情経験を避けるために特定の統制方略を過度に使用することがある。広く研究されている方略に苦笑いやポーカーフェイスで感情を隠したり抑えようとする表情抑制（expressive suppression）がある。表情抑制は一時的には効果があるが，習慣的な過度の使用は怒りの強度を増大させてしまう。

　怒りを統制する最良の方法は何であろうか。まずは待つ。社会心理学者のタブリス（Tavirs, C.）は，感情は矢のごとく上がったものは必ず下がるので，感情の高まりも十分に待てば落ち着く，と説く。次に効果が実証されている方法を試そう。リラクゼーションや出来事の再評価，運動や楽器の演奏，友人に話すことは，怒りを統制し，認知的な偏りを低減させる効果が認められている。建設的な自己主張のスキルを身につけることも推奨される。

ⅱ）不安

　不安はまだ起きていない問題や状況について心配することで，恐怖は目の前の危険への反応を指す。登山中にクマに遭遇したら恐怖を感じ，学生は卒業後の就職に不安を感じる。脅威が現実のものか想像のものかにかかわらず，不安や恐怖は危険を知らせる信号となり，適応に有利に働くことが多い。恐怖は交感神経の急激な変化を通して即座に闘争逃走反応を準備する。古典的な実験で中程度の不安はパフォーマンスを最適化することも確認されている。

　しかし時には，闘争逃走反応が過剰に活性化し，あるいは脅威がない状況でも反応が起こり，短期的には危機を逃れても長期的には健康に影響を与えることがある。不安を制御できない時は不安症の可能性が疑われる。不安症は世界で最も多い精神障害で，児童期青年期に発症することが多い。不安を主症状とする精神疾患には特徴的な不安症状を呈するものやトラウマに原因をもつものなどさまざまなものが含まれる。**図7.3**に不安感情を基調とする障害を挙げた。不安症の症状そのものは通常の反応であり，診断は本人の苦痛や，仕事・人間関係への影響など社会的障害の程度が基準となる。

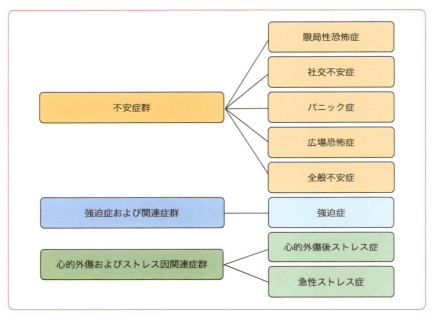

図7.3 不安関連の主な疾患分類（DSM-5-TR, 2023）

iii）抑うつ気分

　親しい人からの拒絶や別れ，アイデンティティの喪失（例：家庭，仕事，ライフステージの変化），予期せぬ結果による失望（例：昇給を期待していたが得られなかった場合）は悲しみの感情を生起させる。悲しみは比較的長く続く感情の1つであり，重要なものの喪失のインパクトは強く，出来事の意味を何度も考えることが理由とされている。

　しかし，悲しみはうつ病とは異なる点に注意が必要である。うつ病は，日常生活に支障をきたすほどの反復的で持続的かつ強烈な悲しみや絶望感，および／または喜びの喪失によって特徴づけられる深刻な精神障害である。現在，世界では成人の5%がうつ病にり患しており，15歳から29歳の自殺の理由の4位である（WHO, 2023）。うつ病は反復性の慢性化しやすい疾患であり，本人にとってつらい体験であるだけでなく，医療費や生産性の低下に伴う企業や家計への影響など，大きな社会的損失をもたらす。**表7.3**に主な気分症を挙げた。

　感情制御が不安症や気分症などの内在化障害の発症と維持に関与していることが明らかになっている（Dryman & Heimberg, 2018）。特に抑うつ

表7.3　抑うつ症群, 双極症及び関連症群のDSM-5-TRの分類（DSM-5-TR, 2023）

障害	主な症状
抑うつ症群	
うつ病	2週間にわたり1日中悲しい気分または喜びの喪失；毎日の無価値観, 疲労感, 集中力低下；死に関する反復的思考, など
持続性抑うつ（気分変調症）	2年以上にわたり抑うつ気分がない日よりもある日の方が多い；自尊心の低下や気力の減退が2か月以上続く
双極症および関連症群	
双極症Ⅰ型	1回以上の**躁病エピソード**（気分の異常な高揚, 開放感, 易怒的,「ハイ」な状態；睡眠欲求の減少, 多弁, 観念奔逸, 目標志向性の活動の増加などが1週間以上続く）
双極症Ⅱ型	1回以上の**軽躁病エピソード**（診断基準は躁病エピソードとおおむね同じであるが, 持続期間は4日以上）と1回以上の**抑うつエピソード**が存在する
気分循環症	2年以上, 軽躁症状と抑うつ状態を繰り返す

症についてはポジティブな感情の統制不良が指摘されている（Werner-Seidler et al., 2013）。例えば内在化症状の好発時期である青年期（13歳〜18歳）を対象とした研究のメタ分析[1]によると, 適応的な制御方略（認知的再評価, 問題解決, 受容）が予防的に働き, 不適応的方略（回避, 抑制, 反すう）が症状を進行させることが示され, とりわけ反すうと回避は抑うつ症状との関連が強かった（Schäfer et al., 2017）。双極症は気分の機能不全を特徴とし, 躁状態（または軽躁状態）と抑うつ状態が交互に現れる。したがって, 主な問題は感情の調整困難であり, その結果として感情の極端な変動が生じると考えられる。双極症の患者に異なる気分を喚起する動画を見せ, 視聴後の感情制御方略を尋ねた結果, 臨床群は健常群と比較して再評価と抑制の使用程度が高く, 感情制御により多くの努力を払ったものの成功しなかったと感じていた（Gruber et al., 2012）。

1　メタ分析とは, 同じテーマの複数の研究結果を統合し, そのテーマに関するより妥当な結論を導き出すための統計的手法で,「研究の研究」ともいわれる。

B. 感情体験の欠如

ⅰ）アレキシサイミア

　これまでのセクションでは特定の感情統制の不具合により生じる問題について述べた。一方で，感情自体を感じにくい人がいる。アレキシサイミア（失感情症）とは心理療法に反応しにくい心身症患者の観察から見出された概念で，感情の認知や表出に関する機能が乏しい状態を指す。具体的には①自分の感情や身体の感覚に気づいたり区別したりすることが困難で，②感情を表現することが難しく，③空想力に乏しい，④自己の内面よりも外的な事実へ関心が向かうなどの特徴を有する（Sifneos, 1973）。

　アレキシサイミアはグロスの感情統制の上位プロセスのすべてにおいて困難をきたしている（**図7.1c**）。感情を統制すべきか，そしていかに統制すべきかを決断しにくく（同定段階），自分の感情を統制するのに必要な方略を選ぶことに困難を抱え（選択段階），状況に応じて適切に方略を実行することが苦手であり（実行），そしてデリケートで微妙な感情状態を識別する能力が乏しいために方略の影響を評価することが難しく（モニタリング），結果としてこのまま感情統制を続けるか否かの判断に困ってしまう。質問紙調査において，アレキシサイミア傾向のある被検者は認知的再評価を使うことが健常群より有意に少ない一方，反すう，自己非難といった不適応的な方略の使用頻度には有意差がなかった。アレキシサイミアを呈する人は内省を避ける傾向にあるため，認知的な焦点化を要する方略を使いたがらないと考えられている。

ⅱ）サイコパシー

　児童の無差別殺傷，ネットで見つけた人を狙った連続殺人，保険金目当ての我が子の薬殺など，身の毛もよだつようなニュースが時に世間を騒がす。19世紀初頭，精神医学の先駆者である**ピネル**（Pinel, P.）はサイコパシーを「狂気なしの狂気」として，知的機能を損なわない感情と衝動の障害と描写した。最近では，カナダの犯罪心理学者**ヘア**（Hare, R.）がサイコパシーの特徴に，①冷酷で非感情的な特性と反社会的行為と，②不安定・逸脱的な生活様式を挙げている（Hare et al., 1991）。サイコパシー傾向の高い人は逸脱行為をくり返す傾向があり，暴力の動機に感情的な要素が乏しく，目的を達成するための道具的要素が伴う（原田，2018）。実際，サイコパシー傾向が高い受刑者ほど，コイントス課題の予測が外れた時に即座に正解を答えるという，いわゆる嘘をつく反応時間が早いことが認められている

（Abe et al., 2018）。

　サイコパシーと感情統制の関連が指摘されている。例えば，サイコパシー傾向の高い受刑者はポジティブな画像（スポーツや恋人など）よりネガティブな画像（拳銃や火事など）を処理する際に心血管の反応性が高く，不快な刺激の処理が報酬的な側面をもつとともに，ネガティブな感情を『感じる』ことを要求された場合に反応性が低く，ネガティブな感情を経験することが難しいことが示唆されている（Casey et al., 2013）。加えて，サイコパシー傾向の高い人は出来事の再評価をあまり行わず，表情抑制を高頻度で使用するという（Walker et al., 2022）。

　サイコパシーと攻撃性について，攻撃性の種類（**怒り，敵意，身体的攻撃，**言語的攻撃）や形態（**反応性，**積極性）との関連が認められ，受刑者，大学生いずれのサンプルでも感情統制がサイコパシーと攻撃性の関係を媒介することが示されている（Garofalo et al., 2020）。サイコパシーと感情統制の研究は始まったばかりだが，感情統制が重要な役割を担うことは明らかであり，今後この視点からの介入の研究が待たれる。

7.4節　肯定的感情と健康

　1930年代，若い修道女たちがこれから始まる神との生活に胸を躍らせていた時，自らの人生を短いエッセーに書くよう命じられた。エッセーは修道女の経歴を確認するためのものだったが，60年の時を経て加齢とアルツハイマー病との関連を研究していた3人の研究者によって思いがけない発見がなされ，脚光を浴びることとなった（Danner et al., 2001）。

　シスター1（低ポジティブ感情）：私は1909年9月26日に5人の女の子と2人の男の子の7人きょうだいの長女として生まれた。神職の訓練1年目は化学，2年目はラテン語の教師として働いた。これからは神の恵みに支えられ，布教と自己浄化に身を捧げたい。

　シスター2（高ポジティブ感情）：神が計り知れない価値を与えてくださったおかげで私は豊かな人生を歩んでこられた。神職の訓練期間としての昨年はとても楽しかった。聖なる女性らと清らかな生活を共にし，神の愛とともに生きる人生に興奮を抑えきれない。

分析の結果，修道院入所時（平均22歳）に幸せ，愛，希望といったポジティブな感情が多く記されているほど60年後の生存率は高く，記述が最も多かった人たち（シスター2；上位25％）は下位25％の修道女たち（シスター1）より平均10年長生きした。修道院での生活はみな同じで環境の影響は見事に統制されていることから，ポジティブな感情の表出の程度が健康や寿命に長期的な影響を与えることが示された。

　基本感情理論によると，感情は進化の過程で人間が生存と適応を促進するために発達したという。前のセクションでみたように恐怖は回避を，怒りは攻撃を，うつは引きこもり行動を誘発する（Frijda, 1996）。これに対し，一見すると生存と適応には貢献しないと思われるポジティブな感情の役割についてミシガン大学の**フレドリクソン**（Fredrickson, B.）は，人間的な成長や発達への貢献というネガティブ感情の役割とは質の異なる役割を明らかにした。ポジティブ感情の拡張形成理論（Broaden-and-Build Theory of Positive Emotions）は，ポジティブ感情が瞬間的な思考や行動の選択肢を拡げ，身体・認知・社会・心理的なリソースを構築し，健康や幸福感に寄与すると主張する（Fredrickson, 2001；**図7.4**）。

　思考や行動の選択肢の拡張機能を支持する知見として，ポジティブ感情（喜び，満足），ネガティブ感情（怒りと不安），中立条件の動画を大学生に見せ，ポジティブ感情群は視覚課題に大局的な回答をするとともに（**図7.5**），今やりたいことを書く課題ではリストが最も長く，行動の選択肢が拡がる可能性が示された（Fredrickson & Branigan, 2005）。ポジティブ感情がリソースを構築することを示す知見もある。日々のポジティブ感情の体験がレジリエンスを高め，結果として生活満足度を高めることが認められ（Cohn et al., 2009），カップル間のポジティブな感情のやり取りが2ヶ月後の応答性を向上させた（Gable et al., 2006）。多発硬化症（原因不明の自己免疫性疾患）の患者においてポジティブ感情が逆境の意味づけを促進することが明らかとなった（Hart et al., 2008）。さらに，中学校教師を8ヶ月追跡した研究では職場でのポジティブな感情（フローと内発的動機づけ）が，個人的リソース（自己効力感）と組織的リソース（社会的支援と明確な目標）と相互に関連して，上昇スパイラルのダイナミクスを形成することが見出された（Llorens et al, 2006）。

　「良い気分」とは脅威がないことを意味するだけではない。人を楽観的にレジリエントにするとともに，対人関係スキルを高めて社会生活をより良く

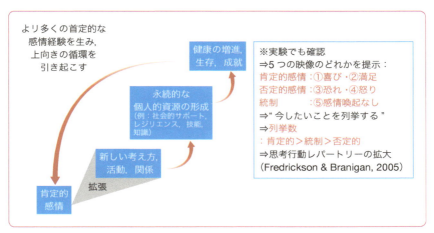

図7.4　ポジティブ感情の拡張形式理論（Fredrickson, 2001）
肯定的感情はものの見方を広げ，活動が活発化し人間関係が拡大する ⇒ 個人資源（健康・スキル・対人関係等）の形成 ⇒ 健康・成功 ⇒ 肯定的感情の喚起 ⇒ 視点拡張 ⇒ 資源形成へと"上向きの好循環"を引き起こす。

図7.5　グローバル・ローカル視覚課題（Fredrickson & Branigan, 2005）
上の図形と似ている図形を尋ねられると，ポジティブな感情状態にある被検者は，構成要素（ローカル）が同じ図形よりも全体の形（グローバル）が似ている左下の図形を選びやすかった。

することができる。フレドリクソンはポジティブな感情の進化の謎について，私たちの祖先はポジティブな感情を体験することで，自然により多くの個人的リソースを蓄積し，後に命や身体への脅威に直面した時にこれらのリソースを使って子孫を残す年齢まで生き延びる可能性を高めてきたと解釈している（Fredrickson, 2001）。現在の脅威にはネガティブ感情が，将来の脅威にはポジティブ感情が重要な役割を果たしているといえよう。

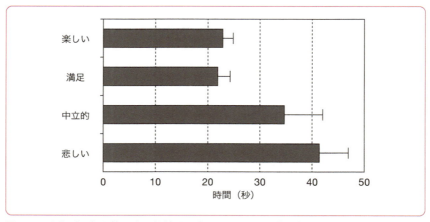

図7.6　映像別の心血管反応の持続時間（エラーバーは標準誤差）（Fredrickson, 2001）

　ネガティブ感情は自律神経を亢進させ，長期的にくり返されると免疫機能の低下をはじめ，筋緊張，消化不良，睡眠の質低下などの身体的不調をまねくことが指摘されている。そこでフレドリクソンはポジティブ感情が思考や行動のレパートリーを拡げるならネガティブ感情の影響を和らげることができるのではないかと考えた。ポジティブ感情の打ち消し仮説（undoing hypothesis）である。これを検証するために，被検者は3分間のスピーチを準備するための60秒が与えられ，スピーチする確率は2分の1で，後に他の学生により評価されると告げられた。強い不安状態に陥った被検者は特定の感情を喚起する動画を見た。従属変数は心血管の回復であり，参加者の生理的状態（心拍数，指脈，血圧）がベースラインに戻るまでの時間として測定された。図7.6において，楽しさや満足感を感じた被検者の方が，中立的な感情や悲しみの動画を見た被検者よりも，心血管の回復が早かった。ネガティブな感情の後にポジティブな感情を体験すると，ネガティブな感情の反応を効果的に軽減できることを示している（Fredrickson, 2001）。その後の研究では，ポジティブな感情の体験がレジリエンスと心血管の回復との関係を媒介していることが見出された（Tugade & Fredrickson, 2004）。つまり，回復力の高い人は，ポジティブな感情を多く体験するため，生理的興奮からの回復が早いのである。これらの結果から，ポジティブな感情は生理的「ダメージ」を和らげ，将来にわたり良い状態を維持しやすくすると考えられている。

ポジティブ感情をどのように増やすか？ ユーモアや笑いなど，ポジティブな感情を直接刺激する試みは良いことだが，つらい時に実践するのは難しい。フレドリクソンは，現在の状況の中でポジティブな意味をみつけることで，間接的にポジティブな感情を育むよう勧めている。ポジティブな意味とは，逆境の中に何らかのメリットをみつけること，日常の出来事に喜びや達成感を見出すことで得られる。修道院で長生きした女性たちは普段の何気ない出来事に意味を見出し，ポジティブな感情を頻繁に感じることでネガティブな感情を長引かせず，楽観性や希望，レジリエンスを育てていった。健康で幸せな人生に満足感を覚え，それがポジティブな感情として表出され，満ち足りた人間関係を築いたに違いない。成長やレジリエンスに重要なのはポジティブな感情かもしれないが，その利益を得るためのヒントはどんな状況にあっても意味をみつける，すなわちポジティブな再評価にあるのかもしれない。

7.5節 情動知能

　言語，数量，または情報処理の速度に個人差があるのと同様，感情を扱う能力にも個人差があることが知られている。しかも後者の能力の方が社会での成功を予測するという指摘がなされ，情動知能（または感情知性：emotional intelligence：EI）の研究が発展した。この分野の第一人者であるサロヴェイ（Salovey, P.）とメイヤー（Mayer, J.）は情動知能を「自他の気持ちを観察し，正確に識別し，思考や行動を導くためにその情報を利用する能力」と定義したが（Salovey & Mayer, 1990），その後，4つの互いに関連し合うスキルの集合体とする4ブランチモデル（4枝モデル）へと精緻化された（表7.4）。先に触れた感情統制はEIの下位能力である。サロヴェイらのモデルは感情処理を能力と捉えており，知能テストのように客観的な行動を指標としたテストが開発された（表7.4にテスト問題の例を挙げた）。

　EI研究は健康心理学や産業組織心理学などの領域で盛んになってきているが，EIの定義，知能やパーソナリティとの区別，ならびに測定方法の妥当性等の議論や批判も続いており，今後多くの研究が必要である。しかしながら実際，EIは職場や学校での成功や心身の健康と関連することは明らかである。感情統制との関連を検討した研究は，EIの高い人は，①感情体験

表7.4　EIの4ブランチモデル（Mayer & Salovey, 1997；野崎, 2012）

スキル	説明	MSCEIT例
Ⅰ 感情の知覚	自他の情動を同定し，正確に表現する能力	表情写真を提示し，特定の感情がどれくらい感じられるかを答える
Ⅱ 感情による思考の促進	判断や記憶の助けとなるような情動を生み出す能力	「義理の親に会う時に役立つ気分は?」—緊張，驚きなどの気分の有効性を答える
Ⅲ 感情の理解と分析	情動がもつ特性や感情と状況との関連性，混合情動などの複雑な情動を理解する能力	「トムは不安を感じ仕事が負担になり始めています。新しいプロジェクトに参加した時の彼の気分は?」—落ち込んでいる，自意識過剰，恥ずかしいなどの中から最も適切な気分を答える
Ⅳ 感情の制御	望ましい結果に向けて自他の情動を効果的に調整する能力	「デビーは休暇を取ったばかりで満足した気分でいます。この気分を持続させるのに役立つ行動は?」—家事のリストを作る，次の休暇の計画を立てる，いい気分はどうせ長続きしないのだから無視する，といった行動の有効性を答える

EIの4つのブランチ（パーツ）は低次のレベルから順に実行される（Ⅰ→Ⅳ）

の最も早い段階で感情を経験し，選択できる方略も多く，②感情統制を柔軟に行うことで感情を適度に表出することができると指摘している（Peña-Sarrionandia et al, 2015）。EIとは感情を意識的にコントロールしつつも，自然な感情生起の重要性も認識できる能力といえるかもしれない。

7.6節　感情をめぐる臨床支援

　個人の社会生活や精神的健康を維持するうえではネガティブな感情に気づき，統制するとともにポジティブな感情を楽しむことが必要である。本セクションでは感情変容に焦点を当てた3つの方法を紹介する。

A. エモーション・フォーカスト・セラピー
　トロントのヨーク大学のグリーンバーグ（Greenberg, L. S.）は，クライエント中心療法とゲシュタルト技法を組み合わせた心理療法であるエモーション・フォーカスト・セラピー（Emotion-Focused Therapy：EFT）を開発した。感情変容に焦点を当てるこのアプローチでは，感情は以下の4

つに分類される。

一次適応感情（primary adaptive emotions：状況に対して最初に起こ
る反応；喪失に対する悲しみや脅威に対する恐れ）

一次不適応感情（primary maladaptive emotions：過去の経験や自己
防衛によって偏ってしまった反応；周りが楽しんでいるのを悲しむ，脅威
がない状況で恐れる）

二次感情（secondary emotions：一次感情への反応；怒っていることに
怒る）

道具的感情（instrumental emotions：他者に影響を与えることを目的
とした学習された感情；いじめは怒りの道具的反応）

　EFTではクライエントにこれらの感情への認識を高め，不適応的な感情
の根底にあるもの（孤独，見捨てられ感，無価値観など）を理解し，一次適
応感情の表出を支援する。また，感情の気づきや体験を促進するとともに，
感情体験に基づいた語りのプロセスを重視する。感情変容のプロセスには4
つの指針が設定されている（Greenberg, 2004）。

①**感情の気づき**：自分の体に集中し，感情に気づき，それを言語化する。言
語化することでその感情のもつ反応の意味や背後にある欲求，行動傾向を
知ることができる。

②**感情調整**：二次感情（絶望や無力感）や一次不適応感情（無価値でいるこ
とへの恥ずかしさ，不安定な愛着による不安感）に対し，感情から距離を
取り，核心的な不安や屈辱感を落ち着かせる自己鎮静力を高める（後述す
るマインドフルネスなど）。

③**感情の内省**：感情を言語化した後はクライエントが感情体験に対してどう
感じるかを理解するのを助ける。感情を引き起こした状況の意味が理解さ
れ，体験が再構成され，自己・他者・世界の新しい視点が生まれる。

④**感情を感情で変える**：最も重要なプロセスであり，恐れ，恥，捨てられた
時の悲しみなどの一次的な不適応感情を他の適応感情に置き換える作業を
伴う。より適応的な感情を喚起し，それをクライエントが十分に体験して
表すことによって，不適応な感情が和らぎ，最終的には新たな感情状態が
生まれる。

　EFTはカップルへの介入から始まったが，現在ではうつ病や不安症，複
雑性トラウマ，パーソナリティ症の治療にも用いられている。

B. 筆記開示法

　心理療法はクライエントが問題を認識し，それをセラピストにオープンに話すことを前提としている。テキサス大学オースティン校の**ペネベーカー**（Pennebaker, J. W.）は，開示する行為自体が治癒プロセスの重要な要素である可能性に着目し，過去の感情的で重要な出来事に対処する方法として，書くことを利用するパラダイムを開発した。**筆記開示法**（expressive writing）と呼ばれ，これまでの人生で起こった最も心が傷つけられた体験に関して心の奥底にある感情を，文章の構成などは気にせず，自由に，3日〜5日間連続して15分〜30分かけて書いてもらう。ペネベーカーは言葉を通じて個人が感情体験やそれを引き起こした出来事を組織し，構造化し，最終的に統合できると主張するが，これはEFTの第3原則である感情の内省を促すテクニックであると考えられる。

　事実だけではなく，感情体験を書くことが重要である。研究により免疫系や交感神経や筋肉の活動低下が認められたほか，大学生の成績の上昇や欠勤の減少と関連し長期的には気分やウェルビーイングの改善につながることが示唆されている（Pennebaker, 1997）。また，話すことも書くことと同等の効果が認められた。自己免疫疾患で関節などに慢性的な痛みを伴うリウマチ患者が日々のストレスについて語ったところ，3ヶ月後まで身体的機能が向上し，なおかつその効果はネガティブ感情とどれだけ向き合ったかが重要とされた（Kelley et al., 1997）。トラウマ体験を言語化することによりトラウマ体験への慣れや認知的再体制化（その出来事についての見方がより肯定的になった，自分の人生の中に統合できるようになった，など）が進むことが実証されている（佐藤，2012）。

C. マインドフルネス

　第3世代の認知行動療法（第1世代は行動療法，第2世代は認知療法）として1990年代から注目を集めてきたマインドフルネスは，それ単体で，または他の心理療法の一環で導入されている。マインドフルネス瞑想を西洋社会に広めた人物として知られる**カバット・ジン**（Kabat-Zinn, J.）は，マインドフルネスを「意図的に，今この瞬間に，価値判断をせずに気づきを向けること」と定義する（Kabat-Zinn, 1994）。その主な技法は仏教由来のマインドフルネス瞑想といわれる一種の注意訓練で，意識的に特定のもの（通常は呼吸）に注意を集中させるプロセスである。マインドフルネスは健

全な感情制御（特に，注意の配分）を促し，思考や感情にプラスの影響を及ぼすと考えられている。従来の認知行動療法は不適応的，ネガティブな認知に働きかけるが，マインドフルネスはそれを変えようとはせず，それと距離を置くことで体験を受容することが目標とされる。受容はグロスの感情制御モデルにおいて反応焦点型感情制御に使われる方略である。

　評価をしない意識状態は感情との健全な関わりを促進し，個人が感情を真に体験し表現することを可能にする。マインドフルネスを実践した不安症患者にネガティブな感情体験の低下，扁桃体の活動低下，注意に関する部位の活性化が認められ（Goldin & Gross, 2010），ネガティブな感情反応が低下し，ポジティブな感情体験が増加した（Roemer et al., 2015）。同時に，回避や思考抑制などの感情の過小関与や，心配や反すうなどの過剰関与を避けることができる（Chambers et al., 2009）。マインドフルネスの感情制御効果を検証した研究では，15分間の集中呼吸群（何も考えず，今に意識を集中する≒マインドフルネス）が，注意散漫群（ぼんやり考え事をする）と心配群（心配事を考える）と比較され，注意散漫および心配群は中立的なスライドに否定的な反応を示したが集中呼吸群はスライドの内容によって感情があまり変動しなかった（**図7.7**）。また，集中呼吸群は注意散漫群

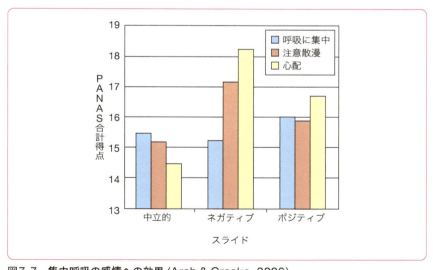

図7.7　集中呼吸の感情への効果 (Arch & Craske, 2006)
PANASはポジティブ／ネガティブ感情の測定値であり，集中呼吸群は，特にネガティブなスライドにおいて注意散漫群や心配群よりも感情得点が低かった。

よりも否定的なスライドを見る意欲が高かった（Arch & Craske, 2006）。マインドフルネスな状態であることが中立的な刺激をよりポジティブに捉え，なおかつネガティブな刺激に対する適応（受容と回復力）が高まることが示唆された。

　マインドフルネスは，うつ，痛み，禁煙，依存などの臨床症状に有効であるほか，健常人のストレスや情緒不安に効果があり，さらには簡便なプログラムでもネガティブ感情の軽減に効果が認められている。わが国でも佐渡ら（2021）が不安症患者やがん患者，慢性疼痛にマインドフルネス認知療法の効果を検出したほか，健常人の主観的幸福感の上昇も確認している。マインドフルネスは感情研究をはじめ臨床科学，脳神経科学などに広がりをみせており，頑健なプログラムの構築や作用機序，デジタル技術利用の可能性など，今後大きく展開が期待される領域である。

〈文献〉
Abe, N. et al. (2018). Reduced engagement of the anterior cingulate cortex in the dishonest decision-making of incarcerated psychopaths. *Social Cognitive and Affective Neuroscience*, 13(8), 797-807.
American Psychiatric Association(編). 髙橋三郎他(監訳)(2023). DSM-5-TR 精神疾患の診断・統計マニュアル. 医学書院.
Arch, J. J. & Craske, M. G. (2006). Mechanisms of mindfulness: emotion regulation following a focused breathing induction. *Behaviour Research and Therapy*, 44(12), 1849-1858.
Berkowitz, L. (2012). A different view of anger: The cognitive-neoassociation conception of the relation of anger to aggression. *Aggressive Behavior*, 38(4), 322–333.
Carver, C. S. et al. (1989). Assessing coping strategies: a theoretically based approach. *Journal of Personality and Social Psychology*, 56(2), 267.
Casey, H. et al. (2013). Emotion regulation in psychopathy. *Biological Psychology*, 92(3), 541-548.
Chambers, R. et al. (2009). Mindful emotion regulation: An integrative review. *Clinical Psychology Review*, 29(6), 560-572.
Cicchetti, D. et al. (1995). Emotions and emotion regulation in developmental psychopathology. *Development and Psychopathology*, 7(1), 1-10.
Cohn, M. A. et al. (2009). Happiness unpacked: positive emotions increase life satisfaction by building resilience. *Emotion*, 9(3), 361.
Danner, D. D. et al. (2001). Positive emotions in early life and longevity: findings from the nun study. *Journal of Personality and Social Psychology*, 80(5), 804.
Dryman, M. T. & Heimberg, R. G. (2018). Emotion regulation in social anxiety and depression: A systematic review of expressive suppression and cognitive reappraisal. *Clinical Psychology Review*, 65, 17-42.
遠藤利彦(2007). 感情の機能を探る. 藤田和生(編). 感情科学の展望, 京都大学学術出版会, 3-34.
Fredrickson, B. L. (2001). The role of positive emotions in positive psychology: The broaden-and-build theory of positive emotions. *American Psychologist*, 56(3), 218.
Fredrickson, B. L. & Branigan, C. (2005). Positive emotions broaden the scope of attention and thought-action repertoires. *Cognition & Emotion,* 19(3), 313-332.
Frijda, N. H. (1996). Passions: Emotion and socially consequential behavior. In Kavana-

ugh, R. D. et al. (Eds.), *Emotion: Interdisciplinary perspectives*. Lawrence Erlbaum Associates, Inc. 1–27.

Gable, S. L. et al. (2006). Will you be there for me when things go right? Supportive responses to positive event disclosures. *Journal of Personality and Social Psychology*, 91(5), 904.

Garofalo, C. et al. (2020). Psychopathy and emotion dysregulation: More than meets the eye. *Psychiatry Research*, 290, 113-160.

Goldin, P. R. & Gross, J. J. (2010). Effects of mindfulness-based stress reduction (MBSR) on emotion regulation in social anxiety disorder. *Emotion*, 10(1), 83.

Greenberg, L. S. (2004). Emotion-focused therapy. *Clinical Psychology & Psychotherapy*, 11(1), 3-16.

Gross, J. J. (1998). The emerging field of emotion regulation: An integrative review. *Review of General Psychology*, 2(3), 271-299.

Gross, J. J. (2015). Emotion regulation: Current status and future prospects. *Psychological Inquiry*, 26(1), 1-26.

Gruber, J. et al. (2012). When trying is not enough: Emotion regulation and the effort–success gap in bipolar disorder. *Emotion*, 12(5), 997.

原田隆之（2018）. サイコパスの真実. ちくま新書.

Hare, R. D. et al. (1991). Psychopathy and the DSM-IV criteria for antisocial personality disorder. *Journal of Abnormal Psychology*, 100(3), 391.

Hart, S. L. et al. (2008). Relationships among depressive symptoms, benefit-finding, optimism, and positive affect in multiple sclerosis patients after psychotherapy for depression. *Health Psychology*, 27(2), 230.

Kabat-Zinn, J. (1994). *Wherever you go, there you are: Mindfulness meditation in everyday life*. Hyperion.

Kelley, J. E. et al. (1997). Health effects of emotional disclosure in rheumatoid arthritis patients. *Health Psychology*, 16(4), 331.

Lazarus, R. S. & Folkman, S. (1984). Stress, appraisal, and coping. Springer.

Llorens, S. et al. (2006). Testing the robustness of the job demands-resources model. *International Journal of Stress Management*, 13(3), 378.

毎日新聞（2024年9月2日）. "怒りで挑む夢のエネルギー「異端の科学者」中村修二さんに秘策ありレーザー核融合「やってみせる」".

Mayer, J. D. & Salovey, P. (1997). What is emotional intelligence? Emotional development and emotional intelligence: Implications for educators. Basic Book.

野崎優樹（2012）. 自己領域と他者領域の区分に基づいたレジリエンス及びストレス経験からの成長と情動知能の関連. パーソナリティ研究, 20(3), 179-192.

大塚泰正（2009）. 理論的作成方法によるコーピング尺度：COPE. 広島大学心理学研究, 8, 121-128.

Peña-Sarrionandia, A. et al. (2015). Integrating emotion regulation and emotional intelligence traditions: a meta-analysis. *Frontiers in Psychology*, 6, 160.

Pennebaker, J. W. (1997). Writing about emotional experiences as a therapeutic process. *Psychological Science*, 8(3), 162-166.

Roemer, L. et al. (2015). Mindfulness and emotion regulation. *Current Opinion in Psychology*, 3, 52-57.

佐渡充洋他（2021）. 精神科医療およびメンタルヘルスにおけるマインドフルネス療法の意義と未来—日本における現状と課題を中心に—. 心理学評論, 64(4), 555-578.

Salovey, P. & Mayer, J. D. (1990). Emotional intelligence. Imagination, *Cognition and Personality*, 9(3), 185-211.

佐藤　徳（2012）. 筆記開示はなぜ効くのか—同一体験の継続的な筆記による馴化と認知的再体制化の促進—. 感情心理学研究, 19(3), 71-80.

Schäfer, J. Ö. et al. (2017). Emotion regulation strategies in depressive and anxiety symptoms in youth: A meta-analytic review. *Journal of Youth and Adolescence*, 46, 261-276.

Sifneos, P. E. (1973). The prevalence of "Alexithymic" characteristics in psychosomatic patients. *Psychotherapy and Psychosomatics*, 22, 255-262.

Tugade, M. M. & Fredrickson, B. L. (2004). Resilient individuals use positive emotions to bounce back from negative emotional experiences. *Journal of Personality and Social Psychology*, 86(2), 320–333.

Walker, S. A. et al. (2022). Primary and secondary psychopathy relate to lower cognitive reappraisal: A meta-analysis of the Dark Triad and emotion regulation processes. *Personality and Individual Differences*, 187, 111394.

Werner-Seidler, A. et al. (2013). An investigation of the relationship between positive affect regulation and depression. *Behaviour Research and Therapy*, 51, 46–56.

World Health Organization (2023). Depressive disorder (depression). https://www.who.int/news-room/fact-sheets/detail/depression

第 **8** 章 感情の発達・感情の測定法

到達目標

- ■▶ ブリッジス，イザード，ルイスの感情発達に関する発達理論や発達モデルを説明できる
- ■▶ 感情の発達について，表情認知と感情制御の側面から説明できる
- ■▶ さまざまな感情の測定方法について説明できる

　第1部 感情心理学の最終章では，感情の初期発達に関する発達心理学的理論やモデルについて説明し，表情表出や他者の表情認知，感情制御の各側面の発達の様相について概観する。また，これまでの各章で取り上げたさまざまな感情に関する実験や調査で用いられていた感情の測定について，代表的な方法論について整理する。

8.1節 | 発達初期における感情発達のモデル

A. イザードの分化情動理論

　3章でみたように，乳幼児の表情（感情表出）を最初に科学的に取り上げ，詳細な観察研究を行ったのはチャールズ・ダーウィンである。ダーウィンは著書『人及び動物の表情について（1991）』の中で，苦悩による泣き，悲しみ，喜び，不機嫌，怒り，恥などの基本的な表情は乳幼児期から観察され，基本的な表情の原型は生得的であるものの，"それらが充分完全に遂行される迄には個人に於て練習を必要とするものがある（p.347）"と生後の経験の効果についても言及している。

　アメリカの感情心理学者である**イザード**（Izard, C. E.）は，ダーウィンに始まる基本感情理論の流れを踏襲し，感情の初期発達に注目した分化情動理論（Differential Emotions Theory；Izard & Malatesta, 1987）を提唱している。分化情動理論では，情動は，①神経学的要素（心拍や発汗等）－ ②主観的経験（怖い，うれしい等）－ ③表出行動（表情や逃走などの行動など）の3つの要素が統合的に働く生得的なシステムであると仮定し，

個体が置かれた状況に則した個別の分離情動が選択的な注意を活性化し，状況にあった適応的な行動を動機づける，としている。情動と行動の関連は誕生直後から発達し，表出行動は年齢に応じて変化していくが，各情動がもつ基本的な機能は変わらないと考える。例えば親などの愛着対象との分離場面では，乳児は泣いて後追いしたりするが，夏期合宿などで親元を離れる小学生は悲しげで不安な表情を示すことはあるものの，泣いたりせず我慢できるようになる。しかし，いずれの感情表出行動も，周囲のサポートや慰めを引き出すという点では同一の機能をもっていると考えられる。

　イザードらは，額・目・口の3つの領域の顔面筋の動きから，生後間もない乳児の表情を分析するコーディングシステムMAXを開発し（Maximally Discriminative Facial Movement Coding System：**MAX**, Izard, 1979），情動発達に関する実験的な研究を行った。ジフテリア・破傷風・百日咳混合ワクチン（3種混合ワクチン）を接種される時の乳幼児の情動表出について，生後2ヶ月から19ヶ月までの4つの年齢グループの乳児（2ヶ月・4ヶ月・8ヶ月・19ヶ月）を対象として接種時の顔表情を録画し，MAXによって情動の種類の同定を行った（Izard et al., 1983）。針を腕に挿入されてからの10秒間にどのような表情をみせるかMAXで分析を行ったところ，**図8.1**のように，月齢が増すとともに泣きを伴う苦痛の表情（physical distress）の持続時間（秒）は低下し，1歳半近い乳児たちでは怒り（anger）の表情の持続時間が増加した。その後イザードらは，同様な手続きで25名の乳児を追跡し（Izard et al., 1987），生後2ヶ月時の接種では全員が苦痛（distress）を表現していたのに対し，同じ子どもたちが18.8ヵ月時では全員が怒りを表出したことを報告している。予期しな

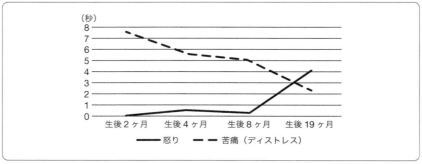

図8.1　注射時の苦痛と怒りの持続時間の月齢変化（最初の10秒間, Izard et al., 1983）

い痛みに対して目を閉じて大声で泣くという苦痛の表出（他者への救助希求のメッセージとして機能）から，開眼した状態での怒り反応（苦痛をもたらす他者に対する抵抗や拒否のメッセージとして機能）への情動表出の発達的に変化したと推測されている。

B. ブリッジスの情動発達図式

　発達心理学における乳児の情動発達研究の先駆者であるカナダの**ブリッジス**（Bridges, K. M. B.）は，マギル大学の保育施設での誕生から3年間にわたる50名以上の乳児の観察から，新生児期の未分化な興奮（excitement）からはじまり2歳頃までに急速に情動が系統的に分化していくとする**情動の発生理論**（genetic theory of emotion；Bridges, 1930）を提唱した。ブリッジスはその後，観察結果をまとめて**図8.2**の乳児期の**情動発達図式**を発表し（Bridges, 1932），この図式は近年に至るまで多くの発達心理学者に継承され，情動発達に関する古典的な発達モデルとなった。

　ブリッジスの情動発達図式では，誕生時から見られる不快を含んだ未分化な興奮が生後3ヶ月頃に苦痛とうれしさに分化し，苦痛は6ヶ月頃までに怒り・嫌悪・恐れに分化するとされる。その後18ヶ月に近くなると他者に対する嫉妬というより高次の感情が苦痛から派生する。一方，ポジティブな感情のほうは，12ヶ月頃に得意と愛情に分化し，さらに愛情は18ヶ月頃に大

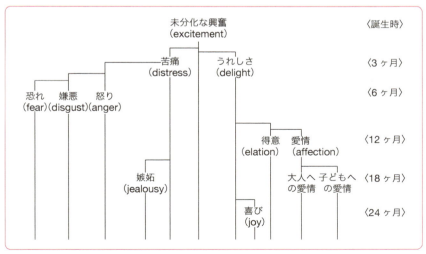

図8.2　ブリッジスの情動発達図式（Bridges, 1932）

人への愛情と子どもへの愛情に分化する。2歳になる頃にはうれしさから喜びが派生し，恐れ，怒り，嫌悪，喜び，愛情，嫉妬などの成人と同様な感情が構成されていくとしている。

C. ルイスの認知的情動発達モデル

　ブリッジスの情動発達図式では，情動分化のメカニズムや発達に関連する要因については言及していないが，情動の発達には，身体発達や認知発達，社会性の発達など多側面が複雑に絡み合って進行していくことが予想される。自己認知の発達研究で著名なアメリカの発達心理学者**ルイス**（Lewis, M.）は，誕生から3歳までの乳幼児の情動分化に対する認知発達の役割を重視し，事象−認知的評価−表出行動の流れを踏まえた<u>認知的情動発達モデル</u>を提唱している（Lewis, 2000，**図8.3**）。

　ルイスによれば，誕生まもない新生児は，痛みや空腹などに対して泣くことによって苦痛（distress）を表明し，満腹やおむつ替え，抱っこなど気持ち良くなった時には充足（contentment）を，魅力的なおもちゃを見つ

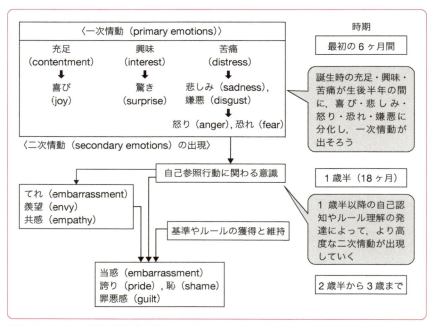

図8.3　ルイスの認知的情動発達モデル（Lewis, 2000）

めている時には興味（interest）などの肯定的な感情を表出する。これらの感情は，その後の半年間に発達するさまざまな認知機能の影響を受けて，生後3ヶ月頃から充足は喜び（joy）に，興味は驚き（surprise）に，苦痛は悲しみ（sadness）と嫌悪（disgust）にそれぞれ分化し，生後4〜6ヶ月頃には，フラストレーションを感じた時には怒り（anger）が，また見知らぬ人に抱かれる場面などで顕著となる恐れ（fear）の感情へと分化していく（図8.3）。これらの誕生から生後6ヶ月頃までに発達する基本的な感情を**一次情動**（primary emotions）と呼ぶ。

　1歳を過ぎると乳児は自己と他者を明確に区別できるような自己認知能力が発達しはじめ，1歳半頃から3歳頃までの間に，**自己意識に関連した感情**（自己関連感情）である**二次情動**（secondary emotions）が順次出現する。1歳半頃には，他者に見られたりほめられたりする時に生ずるてれ（embarrassment），自分にはないものをもっている他者への羨望（envy），他者の苦痛や悲しみへの共感（empathy）という複雑な感情が表出されるようになる。さらに2歳を過ぎて基準やルールを理解し自分の行動の良し悪しを判断できるようになると，2歳半から3歳までの間に，失敗や過失に対する当惑（embarrassment, 同じ用語だが，当惑は1歳半頃のてれとは区別される）や恥（shame），他者への謝罪が伴うような罪悪感（guilt），あるいは，難しい課題を達成したり成功した時の得意げな表情にみられる誇り（pride）といったさらに高次の自己評価的な二次情動が出現する。

8.2節 ｜ 感情発達の諸相

　前節では乳幼児の情動表出の基本的な発達の様相をみてきたが，本節では他者の感情を認識する能力や感情統制の発達についてみていく。

A. 感情認知の発達

　発達心理学者の**メルツォフ**（Meltzoff, A. N.）と**ムーア**（Moore, M. K.）は，生後12日目〜21日目の新生児を対象とした実験から，目の前にいる大人の顔面の動作（舌出しや開口，口すぼめ）を模倣することを報告し（**図8.4**），他者の顔面筋運動を認識しそれを模倣する能力が生得的なものであることを示した（Meltzoff & Moore, 1983）。同様な新生児の模倣は

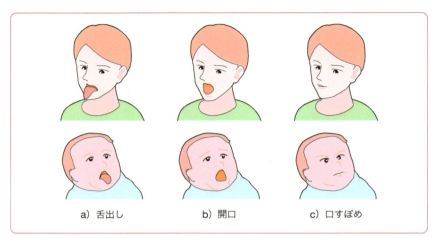

a）舌出し　　　　　b）開口　　　　　c）口すぼめ

図8.4　新生児の表情模倣：a）舌出し，b）開口，c）口すぼめ（Meltzoff & Moore，1983）

チンパンジーについても観察されており（Myowa-Yamakoshi et al.，2004），"なぜ新生児が顔のパーツの動かし方を知っているのか？"については，前述のミラーニューロン（他者の行動を見ている時に自分の脳の同じ運動部位が活性化する現象，6章参照）の働きが関与している可能性を含めてさまざまな議論がある。また，他者の特定の感情表出を知覚することによって，自分自身も同じ感情を経験する現象は情動伝染（emotional contagion）」と呼ばれ，**共感性**（empathy）の最も原初的な形態であるとされている（Hatfield et al.，1992）。**ホフマン**（Hoffman, M. L.），新生児であっても近くにいる新生児が泣くと一緒に泣き出す，といった即時的・自動的な形態での情動伝染が観察され，共感性の萌芽は生得的であると論じている（Hoffman, 1987）。

　また，生後3ヶ月児を対象とした表情認知の実験では，乳児が呈示される大人のある表情に慣れて（ハビチュエーション）注視反応が低下したところで別の表情の顔刺激を呈示し，変化に気づいて注視が復活するかどうかを指標に測定した（Young-Browne et al.，1977）。その結果，驚きの表情と幸福（微笑み），驚きと悲しみの区別はできたものの，悲しみと幸福の区別は3ヶ月児にはまだできなかったことが報告されている。その後のさまざまな研究より，乳児が音声や表情から他者の基本的な感情（幸福，驚き，悲しみ，恐れ，怒り）を区別可能になるのは生後7ヶ月頃であるといわれている

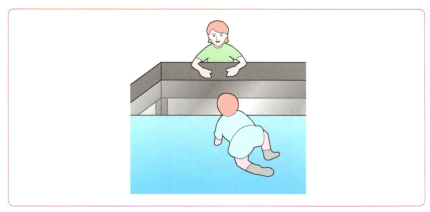

図8.5　乳児の社会的参照：視覚的断崖を利用した実験（Sorce et al., 1985）

（平林，2014）。

　生後10ヶ月頃までには，他者の表情を自分の行動の指針として利用することができるようになる。どうすればよいか決めかねるような曖昧な状況で他者の表情や行動を手掛かりとして判断を行うことを社会的参照（social referencing）と呼ぶが，**ソース**（Sorce, J. F.）らは，はいはいができるようになった1歳児を対象として，**視覚的断崖**（visual cliff）を利用した実験を行っている（Sorce et al., 1985）。**図8.5**のように，途中から厚いガラス張りになっている台上にいる乳児は，ガラスの下を見ると断崖のように見え，ガラス上を渡るかどうか躊躇する。そこで，向こう側にいる母親が喜びや興味を示すポジティブな表情の時には多くの乳児がガラスを渡って母親のもとに行くが，母親が恐怖の表情をしているときには渡る乳児はひとりもいなかったという。

　浜名真以ら（2015）は，エクマンらの6つの基本感情（喜び・驚き・悲しみ・怒り・恐怖・嫌悪）の日本人女性の写真を2歳から5歳までの幼児に呈示し，正しく感情をラベルできるか検討した。**図8.6**のように，2歳から3歳へと言語発達に伴って感情語の語彙が増加する中で，大きく成績が向上していくことがわかる。一方，嫌悪，悲しみについては他の感情よりゆっくりと正答率が上昇する。恐怖は大学生でも正答率40％と低く，正答できる幼児は5歳でも0％で，表情のみからネガティブ感情を識別することの難しさがうかがわれる。

　子どもが自分の感情と他者の感情を区別し，他者の立場に立ってその人の

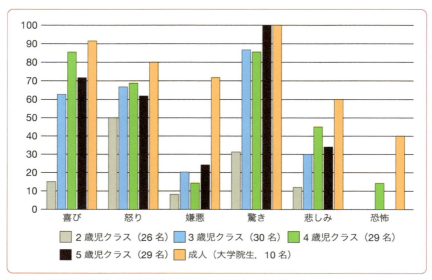

図8.6　表情写真刺激の正答者割合（%）（浜名・針生，2015）

気持ちを理解できるようになるにはそれなりの長い発達の月日が必要となる。なぜそのような気持ちになったのか，理由の推論を含めて他者の感情を理解し言語化できるようになりはじめるのは4，5歳以降である。人には"うれしいけど悲しい"といった複数の葛藤するような感情が混在することもあること（例えば，買った自転車を誕生日にもらってとてもうれしいけど，同時に，自転車の練習をしたことがないので乗ることができず悲しい，などのアンビバレンツな感情状態）を理解しはじめるのは6，7歳でもまだ難しく，8歳以降となることが報告されている（Pons et al., 2004）。

B. 感情制御の発達

　目標を達成するために自身の感情をモニターし，管理・統制することもまた，幼い子どもたちには難しく，さまざまな能力の発達が必要となる。発達のあらましを描いてみると，①不快なときに泣くことで養育者を呼び，なだめられたり問題解決してもらったりすることで快適な感情状態に戻ることが可能となる他者依存的な乳児期，②自己意識が芽生え認知的に大きく発達するなかで自他の感情理解が進み，感情の自己制御ができはじめるようになる幼児期，③それぞれの文化の中での表示規則（display rule，3章3.1節参

照）をさまざまな場面で学習し，TPOに合わせて感情統制ができるように
なっていく児童期，④不快感情の原因を推論して問題解決や認知的再評価，
気晴らしなどのより高度な対処方略によって感情制御ができるようになる思
春期以降，⑤認知的機能は次第に低下していくものの，身近なサポーターに
依存することで若い頃よりもポジティブ感情を維持できるようになる高齢期，
といったおおよその生涯発達の様相がさまざまな研究から明らかにされてき
ている（溝川他，2022）。

　とくに，近年の発達心理学研究から，感情制御の健全な発達にとって乳児
期の養育環境の重要性が示唆されてきている。生後間もない乳児でも，不快
を感じた際に指吸いをしたり手近にある布を抱えたりすることで自己鎮静す
ることも可能ではあるが，空腹や排せつなど自分では解決不能な場面では，
"泣く"ことによって養育者を自分のもとに呼び寄せ，対処を求める。おむ
つ替えや授乳など頻回に生起する乳児の不快状態を養育者がケアし，同時に
乳児の泣き声に対して"よしよし"と同情しながらやさしくスキンシップ
したり，微笑みかけたりするといった温かな情緒的応答性（エモーショナ
ル・アヴェイラビリティ，emotional availability；Emde & Sorce,
1983）が乳児に向けられることがくり返される中で，乳児は自分の"泣く"
という行動が問題解決につながったという自己有能感を得るとともに，安全
と安心を担保してくれる養育者に対して，"この人がいればだいじょうぶ"
という信頼感を中核とする愛着（アタッチメント）を形成する。この時期の
養育者との相互作用（インタラクション，interaction）の中で形成されて
いく愛着が後の感情制御の発達の基盤となることが多くの研究によって明ら
かにされてきており，虐待など不適切な養育が行われ安定した愛着が形成で
きなかった場合の悪影響の1つとして，感情の自己制御不全の問題が生じる
ことが明らかにされてきている（Waters & Thompson, 2016）。

8.3節 ┃ 感情の測定方法

　第1部の最後に，感情の測定方法についてまとめる。各章でさまざまな研
究を紹介してきたので，感情心理学的研究を実施するにはどのような方法論
があるかイメージはつかんでいただけていることと思うので，ここでは簡単
に言語的自己報告による測定，行動の測定，生理的反応の測定の3種類につ
いてみていく。

A. 言語的な自己報告による感情の測定

　これまでみてきたように，私たちの感情は，〔事象の認知的評価（多次元的評価：自分との関係の深さ・自分にとっての利害の程度・対処可能かどうか・価値の程度）→ 多様な感情反応（行為傾向：行動への動機づけ，身体内部の生理的変化，表情などの身体運動的変化）→ 主観的に体験される情感 → 主観的情感の概念化や言語的ラベリング〕という一連の流れの中で喚起される複雑な心理的現象である（第1章1.2節参照）。「あなたは今（あるいは過去に），どのような気持ちがしていますか（していましたか）？」と対象者に問うことは，こうした複雑な感情喚起のプロセスの最終段階である"主観的情感の言語的ラベル"を問うことであり，感情研究の中で中核となる事象の測定となる。

　対象者が感じている感情を言語報告してもらう方法としては，インタビュー方式で尋ねることも可能であるが，より簡便で数量化しやすい方法としてさまざまな質問紙尺度が開発されてきている。一般的な気分に関しては，日本語版も作成されている代表的な尺度に，日本語版PANAS（Positive and Negative Affect Schedule）やPOMS2 日本語版（Profile of Mood States 2nd Edition）がある。

　PANASはポジティブ情動（PA）8項目（「活気のある」「誇らしい」「強気な」「きっぱりとした」「気合いの入った」「わくわくした」「機敏な」「熱狂した」）とネガティブ情動（NA）8項目（びくびくした」「おびえた」「うろたえた」「心配した」「ぴりぴりした」「苦悩した」「恥じた」「いらだった」の16項目で構成され，1. 全く当てはまらない〜6. 非常によく当てはまるまでの6件法で測定する簡易な気分評定尺度である。

　POMS2の概要を表8.1に示したが，他の一般的な気分質問票（多面的感情状態尺度：寺崎他，1992；気分調査票：坂野，1994など）も同様に，さまざまな感情語や感情状態を表現する文章に対して，あてはまりの程度を5件法や7件法のリッカート法で尋ねる形式を採用しているものが多い。

　個人の感情はまさに主観的な体験であるがゆえに対象者の言語報告は重要な測定対象となる。上記のような質問票は実施の簡易さや数量化のしやすさといったメリットがある一方，各感情の詳細な状態を，信頼性を担保しつつ測定することが困難であること，感情語の解釈の個人差も統制不可能である点がデメリットであるといえよう。

表8.1　POMS2の概要（Heuchert et al., 2015）

対象：成人用：18歳以上，青少年用：13〜17歳
下位尺度：①怒り－敵意　　　（怒りと他者への反感） 　　　　　②混乱－当惑　　　頭が混乱して考えがまとまらない状態 　　　　　③抑うつ－落込み　落ち込みや罪悪感などの自信喪失状） 　　　　　④疲労－無気力　　意欲や活力が低下している状態 　　　　　⑤緊張－不安　　　緊張や不安が高まっている状態 　　　　　⑥活気－活力　　　元気で活力が高まっている状態 　　　　　⑦友好　　　　　　ポジティブでフレンドリーな状態
評定：当日を含めて過去1週間について，〔0. まったくなかった〜4. 非常に多くあった〕の 　　　5件法
項目数：成人用　→65項目・短縮版35項目 　　　　　青少年用→60項目・短縮版35項目

B. 明示的な行動の測定

　特定の感情喚起に伴う**顔面筋運動**（6章参照）の測定は行動測定の代表的なものであり，皺眉筋の収縮（眉に皺を寄せる）は悲しみや苦痛などのネガティブな感情の指標となり，一方，頬骨筋の収縮（口角があがり笑顔になる）は喜びなどのポジティブな感情を示す。また，嫌悪や恐怖感情時の驚愕眼瞬反応（まばたき）の測定も有効な行動指標の1つである。眼瞬が不快感情時には亢進し，快感情時には抑制されることが知られており，快・不快感情の発生がどのような脳内経路を経て瞬目反応に影響するのか脳神経科学的な検討も実施されてきている（山田，2023）。そのほかにも，感情喚起場面での表情や姿勢に関する録画を利用した行動分析や，アイトラッカーを利用した瞳孔や視線の分析，困惑時の凝視や羞恥感情時の赤面の計測など，感情喚起に伴うさまざまな行動反応の測定が可能になってきている。明示的な行動の測定は客観的な指標となりうる点で大きなメリットがあり，主観的な感情体験の報告と一緒に分析することでより深化した感情研究が可能となる。

C. 生理的反応の測定

　感情喚起時には身体内部の変化が伴うので，生理的反応の測定は感情研究にとって重要な測定領域となる。代表的なものとして，自律神経系の変化である心拍と皮膚電位反応，感情喚起時の脳の変化を直接知るための脳波や神経画像を利用した測定法についてみていく。

ⅰ）自律神経系の反応の計測：心拍と皮膚電位反応

　6章（6.2節）でみたように，強い感情が喚起される時には交感神経系が作用し，動悸が激しくなったり発汗するなどさまざまな生理的変化が生じる。**心拍数**（heart rate）の計測は心電図（ECG）による正確な算定が行われることもあるが，リストバンド型や腹部バンド型の計測器の装着で呼吸数などもより簡易な測定ができる。近年では，感情喚起場面でのウェアラブルなスマートフォンでの測定結果を即時的にデータ送信してもらうなど，より詳細な情報収集もできるようになってきている。

　皮膚電位反応（Skin Potential Response：SPR）は，交感神経系の活性化による発汗現象を利用し，皮膚の2点間の電極間の電位差を測定する。刺激の違いによってさまざまな波形を呈することも知られており，反応の定量的な測定に加えて波形の特徴を分析することもできる。対象者の精神的動揺や感情反応による一過性の電位変動を高い精度で計測することが可能であり，信頼性の高い感情計測方法であるといわれている（北村ら，2006）。

ⅱ）脳機能の計測：脳波と神経画像法

　脳波（Electroencephalogram：EEG）は，感情現象をめぐる中枢神経系の活動を測定する方法として，時間に沿った変化の記録が可能であり，また対象者への負担も軽く安価で実施することが可能なため，多くの研究で用いられてきている（菅谷，2023）。覚醒時のリラックス状態の際のα波や睡眠時のリラックス状態の際のδ波など覚醒水準と安静感情との関連や，何らかの感情が喚起された際の400ms～700ms付近の事象関連電位に関する研究，またネガティブ感情と扁桃体，ポジティブ感情と前頭前野との関連など，脳波の測定と感情状態についての言語報告とを紐づけながらさまざまな研究が展開されてきている。

　神経画像法（Neuroimaging）は，感情現象に関連する脳内の神経活動の様子を可視化（画像化）する技法であり，1980年代以降実用化が進んだ比較的新しい方法である。機能的磁気共鳴画法（functional Magnetic Resonance Imaging：fMRI）は，磁場が働いているMRI装置中の対象者の頭や体にごく弱い電磁波を当て，返ってきた信号を計算することにより非侵襲的に脳や身体各所の断面の画像を時間的な流れの中で撮影し可視化することが可能となる。また，陽電子放射断層撮影法（Positron Emission Tomography：PET）は，陽電子（ポジトロン）を放出する検査薬を静脈から注射し，細胞内に取り込まれる検査薬の陽子が消滅する際に体外に放

出されるガンマ線を検出器でスキャンし，当該部位の活動画像を可視化する技術である。近年では帽子状の装置を被るだけで測定することができ，対象者への負担が小さい近赤外光脳機能イメージング法（functional Near-InfraRed Spectroscopy; fNIRS, 2章2.1節参照）も開発されており，乳幼児などの幼い子どもを対象とした感情心理学的実験にも用いられるようになってきている。

D. 実験場面における感情喚起の操作について

　上記のようなさまざまな方法を用いて感情を研究する際に大きな課題となるのが，"対象者にどのような手続き（操作）によって特定の感情状態になってもらうか"という人工的な感情状態の創出の問題がある。これまでの感情研究では，感情を喚起するようなストーリーを記述したカードを複数枚用意してそれを読んでもらうヴェルテン法（Velten, 1968）や，個人の経験のなかから対象となる感情を体験したエピソードを詳しく想起してもらうイメージ法がある。また，特定の感情状態を喚起する刺激（静止画像や動画，写真，匂い，音楽，思いがけないプレゼントの贈呈など）を呈示することで対象者の感情状態を操作する方法も用いられている。

　いずれの方法も人工的な手続きであるため，リアルな感情状態との乖離が生じたり反応も微弱なものになりがちで，限界があることは否めない（北村他，2006）。しかし各章で紹介した実験研究では，さまざまな工夫を凝らして重要な知見を発見してきており，新たな研究の際には，先行研究を丁寧に踏まえることが望ましいといえるだろう。また，実験研究の場合には，事後の説明や感情状態の回復の確認，感情的なトラウマの再燃を避けることなど，倫理的な事項に関する細心の留意も求められ，研究実施の前に手続き全体の詳細について研究倫理審査を受けることなどが必須の事項となっている。

〈文献〉
Bridges, K. M. B.(1930). A genetic theory of the emotions. *The Pedagogical Seminary and Journal of Genetic Psychology*, 37(4), 514-527.
Bridges, K. M. B.(1932). Emotional development in early infancy. *Child Development*, 3(4), 324-341.
ダーウィン, C.(著), 浜中浜太郎(訳)(1991). 人及び動物の表情について. 岩波書店.
Emde, R. N. & Sorce, J. F.(1983). The rewards of infancy: Emotional availability and maternal referencing. Coll, J. D. et al.(Eds.), *Frontiers of Infant Psychiatry*. Basic Books, 17-30.
浜名真以・針生悦子(2015). 幼児期における感情語の意味範囲の発達的変化. 発達心理学研究,

26, 46-55.

Hatfield, E. et al.(1992). Primitive emotional contagion. In. M. S. Clark (Ed.), *Review of Personality and Social Psychology*. Sage.

平林秀美(著), 遠藤利彦他(編)(2014). よくわかる情動発達. ミネルヴァ書房, 104-105.

溝川藍他(著), 有光興記(監)(2022). 感情制御ハンドブック. 北大路書房.

Hoffman, M. L.(1987). The contribution of empathy to justice and moral judgment. In Eisenberg, N. & Strayer, J. (Eds.), *Empathy and its development*. Cambridge University Press, 47-80.

Izard, C. E.(1979). *The Maximally Discriminative Facial Movement Coding System (MAX)*. University of Delaware Instructional Resource Center.

Izard, C. E. et al.(1983). Changes in facial expressions of 2-to 19-month-old infants following acute pain. *Developmental Psychology*, 19(3), 418-426.

Izard, C. E. et al.(1987). Infants' emotion expressions to acute pain: Developmental change and stability of individual differences. *Developmental Psychology*, 23(1), 105-113.

Izard, C. E. & Malatesta, C. Z.(1987). Perspectives on emotional development: differential emotions theory of early emotional development. In: Osofsky, J. D.(edit). *Handbook of Infant Development(2nd ed.)*. Wiley, 494-554.

北村英哉(著), 北村英哉他(編)(2006). 感情研究の新展開. ナカニシヤ出版, 43-64.

Lewis, M.(2000). The emergence of human emotions. In Lewis, M. & Haviland-Jones, J. M. (Eds.). *Handbook of emotions(2nd ed.)*. Guilford Press, 265-280.

Lewis, M.(2008). The emergence of human emotions. In Lewis, M. et al.(Eds.). *Handbook of Emotions(3rd ed.)*, Guilford Press, 304-319.

Meltzoff, A. N. & Moore, M. K.(1983). Imitation of facial and manual gestures by human neonates. *Science*, 198, 75-78.

Myowa-Yamakoshi et al.(2004). Imitation in neonatal chimpanzees(Pan troglodytes). *Developmental Science*, 7(4), 437-42.

Pons, F. et al.(2004). Emotion comprehension between 3 and 11 years: Developmental periods and hierarchical organization. *European Journal of Developmental Psychology*, 1, 127-152.

坂野雄二他(1994). 新しい気分調査票の開発とその信頼性・妥当性の検討. 心身医学, 34, 629-636.

Sorce, J. F. et al.(1985). Maternal emotional signaling: Its effect on the visual cliff behavior of 1-year-olds. *Developmental Psychology*, 21, 195-200.

菅谷みどり(2023). 生理計測を用いた感情推定. 電子通信情報学会誌, 106, 343-344.

寺崎正治他(1992). 多面的感情状態尺度の作成. 心理学研究, 62, 350-356.

Velten. E. Jr.(1968). A laboratory task for induction of mood states. *Behaviour Research and Therapy*, 6, 473-482.

Waters, S. F. & Thompson, R. A.(2016). Children's perceptions of emotion regulation strategy effectiveness: links with attachment security. *Attachment & Human Development*, 18, 354-372.

山田冨美雄(2023). 驚愕プローブパラダイムによる感情研究. 日本生理人類学会誌, 28, 45-56.

Young-Browne, G. et al.(1977). Infant discrimination of facial expressions. *Child Development*, 48, 555-562.

第2部 ‖ 人格心理学

第 9 章 パーソナリティとは何か：概念と探究の歴史

到達目標

- ■▶ オールポートのパーソナリティの定義について説明できる
- ■▶ 人格（パーソナリティ），性格（キャラクター），気質（テンペラメント）についてそれぞれ説明できる
- ■▶ さまざまなアプローチによるパーソナリティの理論について説明できる

　人格心理学のパートでは，人格（パーソナリティ）の心理学上の定義や概念，代表的な理論であるパーソナリティの類型論と特性論，パーソナリティの生涯発達，パーソナリティと社会適応との関連，パーソナリティの査定方法について各章で学んでいく。パーソナリティは人々の感情や行動，考え方の個性を指すものとしてとても身近な概念であるが，心理学でどのようなことがわかってきたか，概要を紹介する。

　本章では，パーソナリティの定義と概念について説明し，パーソナリティの探究の歴史と心理学の領域におけるさまざまな立場からのアプローチについてみていく。

9.1節 ‖ パーソナリティの定義と概念

A. オールポートの定義

　人々のふるまい方の個性を表現する"性格"や"キャラクター"，"パーソナリティ"，"性質"などは，ふだんからよく使う身近な言葉である。しかし，いざ，これらの言葉を定義してみて下さい，といわれるとなかなか難しい。パーソナリティ心理学の祖といわれるアメリカの心理学者**オールポー**

ト（Allport, G. W.）は，"パーソナリティは，**個人の内部で，環境への彼特有な適応を決定するような，精神物理学的体系の力動的機構である**（Allport, 1937）"と定義した。同様ではあるが，よりわかりやすい定義として，"人格（personality）は，個人とその物理的・社会的環境とのかかわりにおけるその人なりのやり方を規定する思考，感情，行動の際立った特徴的な様式"（ホークセマ他，2015）も挙げることができるだろう。

オールポートはまた，パーソナリティは個々人の遺伝的な特徴を基盤にしながら，人生の中での体験による学習を経てその人独自の**個別特性**として形成されていくが，個別特性の中には他者と比較可能な**共通特性**も含まれていると考え，共通特性を表す語彙（どの文化・言語にも存在する，やさしい・忍耐強い・社交的だといったパーソナリティを表現するさまざまな単語）の抽出作業を進めていった（Allport & Odbert, 1936）。

B. パーソナリティ概念の多側面性

オールポートの定義に沿いつつ，もう少し具体的にパーソナリティの概念を考えてみると，以下の5つの特徴が挙げられる。

①個人が示す，独自で，さまざまな状況である程度の期間（時間）一貫した思考・感情・行動のパターン："考え方・感じ方・ふるまい方"の個人差の基本的な安定性と通場面一貫性

②日常生活の中で，その時々の相手との相互作用や関係性，その場の文脈や役割に影響されて表現される：状況による表現の多様性

③表現型（思考・感情・行動）の個人差には，関連する生物学的な基盤，すなわち大脳神経系の機能や構造上の個人差，大脳神経系に関係する遺伝子上の個人差（遺伝子多型）が存在する：生物学的基盤の存在

④表現型（思考・感情・行動）の個人差は，胎生期から老人期に至るまでの生涯発達の中で変化したり安定化したりする：発達による変化性と安定性

⑤パーソナリティは個人が置かれた環境との"適合の良さ（goodness of fitness）"によって，その人の社会的適応に影響する：適応への影響性

現代のパーソナリティ心理学の領域では，表現型（思考・感情・行動）の個人差の中で，オールポートのいう他者と比較可能な共通特性（現在の心理学では単に**特性**：トレイト，traitと称している）は何種類あるのか，特性上の特徴の組み合わせによって生じる**類型**（タイプ，type）にはどのよう

なものがあるのか，実証的な探究が続いている。特性論と類型論の詳細については10章でみていく。また，生物学的基盤としての遺伝子とパーソナリティとの関連についての探究も20世紀後半から盛んになり，パーソナリティ形成に及ぼす遺伝と環境の影響性の問題として11章で研究の現況について説明する。12章（新生児期〜児童期）と13章（青年期〜老年期）では，発達心理学との接点であるパーソナリティの生涯発達の様相について学ぶ。パーソナリティと社会的適応との関連については，精神医学・臨床心理学との接点であるパーソナリティ症の問題を含めて14章で論じる。

C. パーソナリティに関連する用語について：人格・性格・気質

　パーソナリティを定義することの難しさは，類似する用語が複数存在し，それぞれが概念的にあいまいに重なり合っている点にもある。英語のpersonality（パーソナリティ）は人格，character（キャラクター）は性格と訳すが，浮谷（2013）によると，英語のcharacterにはもともと"素晴らしい，良い，望ましい"といった価値が含意されているのに対し，personalityはより中立的で価値的な含意はほとんどないという。一方，日本語の「人格」には，人格者という言葉もあるように，成熟してより社会的に望ましい特徴を想定した価値が含まれている（人格には"品性"という意味や，"法律上の行為をなす主体として権利を有し義務を負う資格のある者"という意味もある）のに対し，「性格」は，"良くも悪くもその人の特徴"といった中立的な用語として使うことが一般的で，英語とは逆のニュアンスをもっている。現在では，心理学や精神医学などの関連領域でも，学術的な用語として，中立的なニュアンスを有する英語のpersonalityをそのままパーソナリティとカタカナ表記して使用することが一般的である。

　もう1つ，重要な用語に気質（テンペラメント，temperament）がある。オールポートは，"気質というのは，情緒的刺激に対する感受性，平時における反応の強さと速さ，主な気分の性質，気分の動揺と強度といった特性全てを含む個人の情緒的性質の独特な現象を指している。これらの現象は体質的構造に依存するものと考えられ，したがって，その起源はほとんど遺伝的なものである（Allport, 1937）"と定義している。この定義にあるように，気質はパーソナリティを構成する要素ではあるが，感覚や情動などより生物学的基盤に近い心理機能の個人差を指し，そのために遺伝的影響も強く受け，新生児や乳児など発達の初期からその特徴が表れてくると想定されている

（12章12.2節参照）。気質概念のルーツは古く，後述のように紀元前後のギリシャ・ローマ時代にまで遡る。

A. 心理学成立以前：ギリシャ・ローマ時代

　実証科学としての心理学がスタートしたのは，実験心理学者の**ヴント**（Wundt, W. M.）がライプツィヒ大学に心理学研究室を開設した1879年といわれているが，人々のふるまい方の個人差への関心ははるか古く紀元前のギリシャ時代より記録が残されている。

　植物学の祖と呼ばれ，気象学にも造詣が深かった古代ギリシャのテオプラストスは，紀元前319年頃に著書『人さまざま』において自然科学者の目から見た人々の性格の多様性について，人物像のスケッチというかたちで論じている。"ギリシャ本土は同一の気候のもとに広がっており，同じ教育を受けているのに，われわれの気質はなぜ同じあり方をするようにはならなかったのか"とし（『人さまざま』，p.9），「臆病」「おしゃべり」「けち」「恥知らず」「お節介」など，30種類の性格について軽妙に記述している。例えば"へつらい"については，次のように記述している。

　　"へつらいとは，恥ずべきものではあるが，しかしへつらう当人には得になる交わり方である，と一般には思われている。そこで，へつらう者とは，およそ次のような人のことである…自分が気にいられると見なすことはなんであれ，口にもすれば行いもするように，はた目にはみられるのである"（『人さまざま』，p.16-19）

　古代ローマ時代の医学者でヒポクラテスの古代医学を集大成し後世に伝えた**ガレノス**（紀元後216年頃没）は，ヒポクラテスの構想を継承した気質類型に関する「4体液説」をまとめた（10章参照）。ガレノスによれば，4種の体液（血液・粘液・黄胆汁・黒胆汁）の多寡によって，"胆汁質は短気，多血質は快活で楽天的，黒胆汁質は抑うつ的で神経質，粘液質は冷静で理性的，といった気質の個人差が生まれる"と考えた。現在では科学的に否定される内容であるものの，20世紀以降の心理学におけるパーソナリティの類型論や生物学的アプローチによるさまざまな理論につながるものとして，重要なアイデアであったといえるだろう。

B. 心理学におけるさまざまなパーソナリティ理論

ⅰ）心理機能における個人差への注目

先述のように心理学は19世紀後半のヴントの実験心理学にはじまったが，ヴント自身も実験室で観測するさまざまな反応時間に個人差があることに注目した。ヴントによれば，反応傾向の個人差は，知的素質（記憶・創造・悟性），情意的素質（気質），意志的素質（性格）の3つにみられるとしている（荒川，2012）。また，同時期にイギリスの博物学者である**ゴールトン**（Galton, F.）も，親子や双生児の行動観察などから，“我々の行為を作り出している性格（character）は，明確で永続的な『何か』であり，それゆえ測定可能である”とし，情動における生理反応の測定から個性を測定しようとした（Galton, 1884；荒川，2012）。ゴールトンはまた，データ分析における標準偏差や相関係数を創案したり，人間の心身の諸機能に及ぼす遺伝と環境との影響性を検討するための双生児法（11章参照）を実施するなど，パーソナリティ研究の方法論の発展に大きな貢献を果たした。

遺伝と環境の輻輳説（パーソナリティは遺伝と環境の加算的影響によって形成されるとする古典的な学説）で著名なドイツの**シュテルン**（Stern, W.）は，さまざまな特性の総合体としての個人のありように注目し，人格主義心理学を提唱した[1]。オールポートによって開発された個人のパーソナリティの特徴を複数の特性のプロフィールによって記述する心誌（10章図10.1参照）のアイデアを最初に提案したのもシュテルンであるといわれている。

ⅱ）精神分析学的アプローチ

人間の行動の動機として無意識（unconsciousness）の役割を重視したオーストリアの精神分析学者**フロイト**（Freud, S.）は，1923年に「自我とエス」を公刊し，基本的な生物学的衝動や欲動からなる人格の最も原初的な部分である**イド（id）**，社会的常識によってイドを調整し適切なふるまいを実現する人格の執行官である**自我（ego）**，社会の価値観や道徳の内在化によって形成される行動の善悪を判断する**超自我（super ego）**の3つの部分から人格が構成されるとする人格構造理論を展開した。

フロイトが提唱した人格の3層構造では，イドが欲求の即時充足を求めるのに対して超自我がブレーキをかけるなど，3層間に葛藤が生じ，柔軟で統

1　シュテルン著，『人格主義にもとづく一般心理学』（1935年）

制力のある自我による調整が重要となる。自我が健全に発達し，バランスのとれた人格となっていくためには，新生児期・乳児期という早期から出現する**性衝動（リビドー）**が加齢に沿って適切に充足されていくことが必要であるとし，独自の心理性的発達段階理論を提唱している（12章12.1節）。

　パーソナリティに関するフロイトの理論は洞察に富んだものであったものの，さまざまな概念が抽象的で定義や測定が難しく，その後の実証的な研究としての発展は限定的なものであったといえる。しかし，これらの構想は，フロイトのもとで学んだ研究者たちによって継承されさまざまな理論が生まれていった。**ユング**（Jung, C. G.）の内向性と外向性の2軸による**心理学的類型論**，**エリクソン**（Erikson, E. H.）の**心理社会的発達理論**（12章12.1節），**ボウルビィ**（Bowlby, J.）の**愛着理論**（12章12.4節）などはその代表的なものである。

　また，精神分析学的アプローチによる人格査定法として，インクの染み図形を用いたロールシャッハ・テストや，葛藤場面を呈示して自由にセリフを考えるP-Fスタディのようなさまざまな投影法が開発された（15章15.2節）。

iii）学習理論的アプローチ

　1912年にアメリカの**ワトソン**（Watson, J. B.）によって始まった行動主義心理学では，行動にみられる個人差はその人の成長過程における学習体験の違いで生じるとし，パーソナリティはその人が形成した習慣の結果に過ぎないとされた（ワトソン，2017）[2]。

　　"私に，健康で，いいからだをした1ダースの赤ん坊と，彼らを育てるための私自身の特殊な世界を与えたまえ。そうすれば，私はでたらめにそのうちの一人をとり，その子を訓練して，私が選んだある専門家—医者，法律家，芸術家，大実業家，そうだ，乞食，泥棒さえも—に，その子の祖先の才能，嗜好，傾向，能力，職業がどうだろうと，きっとしてみせよう"（『行動主義の心理学』，p.143）

とワトソンが主張したように，当時の行動主義心理学は徹底的な環境決定論の立場をとっていたため，人格形成における生得的な個人差や人間の主体性を重視するさまざまな立場から批判された。

　行動主義では，強化や消去などの学習による行動形成を重視したが，臨床

2　原著は1930年刊行の"*Behaviorism*（W. W. Norton）"

心理学の領域で学習理論による行動療法を進めた**アイゼンク**（Eysenck, H. J.）は，外向性と神経症傾向の2次元からなるモーズレイ性格検査（MPI）を開発した（Eysenck & Eysenck, 1964）。MPIはその後，精神病傾向を加えたPENモデル（Psychoticism-Extraversion-Neuroticism, 10章10.3節参照）に基づくアイゼンク性格検査（EPI）の開発につながっていった。MPI，EPIは現在も研究や実践の場で広く使用されているパーソナリティ検査である。

iv）認知論的アプローチ

1960年代以降盛んになった認知心理学の影響を受けて，パーソナリティにおける認知の役割を重視するさまざまな理論が登場するようになった。アメリカの**ケリー**（Kelly, G.）は人格機能における認知過程の重要さを最初に指摘した心理学者であり，人間は誰もが科学者のように自分なりの出来事や経験についての仮説（パーソナル・コンストラクト，personal constructs，個人的構成概念）を構成していて，その仮説に沿って事象の予測や解釈を行っているとする**パーソナル・コンストラクト理論**を提唱した（Kelly, 1955）。ケリーによれば，個人のパーソナリティは各自が構成しているパーソナル・コンストラクトの総体であり，同じ状況に遭遇してもコンストラクトの違いによって，解釈もそれに基づいた行動も異なってくるとする。例えば，初対面の人に対して，安全でやさしそうな人だと概念化することが多ければ他者に対して友好的にふるまうことが多くなるし，反対に，知らない人にはリスクもあり警戒すべきだとしばしば概念化する人は，見知らぬ他者には深入りしないよう慎重に関わることになるだろう。

また，**ミシェル**（Mischel, W.）は，社会的学習理論（social-learning theory，強化や消去による直接的な学習体験だけでなく，他者の観察や模倣によっても新しい行動が獲得されるとする理論）の立場から，パーソナリティの通状況的な一貫性はそれほど強固なものではなく，私たちの行動はその場の状況の認知によって大きく影響されるとする**状況主義的アプローチ**を提唱した（Mischel, 1968, 10章10.2節参照）。ミシェルは，個人の符号化方略（情報に対する選択注意や概念化のしかた）や主観的価値観などの認知機能におけるさまざまな個人差（**認知的個人変数**）が，それぞれの状況の中での行動の個人差として表れると考えた。

認知論的アプローチは，パーソナリティについて，個々の特性概念上の個人差を超えて個人の認知構造そのものの個人差の役割を重視した点で，パー

ソナリティ研究の新しい方向性を示したといえよう。

ⅴ）人間性アプローチ

　著名なアメリカの臨床心理学者である**ロジャーズ**（Rogers, K.）は，人間には**自己**（self）の成長・成熟・肯定的変化を指向する生得的傾向があるとし，それぞれの人が“理想とする自己（ideal self）”を実現することを目指した**自己実現傾向**（actualizing tendency）が行動の最も重要な動因となると論じた。また，5段階の欲求階層説（hierarchy of needs, 最下層の基本的な生理的欲求から安全欲求，愛情と所属の欲求，承認欲求，そして最上層に自己実現欲求があるとし，低次の欲求が満たされて初めて高次の欲求実現への動機づけが生まれるとする行動モデル；Maslow, 1954）で著名な**マズロー**（Maslow, A.）も，人間の行動の動機としての自己実現の役割を重視した。パーソナリティにおける人々の主体的な自己概念の役割を重視するロジャーズやマズローの立場を，人間性アプローチ（humanistic approach, ヒューマニスティック・アプローチ）と呼ぶ。

ⅵ）語彙アプローチ

　9.1節で紹介したオールポートは，パーソナリティの探究にあたって私たちが日常生活の中で用いている人格特性（パーソナリティ特性）を表す豊富な語彙（たくましい，明るい，かんしゃくもち等）に注目した。オールポートとオドバードは実際に，英英辞典の膨大な語彙の中から約4,500語の人格特性語を抽出して目録を作成している（Allport & Odbert, 1936）。その後，現在の心理統計分析で用いることの多い因子分析法が開発され，人間のパーソナリティがいくつの特性次元で表現することが可能なのか，多くの実証的研究が行われるようになっていった。**キャッテル**（Cattell, R.）は人々のパーソナリティについての人格特性語の自己評定のデータを集め，因子分析法によって類似する語彙の整理を行い，16因子にまで特性次元を凝集した（Cattell, 1965；10章10.3節参照）。日本語について同様な分析を行った研究もあり（青木，1971），明解国語辞典（66,000語）から人格特性語を455語抽出し，明るさ・親切・勤勉・冷淡・弱気等10のカテゴリーが提案されている。

　こうした自然言語の中にある人格特性語を手がかりとしたパーソナリティ研究を語彙アプローチと呼び，現代のパーソナリティ理論の主流である**ビッグファイブ理論**（Goldberg, 1981；McCrae & Costa, 1999；10章10.3節参照）も語彙アプローチを踏襲した理論の1つである。

vii）生物学的アプローチ

　動物や人間にみられる行動の個人差の基盤を大脳神経系の機能や大脳神経系の形成に関わる遺伝子上の個人差に求める生物学的アプローチは，古くは先述の古代ローマ時代のガレノスまで遡る。ガレノスの4体液説は科学的な理論としては否定されているが，現在のパーソナリティの生物学的基盤に関するルーツは，気質を大脳神経系の"興奮と抑制"における個人差と仮定したロシアの生理学者パブロフ（Pavlov, I. P.）に端を発する。パブロフは犬を対象動物とした条件反射の実験で著名であるが，さまざまな実験の中で，条件づけのされ方に個体差の類型があることに気づき，生得的に異なる興奮と抑制に関する脳神経系の個人差に由来する行動特徴を気質と呼んだ（Pavlov, 1927）。パブロフは犬の実験で観察された気質類型について，条件づけのされやすさ（神経系の興奮しやすさ）と条件づけられた行動の消去のしやすさ（神経系の抑制しやすさ）の2軸で4つの気質類型（①興奮しやすく抑制しやすい，②興奮しやすいが抑制しにくい，③興奮しにくいが抑制しやすい，④興奮も抑制もしにくい）があることを示唆した。このパブロフの気質4類型のアイデアは先述のアイゼンクやグレイ（Gray, J. A.）らに発展的に継承され，アイゼンクのパーソナリティ検査（Eysenck & Eysenck, 1964；Eysenck, 1983）やグレイの行動賦活系と行動抑制系に関するパーソナリティ理論（Gray & McNaughton, 2000；10章10.3節参照）などが提唱されていった。また，神経伝達物質との関連を想定した Temperament and Character Inventory（TCI；Cloninger et al., 1993）も脳神経系の機能の個人差に基づくパーソナリティ理論を基に開発されたパーソナリティ検査である（10章10.3節および15章15.1節参照）。

　より近年では，直接的に脳神経系の活動を計測するさまざまな脳機能画像法（脳波やfMRI, PETなど，2章2.1節参照）が開発されてきており，パーソナリティとの関連を探る研究も行われるようになってきている。また，ゲノム解析技術の発展の中で，遺伝子上の個人差（遺伝子多型）とパーソナリティとの関連を検討する分子遺伝学的研究も多く実施されるようになってきている（11章11.4節参照）。

　人間の感情や思考，行動上の個人差に関連する生体内部の生物学的基盤の探究は，ヒポクラテスとガレノスが体液説として構想した古代ローマ時代から1800年以上の時を経て，現代の脳神経系や遺伝子上の個人差との関連に関する新たな研究方法論の開発によって，今また新たな発展期を迎えようと

しているといえよう。

ⅷ）ナラティブ・アプローチ

心理学の研究方法論には，人間の心理や行動について一般的な法則を見出していくことを目的とした法則定立的研究と，特定個人の行動や内観のありようを時間経過に沿ってリアルに記録することを目的とした個性記述的研究がある。ナラティブ・アプローチ（narrative approach）は個性記述的研究法の代表的なものであり，対象者が自分の特徴や人生の意味づけなどについて語る自伝的な物語（life story，ライフ・ストーリー）を分析し，その人のパーソナリティの特徴や精神状態について知ることを目的としている。自分について時間的に一貫した内容で語ることができるようになるのは9～10歳以降であるが，青年期以降になると，過去・現在・未来をつないだ自分の人生の軌跡やそれに対する自己評価，今後の人生の目的などを精緻に語ることができるようになる（Nelson, 1992）。

ライフ・ストーリーとパーソナリティとの関係を研究しているマクアダムス（McAdams, D. P.）は，青年や成人が語る一貫性のある人生の物語をナラティブ・アイデンティティ（narrative identity；McAdams & Olson, 2010）と呼び，パーソナリティを構成する重要な層の1つであると提唱している。乳児期からみられる個人の気質的特性（dispositional traits）はパーソナリティの第1層目を構成し，その後の発達過程の中で形成される社会適応の様式にみられる個人差（特徴的な適応様式，characteristic adaptations）は第2層目，思春期から青年期にかけて内面化するナラティブ・アイデンティティは第3の層であり，この3層は互いに相互作用しながら個人のパーソナリティ全体を構成するとしている（パーソナリティの3層モデル；McAdams & Pals, 2006，表1.1）。

ナラティブ・アプローチは，その人自身の視点から人生をどのように語るかを把握し，その内容の特徴によってパーソナリティを個性記述的に把握しようとしている点に他のアプローチにはない独自性がある。パーソナリティの生涯にわたる発達過程について，個人が経験する時代や文化，社会的な出来事，そして個々人の私的な経験の影響性について包括的に分析することを可能にする方法論であり，今後もさらなる発展が期待されている。

パーソナリティの探究の歴史は古代ギリシャ・ローマ時代に始まる長い歴史があり，心理学が成立した19世紀後半以降現在に至るまで，多様なアプ

表9.1　パーソナリティの3層理論（McAdams & Pals, 2006；杉山, 2013より作成）

3つの水準（層）	定義	機能	文化との関係
1. 気質的特性（Dispositional traits）	状況的・時間的に一貫する行動, 思考, 感情における包括的な個人差（例：外向性や神経質傾向などのビッグファイブ特性）	個人の行動特徴のアウトラインを描く	特性次元には通文化的な共通性があるものの, その表示規則（display rule）は文化の影響を受ける
2. 特徴的な適応様式（Characteristic adaptation）	状況や社会的役割などの文脈に影響され, 個人の適応に関連する動機づけや社会認知的, 発達的な特徴（例：目標, 価値観, 対処方略, 対人関係の持ち方, 発達課題への取り組み方など）。ライフコースのなかで大きく変化することもある	人間の個性の詳細を記述する	文化は, 価値観や信念, 社会生活上の戦略に影響する（例：文化的な個人主義と集団主義はそれぞれ異なる適応特徴を促進する）
3. 統合的なライフ・ナラティブ（Integrative life narratives）	自分の過去・現在・未来を統合して語られるライフ・ストーリー, パーソナリティの発達を反映して加齢とともに変化する	時代や文化の中での個人の人生の意味を明らかにする	文化は人々のライフ・ストーリーの選択肢を提供する。現代社会では数多くの異なるストーリーが互いに競合的に存在している

注）3層目の統合的なライフ・ナラティブは, ナラティブ・アイデンティティと同義であると考えられる

ローチによる多くの理論が提唱されてきた。パーソナリティ心理学の対象は, 感情・思考・行動上の個人差という人間存在全体にわたる広大なものであるため, 感情心理学や認知心理学, 学習心理学, 発達心理学などの心理学全般のみならず, 大脳生理学や分子遺伝学・行動遺伝学などの関連領域の発展にも大きく影響を受ける。したがって, 科学的な検証に耐える包括的なパーソナリティ理論を構築することは非常に難しく, 今日でもさまざまな検討が続いている。本書では続く第10章で, 今世紀に入って急速に発展してきているさまざまな特性理論について詳しく学んでいく。

〈文献〉

青木孝悦（1971）. 性格表現用語の心理・辞典的研究. 心理学研究, 42, 1-13.
荒川 歩（著）鈴木公啓（編）（2012）パーソナリティ心理学概論. ナカニシヤ出版, 1-10.
Allport, G. W. (1937). *Personality: a psychological interpretation*. Holt.（オールポート, G.

W.（著）, 詫摩武俊他（訳）（1982）. パーソナリティ―心理学的解釈. 新曜社, 40, 44.）

Allport, G. W. & Odbert, H.（1936）. *Trait-names: A psycho-lexical study*. Psychological Monographs, 47（No.211）.

Cattell, R. B.（1965）. *The scientific analysis of personality*. Penguin Books.

Cloninger, C. R. et al.（1993）. A psychobiological model of temperament and character. *Archives of General Psychiatry*, 50（12）, 975–990.

Eysenck, S. B. G. & Eysenck, H. J.（1964）. Personality of judges as a factor in the validity of their judgments of extraversion-introversion. *British Journal of Social & Clinical Psychology*, 3（2）, 141–148.

Eysenck, H. J.（1983）. Psychophysiology and personality: Extraversion, neuroticism and psychoticism. In Anthony, G. & Edwards, J. A.（Eds.）*Physiological correlates of human behaviour, Vol. 3*. Academic Press. 13-30.

Galton, F.（1884）. Measurement of character. *Fortnightly Review*, 36, 179-185.

Goldberg, L.（1981）. Language and individual differences: The search for universals in personality lexicons. In Wheeler, L.（Ed.）, *Review of Personality and Social Psychology*（Vol.2）. Sage. 141-165.

Gray, J. A. & McNaughton, N.（2000）. *The neuropsychology of anxiety: An enquiry into the functions of the septo-hippocampal system*. Oxford University Press.

ホークセマ, S. 他（著）, 内田一成（訳）（2015）. ヒルガードの心理学第16版. 金剛出版, 638.

Kelly, G. A.（1955）. *The psychology of personal constructs. Vol.1. A theory of personality*. W. W. Norton.

Maslow, A. H.（1954）. *Motivation and personality*. Harpers.

McAdams, D. P. & Pals, J. L.（2006）. A new Big Five: Fundamental principles for an integrative science of personality. *American Psychologist*, 61（3）, 204–217.

McAdams, D. P. & Olson, B. D.（2010）. Personality development: continuity and change over the life course. *Annual Review of Psychology*. 61, 517-42.

McCrae, R. R. & Costa, P. T.（1999）. A five-factor theory of personality. In Pervin, L. A. & John, O. P.（Eds.）, *Handbook of personality: Theory and research*（2nd ed.）. Guilford Press. 139-153.

Mischel, W.（1968）. *Personality and assessment*. Wiley.（ミッシェル, W.（著）詫摩武俊（監訳）（1992）パーソナリティの理論：状況主義的アプローチ, 誠信書房）

Nelson, K.（1992）. Emergence of autobiographical memory at age 4. *Human Development*, 35, 172–177.

Pavlov, I. P.（1927）. *Conditioned reflexes: an investigation of the physiological activity of the cerebral cortex*. Oxford University Press.

杉山憲司（著）, 二宮克美他（編）（2013）. パーソナリティ心理学ハンドブック, 福村出版, 15-21.

テオプラストス（著）, 森 進一（訳）（1982）. 人さまざま, 岩波書店.

浮谷秀一（著）, 二宮克美他（編）（2013）. パーソナリティ心理学ハンドブック, 福村出版, 2-7.

ワトソン, J. B.（著）, 安田一郎（訳）（2017）. 行動主義の心理学（復刊）, ちとせプレス, 143.

第**10**章 特性論

到達目標

- ■▶ パーソナリティの類型論と特性論について比較しながら説明できる
- ■▶ 特性理論への批判とその克服について説明できる
- ■▶ ビッグファイブと HEXACO モデルについて説明できる
- ■▶ パーソナリティの生物学的モデルについて説明できる

　前章では，さまざまなパーソナリティに関する概念や研究のアプローチについて解説した。本章では，現代のパーソナリティ心理学における基本的な分析単位である「特性」について詳しく解説する。まずパーソナリティの捉え方としての類型論と特性論について紹介し，特性概念の妥当性について生じた論争について解説する。その後，論争を乗り越えて発展したさまざまなパーソナリティ特性のモデルについて紹介する。

10.1節 ┃ パーソナリティの2つの捉え方

A. 類型論

　突然だが，あなたの顔は塩顔，醤油顔，ソース顔のどれだろうか（それぞれどのようなものかわからない場合は，検索してほしい）。この質問は，直接見なければ複雑で把握しきれないあなたの顔のさまざまな特徴（眉の形や濃さ，目の大きさや角度，鼻の高さ，相互の位置関係etc.）を，ある典型的な顔（ソース顔の場合，眉が濃くて目が大きい，鼻が高く彫りが深い，など）を基準として，それとどれくらい似ているかでまとめて理解しようとしている。

　人間のパーソナリティもさまざまな特徴をもち，直接見ることができないために，把握することが難しい。そこで，顔の例のように，一定の観点から典型（タイプ）を複数想定し，どの典型と類似しているかによってパーソナリティを理解する考え方が類型論である。

　パーソナリティの類型論にはさまざまなものがある（**表10.1**）。その歴史は古く，特に古代ローマ時代の医学者ガレノス（Galenus）による4体

表10.1　主な類型論

ガレノス （Galenus）	多血質，胆汁質，黒胆汁質（憂鬱質），粘液質の4類型。ヒポクラテスの四体液説を発展させた
クレッチマー （Kretschmer, E.）	分裂気質，循環気質，粘着気質の3類型。それぞれ細長型，肥満型，闘士型の体格と関連するとされた
シェルドン （Sheldon, W.）	大脳緊張型，内臓緊張型，身体緊張型の3類型。それぞれ外胚葉型，内胚葉型，中胚葉型の体格と関連するとされた
ユング （Jung, C.）	2つの基本類型（外向型・内向型）と4つの心的機能（思考・感情・感覚・直観）の組み合わせにより8類型を考えた

液－気質類型説が有名である。ガレノスは，人間の気質が4体液説に基づく体液の量と関連すると考え，多血質（快活など）・胆汁質（短気など）・黒胆汁質（憂鬱質ともいう。悲観的など）・粘液質（冷静など）の4つの気質類型を考えた。

　実証データに基づく初期の類型論としては**クレッチマー**（Kretschmer, E.）の体格－気質類型説がある。クレッチマーは，精神科の入院患者をデータとして，体格を細長型，肥満型，闘士型の3つに分類し，統合失調症患者には細長型が多く，躁うつ病には肥満型が多いことを見出した（Kretschmer, 1921）。そして，この関連が病前性格にも当てはまると考え，細長型と分裂気質（非社交的，静か，変わり者など），肥満型と循環気質（社交的，親切，温厚など）が関連することを明らかにした。闘士型と関連する気質としては，後にてんかんの病前性格である粘着気質（動揺しない，融通が利かない，粘り強いなど）が加えられた。この体格と気質を関連づける説は**シェルドン**（Sheldon, W.）にも引き継がれて研究が行われたが，現代ではほとんど研究されていない。肥満（BMI）に関する最近の研究では，パーソナリティとの関連はみられないか，国ごとに一貫しないわずかな関連性がみられる程度であることが報告されている（Sutin et al., 2015）。

B. 特性論

　もしあなたが典型的なソース顔であれば，前節の顔の類型に関する問いに答えやすかったかもしれない。しかし，あなたがソース顔とも醤油顔とも塩顔ともいえない中間的な顔をしているなら，いずれかの顔に分類してしまうことには無理がある。それならば，目の大きさや角度，鼻の高さなどをそれぞれ数値化してプロフィールにすれば，あなたの顔を把握できるのではない

だろうか。

　この考え方をパーソナリティに当てはめたものが特性論である。特性論では，パーソナリティの要素として量的差異を表すことのできるものさしを考え（例えば「社交性」），その値の高低によってパーソナリティを理解する。顔以外の例では，中学生の学力を英・数・国・理・社の5教科の成績で表現する場合，学力を特性論的に理解していることになる。

　特性論の初期の代表的な研究者に**オールポート**（Allport, G. W.）がいる（兄の社会心理学者 Allport, F. とは別人）。彼は特性を共通特性と個別特性の2種類に大別した（Allport, 1937）。共通特性は，人々を比較可能な共通のものさしであり，現在単に「特性」として呼ばれるものに相当する。共通特性は，例えば「女性は男性より社交性が高いか」といった一般的法則の検討（法則定立的アプローチ）の基礎となる。オールポートは，共通特性のプロフィールとしてパーソナリティを理解する方法として心誌（psychograph）を開発した（**図10.1**）。

　一方，個別特性は，個々人にしか当てはまらない独自の反応の一貫性をいう。例えば，共通特性としての社交性において同程度であるAさんとBさんがいたとしても，Aさんは音楽イベントによく行き，冗談を好み，見知らぬ人に自分から積極的に話しかけることが多いのに対し，Bさんは飲み会によく行き，自分からはさほど話しかけないが人の話を聞くことを好み，誰とでも気軽に打ち解けやすいかもしれない。オールポートの考えによれば，本来人に備わっているのは個別特性であり，共通特性は，研究者が人々を比較するため便宜的に個別特性を大雑把にまとめたものということになる。個別特性はいわばその個人にのみ当てはまる法則であるため，インタビューや日記等を用いた個人の詳細な分析により明らかにする必要がある（個性記述的アプローチ）[1]。

1　オールポートはまた，二次的特性・中心的特性・主要特性を区別している。二次的特性は，個人の特徴として際立っているわけではない，特定の状況に対する反応の一貫性をいう。例えば，ある人は機械が故障した時だけ気が短いかもしれないが，そのことにはごく親しい人が気づくのみである。中心的特性は，個人を特徴づける程度の大きい特性をいう。「あの人はどんな人ですか」と聞かれた際，「とても真面目な人だ」と答えるならば，その人のさまざまな特性のうち，真面目さが際立っており，真面目さはその人の広範な行動に影響を与えている中心的特性とみなすことができる。主要（cardinal）特性は，中心的特性のさらに際立ったもので，稀にしか見られない。例えば，マザー・テレサのあらゆる行動は慈愛が生み出している，という場合，慈愛は彼女の主要特性とみなすことができる。

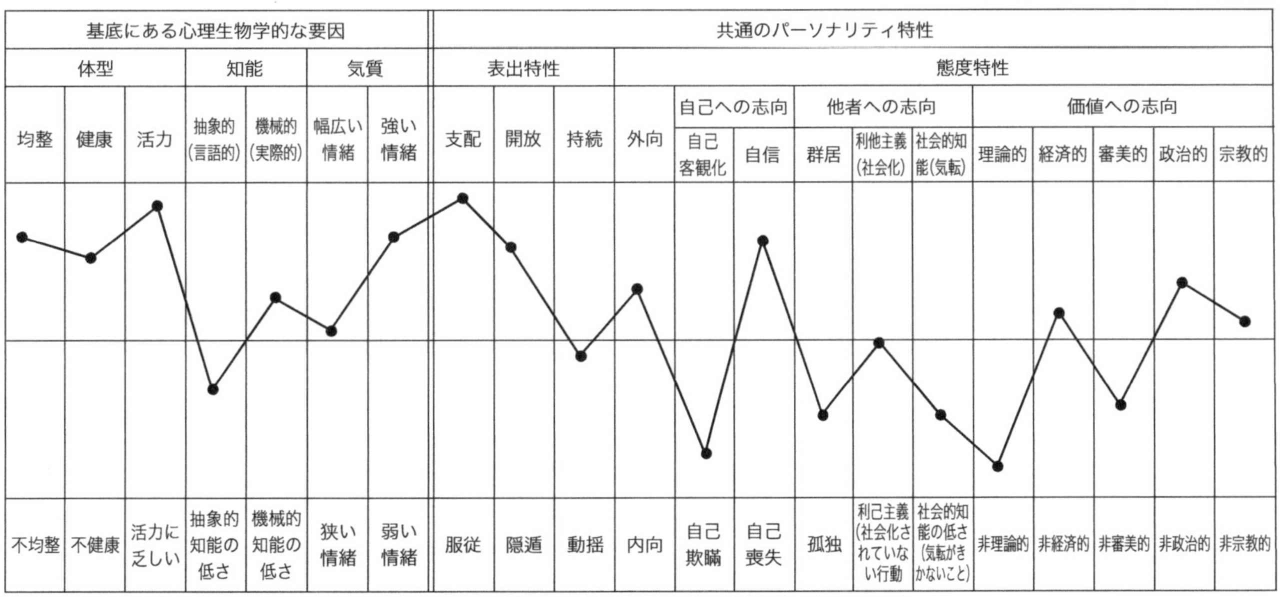

図10.1 は回転したパーソナリティ特性の心誌（プロフィール）を示す。以下に記載される項目を含む。

共通のパーソナリティ特性

基底にある心理生物学的な要因 / 共通のパーソナリティ特性

態度特性

体型	知能	気質	表出特性	自己への志向	他者への志向	価値への志向

体型：均整 ・ 健康 … 不均整 ・ 不健康
活力：活力に乏しい … 活力
知能：抽象的（言語的）、機械的（実際的） … 抽象的知能の低さ、機械的知能の低さ
気質：幅広い情緒、強い情緒 … 狭い情緒、弱い情緒
表出特性：支配、開放、持続 … 服従、隠遁、動揺
自己への志向：外向、自己客観化、自信 … 内向、自己欺瞞、自己喪失
他者への志向：群居、利他主義（社会化）、社会的知能（社会化） … 孤独、利己主義（社会化されていない）、社会的知能の低さ（気動がきかないこと）
価値への志向：理論的、経済的、審美的、政治的、宗教的 … 非理論的、非経済的、非審美的、非政治的、非宗教的

図10.1 心誌の例（Allport, 1937を基に作成）

C. 類型論と特性論の比較

　類型論と特性論，それぞれの長所・短所にはどのようなものがあるだろうか。類型論は，複数の特性やその相互作用，それを生み出すメカニズム等の組み合わせを典型として設定することで，その典型によく合致する個人については，豊かな情報や全体像を簡潔に表現できる点で優れている。一方，個人をいずれかの類型に分類することを目的とする場合には，各典型の中間に位置する個人をうまく分類できない。また，各類型への分類が固定的印象を与えやすい点に注意が必要である。

　特性論は，複数の特性の高低の組み合わせ以上の情報をもたないため，平板で奥行きのない表現になりやすいものの，量的な差異や変化を表現しやすい。また，特性論は，複数の特性のプロフィールに典型を想定することで，単純な類型も表現できる（例えば，英・国・社の得意な文系タイプと数・理の得意な理系タイプなど）。このように類型論と特性論は二律背反ではないものの，現代の心理学では主に統計的処理のしやすさから特性論に基づく研究が主流となっている。

10.2節 ｜ 特性概念への批判とその克服

A. 人間－状況論争（一貫性論争）

　パーソナリティ特性の定義は研究者により異なるものの，**アッシュトン**（Ashton, M.）は「概念的に関連する行動・思考・感情の典型的傾向の個人差のうち，長い期間やさまざまな状況を通じてみられるもの」と整理している（Ashton, 2022）。この後半の部分には，時間的に安定していることと（継時的安定性），状況を通じて一貫していること（通状況的一貫性）が含まれており，これらを満たさないものは特性と呼べない。例えば，大勢の人を調査した時，ある一週間に怒る頻度と別の一週間に怒る頻度の間にまったく相関がなかったとする。この場合，怒る頻度は偶然やその一週間たまたま経験する状況によって決まっており，「怒りっぽさ」という時間的に安定した個人差などないと考えるのが自然である（低い継時的安定性）。同様に，家族といる時と友人といる時で怒りっぽさにまったく相関がないなら，状況を通じて安定した個人差などないと考えるのが自然である（低い通状況的一貫性）。

　では実際に，人間のパーソナリティには特性と呼べるほどの継時的安定性

や通状況的一貫性があるのだろうか。ミシェル（Mischel, W.）は特に通状況的一貫性について，パーソナリティ検査の得点と個々の状況における行動との相関（0.3程度）や，2つの状況間の行動の相関が小さいこと（0.2未満）を引き合いに，パーソナリティ特性という概念の妥当性を疑問視するとともに，行動に与える状況の役割を強調した（状況論）（Mischel, 1968）。これをきっかけに，パーソナリティ特性の概念を擁護する立場と批判する立場の間で激しい論争が繰り広げられた（人間－状況論争または一貫性論争）。論争の結果，行動の通状況的一貫性は，論争前に想定されたほど高くはないものの，複数の状況での行動を集約した場合（例えば，5つの状況での怒る頻度の平均）は相互の相関が高くなることが明らかになり（0.5～0.6程度），パーソナリティ特性という概念の一定の有用性が明らかとなった。この論争を踏まえて復活した多くのパーソナリティ特性研究は，パーソナリティ特性が心理学的な変数のみならず寿命や収入，教育年数，結婚・離婚など人生のさまざまな結果を予測することからもその有用性を明らかにしている（Roberts et al., 2007; Soto, 2019）。

　またこの論争の結果，行動を生じさせる要因として，パーソナリティ特性と状況のいずれか一方ではなくその相互作用を重視し，行動－パーソナリティ状況間の双方向的影響にも注目する相互作用論が普及した。相互作用論の観点からは，パーソナリティ特性は，さまざまな状況における感情・思考・行動の平均的傾向を表すことはできても，さまざまな状況ごとの差異を表すことができない点に限界がある。例えば，「怒りっぽさ」という特性について同程度の二人の子どもがいたとしても，一人はクラスメイトといる時，先生に注意された時に怒りっぽいのに対し，もう一人は部活の後輩といる時，親に叱られた時に怒りっぽいかもしれない。このようなさまざまな状況ごとの行動のプロフィールは行動指紋（behavioral signatures）またはif-thenプロフィールと呼ばれ，高い継時的安定性（行動指紋が時間的に安定したものである場合，首尾一貫性（coherence）があるという）をもつことが示されている（Shoda et al., 1994; 図10.2）。

B. 社会的認知論と全体特性理論

　一人ひとりの指紋のように異なる行動指紋は，どのように生じるのだろうか。なぜ同じ状況であっても，人によって行動が異なるのだろうか。ミシェルとショウダは，認知－感情パーソナリティシステム（CAPS）というモ

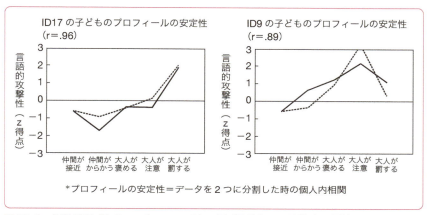

図10.2　行動指紋（if-thenプロフィール）の例（子どもの言語的攻撃性）(Shoda et al., 1994を基に作成)

デルによりこの説明を試みた（Mischel & Shoda, 1995）。このモデルでは，人々がそれぞれ異なる認知―感情ユニットという心的表象のネットワークをもっていることが仮定されている。このユニットには，①人や状況，出来事を評価するための概念，②現実世界に関する信念や自分の行動に関する期待，③感情，④目標や価値，⑤可能な行動と目標達成のための計画などが含まれる。それぞれのユニットは状況や連結されたユニットの活性化によって活性化・抑制されるが，連結パターンに安定した個人差があるために行動指紋のような個人差が生じるとされている（**図10.3**）。

　CAPSは，現実世界に対する人間の認知による説明を重視しているという意味で社会的認知論と呼ばれる考え方の系譜に連なる。社会的認知論に数えられる他の代表的な理論を**表10.2**にまとめた。

　また**フリーソン**（Fleeson, W.）は，行動指紋のような状況ごとの行動の差異と特性との関係を整理することを試みた（Fleeson, 2001）。フリーソンは，特性と対応する一時的な状態をパーソナリティ状態と呼び（e.g.,「あなたはこの1時間，どれくらい怒りっぽかったですか」），パーソナリティ特性は個人内で短時間に変動するパーソナリティ状態の密度分布として表現できると考えた（**図10.4**）。そして，パーソナリティ状態に大きい個人内分散がみられることと同時に（i.e., 状況ごとの変化），個人内平均値（i.e., 状況を通じた平均的傾向）が高い継時的安定性を示し，パーソナリティ検査の得点とも中程度の相関を示すことを明らかにした。フリーソンと**ジャヤ**

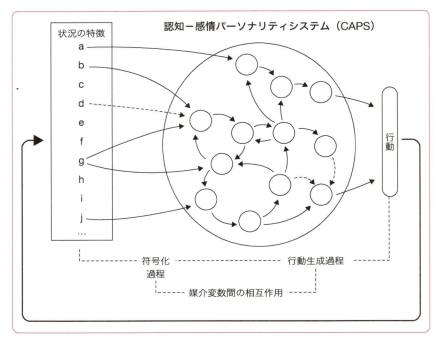

図10.3　CAPSモデル（Mischel & Shoda, 1995を基に作成）
中央の大きな円は個人のパーソナリティシステムを表し，小さい円はその個人の認知－感情ユニットを
表す。認知－感情ユニットは状況の特徴や接続するユニットによって活性化されたり（実線矢印），抑制
されたりしながら（点線矢印），最終的に行動を生じさせる。

表10.2　さまざまな社会的認知論

ケリー （Kellly, G. A.）	パーソナル・コン ストラクト理論	人が事象を解釈する際に用いるさまざまな構成 概念の差異をパーソナリティと考え，役割構成レ パートリーテスト（Repテスト）により測定する
ロッター （Rotter, J. B.）	社会的学習理論	行動を，強化が得られるという期待と強化の価値 （強化値）の関数と考える，期待－価値モデルの 1つ。期待と強化値は，主に社会的文脈により学 習される。自分の行動が強化される一般的期待 の個人差を統制の所在と呼ぶ
ミシェル （Mischel, W.）	認知－感情パーソ ナリティシステム （CAPS）	状況ごとにさまざまな認知－感情ユニット（期待， 信念，感情，長期的目標など）が活性化すること で行動が生じる。この活性化パターンは個人内 で安定しているため，状況ごとの行動のプロ フィールの個人差（行動指紋）が生じる

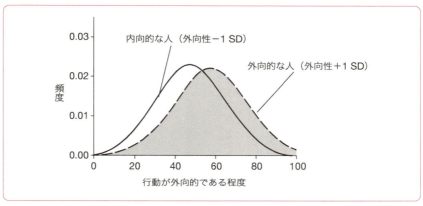

図10.4　パーソナリティ状態の考え方（Fleeson & Gallagher, 2009を基に作成）

ウィクリーム（Jayawickreme, E.）はこの考えに基づく研究を積み重ねて全体特性理論を提唱し，パーソナリティ状態の個人内差がどのようにしてパーソナリティ特性の個人間差を生じさせるかを明らかにする必要があり，そのためにはCAPSのような社会的認知論が有用であるとしている（Fleeson & Jayawickreme, 2015）。

10.3節 | 特性論に基づくさまざまなパーソナリティモデル

A. ビッグファイブとHEXACOモデル

　顔の特徴の場合，目の大きさ，鼻の高さ，口の形など，かなりの数にはなるものの有限の特徴を用意することで特性論的に把握することが可能であろう。では，「あなたはどんなパーソナリティですか」と聞かれた場合には，いい換えれば，人間のパーソナリティ全体を表現するためには，どのような特性をいくつ用意すればよいだろうか。あらゆる特性を網羅することは不可能なので重要な特性に絞る必要があるが，研究者が恣意的に重要だと思う特性を選べば，パーソナリティのある側面のみが過剰に強調されてしまうか（学力の例であれば「英・数・国・理・日本史・世界史・地理」），重要な側面が抜け落ちてしまう可能性がある（「英・数・国・理」）。

　この問題を解決する有力な手法が語彙アプローチである。語彙アプローチは，「重要なパーソナリティは，重要であるがゆえに，特性を表す1つの語彙（特性語）として日常的に用いられているだろう」という仮定（語彙仮

説）のもと，辞書からすべての特性語を抽出することで網羅的なパーソナリティ特性のセットを得る。そして，データを得たうえで因子分析により相関の高い特性語をひとまとめにすることで，パーソナリティを表現する少数の因子を明らかにしようとする。

　語彙アプローチの端緒を開いたのは前節で紹介したオールポートである。オールポートらは，英語の辞書から17,953の特性語を収集したうえで分類・整理を行い，最終的に4,504語の特性語リストを作成した（Allport & Odbert, 1936）。**キャッテル**（Cattell, R.）はこのリストのうち類似の意味をもつ特性語をまとめて171の特性語対に整理したうえで，実際にデータを得て相関の高いものをまとめて最終的に35の特性語対（表面特性と呼ばれる）を作成した。そして，因子分析の結果に基づいて12の特性（根源特性と呼ばれる）に整理した（Cattell, 1945）。その後も検討を加えて4つの特性を加え，最終的に16の特性を測定するパーソナリティ検査である16PFを開発した。しかし，他の研究者がキャッテルの項目を用いて行った追試ではキャッテルの分析結果は再現されず，5因子が抽出されるという結果が報告された（Norman, 1963; Tupes & Christal, 1961）。

　ゴールドバーグ（Goldberg, L.）は，さまざまな研究で報告されている，内容的に類似した5つの因子をビッグファイブと命名した（Goldberg, 1981）。そしてこの5因子は，英語圏以外のさまざまな国において語彙アプローチを適用した場合にもある程度再現された（De Raad et al., 1998）。特性語ではなく文章によりビッグファイブを測定するパーソナリティ検査も開発され（最も代表的なものにNEO-PI-Rパーソナリティ検査NEO Personality Inventory-Revised, Costa & McCrae, 1992），その因子構造を検討した多くの研究は，5因子構造が性別・年齢・人種・文化を問わず安定して得られることを明らかにした（McCrae &Allik, 2002）。これらの研究により，ビッグファイブ（またはパーソナリティの5因子モデル）は現代におけるパーソナリティ測定のデファクト・スタンダード（事実上の標準）の地位を確立することになった。

　ビッグファイブの因子名については研究者によって若干の差異があるものの，コスタとマックレーに従えば，神経症傾向（Neuroticism），外向性（Extraversion），経験への開放性（Openness to experience），調和性（Agreeableness），勤勉性（Conscientiousness）の5つである（Costa & McCrae, 1992）。因子名の頭文字を取ってOCEANとまとめ

られることがある。ビッグファイブの各因子（ドメインと呼ぶ）は複数の下位尺度（ファセットと呼ぶ）から構成されていることが多く，NEO-PI-Rパーソナリティ検査では1つのドメインは6つのファセットにより構成されている。ビッグファイブの概要を**表10.3**にまとめた。

　語彙アプローチによるパーソナリティモデルの研究は，ビッグファイブの発見により最終的な結論に至ったわけでは決してない。より多くの国で語彙アプローチに基づく研究が行われた結果，類似した6因子が得られるという報告が多くなされるようになった（e.g., Ashton, 2004a）。また，初期の英語圏の研究はコンピューターで扱えるデータの大きさに限界があったが，アッシュトンら（Ashton et al., 2004b）は1,710語，リーら（Lee et al., 2008）はそのうちの449語を用いて因子分析を行った結果，他の言語と類似した6因子を見出した。この6因子は，細かな違いはあるもののビッグファイブと類似した5因子（情動性：Emotionality，外向性：eXtraversion，調和性：Agreeableness，勤勉性：Conscientiousness，開放性：Openness）と正直さ—謙虚さ（Honesty-Humility）であり，この6因子によりパーソナリティを測定するモデルを各因子名にちなんで**HEXACOモデル**という。HEXACOモデルに基づく質問紙検査としてはHEXACO-PI-Rパーソナリティ検査（HEXACO Personality Inventory-Revised; Lee & Ashton, 2018）が開発されている。HEXACOモデルの概要を**表10.4**にまとめた。

B. パーソナリティ特性の階層構造

　中学生の学力はいくつの因子で説明できるかと問われた場合，英数国理社に相当する5因子が必要だと考えることもできるが，英国社，数理の成績に相関があることを考慮すれば，文系科目（英国社）・理系科目（数理）の2因子で説明できると考えることもできるだろう。突き詰めれば，文系科目と理系科目の成績にも相関があるため，一因子で充分だという見方もあり得る。一方で，同じ国語であっても現代文と古文漢文の相関は相対的に低いことを考慮すれば，英・数・現代文・古文漢文・理科・社会の6因子が必要だ…といった具合に，より多くの因子で説明することも可能だろう。これは，どれかが正解でどれかが不正解といったものではなく，学力をどれくらい大雑把に／細かく説明しようとするかという抽象度の問題である。

　同様のことがパーソナリティモデルにも当てはまる。ビッグファイブや

表10.3　ビッグファイブ

ドメイン	主な特性語	アスペクト（BFAS）	ファセット（BFI-2）	ファセット（NEO-PI-R）
神経症傾向（Neuroticism）	心配性,憂鬱な,動揺しやすい	不安定さ（Volatility),引きこもり（Withdrawal）	不安（Anxiety),抑うつ（Depression),情緒不安定性（Emotional Volatility）	不安（Anxiety)敵意（Angry-Hostility)抑うつ（Depression)自意識（Self-Consciousness)衝動性（Impulsiveness)傷つきやすさ（Vulnerability）
外向性（Extraversion）	社交的,陽気な,活動的な	熱狂（Enthusiasm),積極性（Assertiveness）	社交性（Sociability),自己主張性（Assertiveness),活力（Energy Level）	温かさ（Warmth)群居性（Gregariousness)断行性（Assertiveness)活動性（Activity)刺激希求性（Excitement Seeking)よい感情（Positive Emotions）
経験への開放性（Openness to Experience）	好奇心が強い,美的感覚の鋭い,独創的な	知性（Intellect),開放性（Openness）	知的好奇心（Intellectual Curiosity),美的感性（Aesthetic Sensitivity),創造的想像力（Creative Imagination）	空想（Fantasy)審美性（Aesthetics)感情（Feelings)行為（Actions)アイデア（Idea)価値（Values）
調和性（Agreeableness）	温和な,親切な,良心的な	思いやり（Compassion),礼儀正しさ（Politeness）	思いやり（Compassion),敬意（Respectfulness),信用（Trust）	信頼（Trust)実直さ（Straightforwardness)利他性（Altruism)応諾（Compliance)慎み深さ（Modesty)優しさ（Tender-Mindedness）
勤勉性（誠実性）（Conscientiousness）	勤勉な,計画性のある,几帳面な	勤勉さ（Industriousness),几帳面さ（Orderliness）	秩序（Organization),生産性（Productiveness),責任感（Responsibility）	コンピテンス（Competence)秩序（Order)良心性（Dutifulness)達成追求（Achievement Striving)自己鍛錬（Self-Discipline)慎重さ（Deliberation）

BFAS：Big Five Asepect Scale（DeYoung et al., 2007）
BFI-2：Big Five Inventory-2（Soto & John, 2017）
NEO-PI-R：NEO Personality Inventory-Revised（Costa & McCrae, 1992）

表10.4　HEXACOモデル

ドメイン	主な特性語	ファセット（HEXACO-PI-R）
正直さ―謙虚さ （Honesty-Humility）	誠実, 控えめ, 倫理的	誠実さ（Sincerity） 公正さ（Fairness） 寡欲（Greed-Avoidance） 謙虚さ（Modesty）
情動性（Emotionality）	神経質, 依存的, 感傷的	恐怖心（Frearfulness） 不安（Anxiety） 依存（Dependence） 感傷（Sentimentality）
外向性（eXtraversion）	活動的, 陽気な, 社交的	対人的自尊心（Social Self-Esteem） 対人的大胆さ（Social Boldness） 社交性（Sociability） 活発さ（Liveliness）
調和性（Agreeableness）	寛容, 穏やか, 協調的	寛容さ（Forgiveness） 優しさ（Gentleness） 柔軟性（Flexibility） 忍耐力（Patience）
勤勉性（誠実性） （Conscientiousness）	勤勉, 慎重, 完全主義	几帳面さ（Organization） 勤勉さ（Diligence） 完全主義（Perfectionism） 慎重さ（Prudence）
開放性（Openness）	想像力豊か, 知的, 革新的	審美性（Aesthetic Appreciation） 探究心（Inquisitiveness） 創造性（Creativity） 型破りさ（Unconventionality）

*HEXACO-PI-R：HEXACO Personality Inventory-Revised

　HEXACOモデルの主な推進者は，パーソナリティを説明するには5因子または6因子が必要で，それより少ない因子で説明することはできないと考えている（Ashton et al., 2009; McCrae & Costa, 1999）。しかし，HEXACOモデルの正直さ―謙虚さはビッグファイブの調和性とある程度の正の相関があるし，ビッグファイブの5因子の間にも弱い相関がある。**ディグマン**（Digman, J.）は相関のある神経症傾向の低さ，調和性と勤勉

性の高さを説明する上位因子をα，外向性と経験への開放性の高さを説明する上位因子をβと名づけた（Digman, 1997）。**ディヤング**（DeYoung, C.）は，αについては，状況に対して安定的な自己制御を可能にするという意味で安定性，βについては，新たな状況に対する自己制御が可能となるよう変化を導くという意味で可塑性という解釈を与えている（DeYoung, 2006）。

では，αとβのさらに上位には因子が存在するのだろうか。自己報告のみ，あるいは他者報告のみといった単一の方法を用いたデータでは，αとβの間にも弱い相関がみられるため，「パーソナリティの一般因子」が存在する可能性が指摘されている（Musek, 2017）。しかし，自己報告・他者報告データを組み合わせて回答のバイアスを排除したデータ（多特性多方法行列）を用いた研究では一般因子の存在は支持されていない（Chang et al., 2012）。一般因子の存在についてはまだ結論は出ていないものの，そのような研究においてもαとβについては一定の妥当性が支持されていることから，パーソナリティ特性は，記述の抽象度に応じて，2因子，立場によっては1因子を頂点とする階層構造をなしているという考えが有力視されている（**図10.5**）。

パーソナリティの階層構造は5因子の上位だけでなく下位にも存在すると考えられている。ビッグファイブを測定するNEO-PI-Rパーソナリティ検査では，5つのドメインのそれぞれが6つのファセットにより構成されていることはすでに説明したが，これも階層構造の一部である。ディヤングらは，ドメインとファセットの間にはアスペクトがあり，各ドメインは2つのアスペクトにより構成されるというモデルを提唱している（DeYoung et al., 2007）。

さらに，ファセットレベルの特性を構成する1つ1つの項目（「旅行に出かける時は，詳細な計画を立てる」「家に帰ったら必ずうがいと手洗いをする」など）にも独自の意味があり得る。**マックレー**（McCrae, R.）は，特性尺度の得点によって説明されない各項目の独自成分をパーソナリティ・ニュアンスと呼んでいる（McCrae, 2015）。例えば勤勉性ドメインのファセットである秩序の得点が等しい個人AとBであっても，秩序を構成する項目のどれに比較的当てはまると回答しているかによって行動に違いが生じ得る。**モッタス**（Mõttus, R.）らは，NEO-PI-Rのパーソナリティ・ニュアンスについて，複数の国のデータセットを用いて再検査信頼性や自己－他

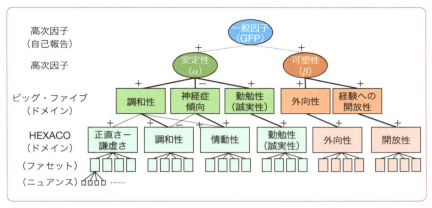

図10.5　パーソナリティ特性の階層構造（山形, 2024）

者評定者間の相関係数（収束的妥当性），遺伝率（次章参照）を計算し，すべてのデータセットを通じてこれらが統計的に有意であることを示した（Mõttus et al., 2019）。これは，パーソナリティ・ニュアンスが単なる測定誤差ではなく，パーソナリティの記述の最小単位として実体的な意味をもっていることを意味している。

　パーソナリティ・ニュアンスについての説明が行動指紋についての説明と類似していることに気づいた読者もいるかもしれない。両者は平均値としての特性ではなくより個別的な状況での人間のふるまいに重要性を見出している点で概念的に共通している。奇しくもパーソナリティ特性研究の進展は，パーソナリティ特性概念への批判から出てきた行動指紋と類似の概念を階層構造の最低次に見出したということができる（**図10.5**）。

C. 生物学的モデル

　ビッグファイブやHEXACOモデルは語彙アプローチに基づく研究の重要な成果であるが，その前提には「重要なパーソナリティは特性語として表現されている」という語彙仮説があることはすでに述べた。しかし，語彙仮説は真であるとは限らない。もしかすると，ビッグファイブは実際のパーソナリティのモデルではなく，人間がパーソナリティをどのように捉えているのかというパーソナリティ認知のモデルであるかもしれない。

　語彙仮説を前提とせず，人間や他の動物に共通する生物学的メカニズムに関する知見を基にパーソナリティ特性の概念化を行っているのが，パーソナ

リティの生物学的モデルである。代表的な生物学的モデルに**アイゼンク**（Eysenck, H. J.）の PEN モデルがある（**図10.6**）（Eysenck, 1983）。このモデルは，外向性（Extraversion；社交性，活発さ，衝動性など），神経症傾向（Neuroticism;不安，抑うつ，緊張など），精神病傾向（Psychoticism; 攻撃性，冷淡さ，無分別さなど）の3つの特性によりパーソナリティを説明する。特に外向性について精緻に生物学的基礎が仮定されており，外向性の個人差は，脳幹で脳内の覚醒水準を調節する上行性網様体賦活系（Ascending Reticular Nervous System：ARAS）の働きの違いにより生じるとされた。すなわち，内向的な人では ARAS の活動が高い水準にあり脳内の覚醒水準が常に高いため，外部の刺激に対する反応性が大きい一方，外向的な人は逆に脳内の覚醒水準が常に低いため，外部の刺激に対する反応性が小さい。この結果，内向的な人は外部の刺激が少ない・弱い状態を好む一方，外向的な人は逆に刺激が多い・強い状態を好むために，内向的・外向的な人の行動上の差異が生じるとされた。

生物学的アプローチのもう1つの代表例が，**グレイ**（Gray, J. A.）の強化感受性理論である（Gray & McNaughton, 2000）。グレイは，動物の学習に関する知見を基に，行動接近（賦活）系（Behavioral Approach System：BAS），行動抑制系（Behavioral Inhibition System：BIS），闘争－逃走－凍結系（Fight-Flight-Freeze System：FFFS）という3つの系によりパーソナリティをモデル化した。BAS は，報酬刺激により活性化されて報酬への接近行動を生じさせ，人間の衝動的行動の基礎となる。FFFS は，嫌悪刺激により活性化され防御・回避反応や行動の凍結を生じさせ，人間の恐怖反応の基礎となる。BIS は，BAS と FFFS が同時に活性化した際に現在の行動を抑制し，人間の不安感情の基礎となる。アイゼンクのモデルと比較すると，BAS の強さは外向性と神経症傾向の高さに，BIS の強さは外向性の低さと神経症傾向の高さにそれぞれ対応する。ただし，グレイは生物学的に妥当なのは BIS・BAS の次元であり，人間の認知においてはその組み合わせの方が認識されやすいために外向性・神経症傾向の次元が観察されるとしている（図10.6）。グレイは，3つの系それぞれについて脳科学的基盤を提案している（e.g., BAS と腹側被蓋野・側坐核などの報酬系）。

また**クロニンジャー**（Cloninger, C. R）らは，神経伝達物質と関連づけられた4つの気質（temperament）と，より後天的に形成されると仮定された3つの性格（character）からなる気質と性格の心理生物学的モデ

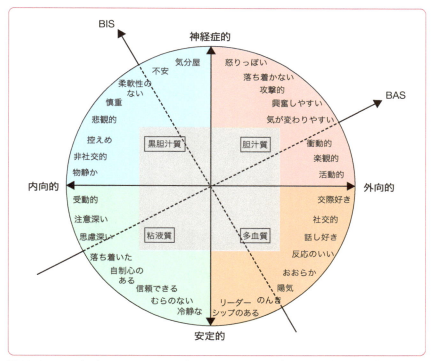

図10.6　アイゼンクのPENモデル，グレイのBIS/BAS，ガレノスの4気質の関係
（Eysenck, 1983を参考に作成）

ル（7次元モデル）を提案した（Cloninger et al., 1993）。4つの気質の
うち新奇性探求（BASに類似）はドーパミン，損害回避（BISに類似）は
セロトニンの代謝の個人差と関連するとされている。報酬依存（感傷，愛着，
依存など）はノルエピネフリン（ノルアドレナリン）の代謝の個人差と関連
するとされたが，本来は報酬依存の一部と考えられていた固執（熱心さ，野
心，完全主義など）が4つ目の気質として独立するなど，新奇性探求や損害
回避と比べると神経伝達物質との関連は支持されていない。また，3つの性
格とは自己志向性（self-directedness；責任，目的指向性，臨機応変さ
など。自己監督性），協調性（cooperativeness；寛容さ，共感，協力な
ど），自己超越性（self-transcendence；自己忘却，霊的現象の受容，超
個人的同一化）であるが，特に損害回避と自己志向性，報酬依存と協調性に
は高い相関があることが示されている（e.g., Ando et al., 2004）。

パーソナリティの生物学的基礎は，従来は本節で紹介してきたようなパーソナリティの生物学的モデルを用いて検討されることが多かった。しかし，ビッグファイブが標準的なパーソナリティモデルとして受容されるにしたがい，ビッグファイブの5つの特性についてもその生物学的基礎が盛んに検討されるようになっている（パーソナリティ神経科学）。例えば，外向性はドーパミンに作用する薬物への反応性や報酬獲得時に背内側部に生じる脳波の振幅の個人差などと関連すること，神経症傾向は安静時の拡張扁桃体の活動や前頭前野背内側皮質表面の構造，誤反応時に前部帯状回背側部に生じる脳波の振幅の個人差などと関連することが明らかにされている（De Young et al. 2022）。

　以上，特性の概念と特性論の考え方に基づくさまざまなパーソナリティモデルについて紹介してきた。しかし，紙面の制約から本章で扱えなかったトピックも多数存在する。第一に，パーソナリティ特性には膨大な数があり（e.g., 完全主義，リーダーシップ，道徳性…），社会的態度・価値観・宗教性・知能・性指向などパーソナリティ特性としては典型的ではない重要な個人差にもまた膨大な数がある。ビッグファイブやHEXACOを測定したからといってパーソナリティ特性すべてが測定できているわけではないことに注意が必要である。

　第二に，本章ではパーソナリティ特性の変化を取り上げなかった。パーソナリティ特性の階層構造は個人間差を説明するものであり，個人内の変化（個人内差）を説明するものではない。例えば，縦断的に個人ごとのビッグファイブの変化を追跡すると，5因子が独立に変化するのではなく自己へのポジティブまたはネガティブな態度という2因子で変化することが明らかにされている（Grosz, 2024）。また，このような変化のパターンは全員に共通ではなく，ある人では1因子，別の人では5因子といったように個人ごとに異なることも明らかにされている（Molenaar & Campbell, 2009）。今後，より一人ひとりの個人内の変化に着目した研究が増えることが予想される。

　第三に，パーソナリティには，特性のレベル以外に，固有の適応（一人ごとに異なる環境・文脈に応じた目標や発達課題など）や自伝的物語のレベルがある（パーソナリティの3層モデル；McAdams & Pals, 2006）。特性が誰にでも適用可能なものさしであるのに対し，固有の適応や自伝的物語は各人に特有のものであり，これらを抜きにして人間の独自性を理解すること

はできない。

　本章をきっかけにより深くパーソナリティについて学びたいと思った方は，以下の書籍を参照されたい。

〈参考書籍〉

カルドゥッチ，B. J.（著）渡邊芳之他（監訳）（2021）. カルドゥッチのパーソナリティ心理学. 福村出版.
若林明雄（2009）. パーソナリティとは何か　その概念と理論. 培風館.

〈文献〉

Allport, G. W. & Odbert, H.（1936）. Trait-names: A psycho-lexical study. *Psychological Monographs*, 47(211).

Allport, G. W.（1937）. *Personality: a psychological interpretation*. Holt.（オールポート, G. W.（著）詫摩武俊他（訳）（1982）. パーソナリティ―心理学的解釈. 新曜社）

Ando, J. et al.（2004）. Genetic and environmental structure of Cloninger's temperament and character dimensions. *Journal of Personality Disorders*, 18(4), 379-393.

Ashton, M. C. et al.（2004a）. A six-factor structure of personality-descriptive adjectives: Solutions from psycholexical studies in seven languages. *Journal of Personality and Social Psychology*, 86(2), 356-366.

Ashton, M. C. et al.（2004b）. A Hierarchical Analysis of 1,710 English Personality-Descriptive Adjectives. *Journal of Personality and Social Psychology*, 87(5), 707-721.

Ashton, M. C. et al.（2009）. Higher order factors of personality: Do they exist? *Personality and Social Psychology Review*, 13(2), 79-91.

Ashton, M. C.（2022）. *Individual differences and personality*(4th ed.). Academic Press.

Cattell, R. B.（1945）. The description of personality: Principles and findings in a factor analysis. *The American Journal of Psychology*, 58, 69-90.

Chang, L. et al.（2012）. Separating method factors and higher order traits of the Big Five: A meta-analytic multitrait-multimethod approach. *Journal of Personality and Social Psychology*, 102(2), 408-426.

Cloninger, C. R. et al.（1993）. A psychobiological model of temperament and character. *Archives of General Psychiatry*, 50(12), 975-990.

Costa, P. T., Jr. & McCrae, R. R.（1992）. *NEO PI-R professional manual*. Psychological Assessment Resources.

De Raad, B.（1998）. Five big, Big Five issues: Rationale, content, structure, status, and crosscultural assessment. *European Psychologist*, 3(2), 113-124.

DeYoung, C. G.（2006）. Higher-order factors of the Big Five in a multi-informant sample. *Journal of Personality and Social Psychology*, 91(6), 1138-1151.

DeYoung, C.G. et al.（2007）. Between facets and domains: 10 aspects of the Big Five. *Journal of Personality and Social Psychology*, 93(5), 880-896.

DeYoung, C. G. et al.（2022）. Personality Neuroscience: An Emerging Field with Bright Prospects. *Personality science*, 3, e7269.

Digman, J. M.（1997）. Higher-order factors of the big five. *Journal of Personality and Social Psychology*, 73(6), 1246-1256.

Eysenck, H. J.（1983）. Psychophysiology and personality: Extraversion, neuroticism and psychoticism. In Anthony, G. & Edwards, J. A.（Eds.）*physiological correlates of human behaviour*, Vol. 3. Academic Press. 13-30.

Fleeson, W.（2001）. Toward a structure- and process-integrated view of personality: Traits as density distributions of states. *Journal of Personality and Social Psychology*, 80(6), 1011-1027.

Fleeson, W. & Gallagher, P.（2009）. The implications of Big Five standing for the distribution of trait manifestation in behavior: Fifteen experience-sampling studies and a meta-analysis. *Journal of personality and social psychology*, 97(6), 1097-1114.

Fleeson, W. & Jayawickreme, E.(2015). Whole Trait Theory. *Journal of Research in Personality*, 56, 82-92.

Goldberg, L.(1981). Language and individual differences: The search for universals in personality lexicons. In Wheeler, L.(Ed.), *Review of Personality and Social Psychology*, Vol.2, Sage. 141-165.

Gray, J. A. & McNaughton, N.(2000). *The neuropsychology of anxiety: An enquiry into the functions of the septo-hippocampal system*. Oxford University Press.

Grosz, M. P.(2024). The factor structure of Big Five personality trait measures at the between- and within-person levels. *European Journal of Personality*, 38(4), 724-740.

Kretschmer, E.(1921). *Körperbau und charakter: Untersuchungen zum konstitutionsproblem und zur lehre von den temperamenten*. Springer.(クレッチマー, E.(著), 斎藤良象(訳)(1944). 体格と性格. 肇書房)

Lee, K. & Ashton, M. C.(2008). The HEXACO personality factors in the indigenous personality lexicons of English and 11 other languages. *Journal of Personality*, 76(5), 1001-1054.

Lee, K. & Ashton, M. C.(2018). Psychometric properties of the HEXACO-100. *Assessment*, 25(5), 543-556.

McAdams, D. P. & Pals, J. L.(2006). A new Big Five: Fundamental principles for an integrative science of personality. *American Psychologist*, 61(3), 204-217.

McCrae, R. R. & Costa, P. T.(1999). A five-factor theory of personality. In Pervin, L. A. & John, O. P.(Eds.), Handbook of personality: Theory and research (2nd ed.). *Guilford Press*. 139-153.

McCrae, R. R. & Allik, J.(Eds.). (2002). *The Five-Factor model of personality across cultures*. Kluwer Academic/Plenum Publishers.

McCrae, R. R.(2015). A more nuanced view of reliability: Specificity in the trait hierarchy. *Personality and Social Psychology Review*, 19(2), 97-112.

Mischel, W.(1968). *Personality and assessment*. Wiley.(ミッシェル, W.(著) 詫摩武俊(監訳)(1992). パーソナリティの理論：状況主義的アプローチ. 誠信書房)

Mischel, W. & Shoda, Y.(1995). A cognitive-affective system theory of personality: Reconceptualizing situations, dispositions, dynamics, and invariance in personality structure. *Psychological Review*, 102(2), 246-268.

Molenaar, P. C. M. & Campbell, C. G.(2009). The new person-specific paradigm in psychology. *Current Directions in Psychology*, 18(2), 112-117.

Mõttus, R. et al.(2019). Personality characteristics below facets: A replication and meta-analysis of cross-rater agreement, rank-order stability, heritability, and utility of personality nuances. *Journal of Personality and Social Psychology*, 117(4), e35-e50.

Musek, J.(2017). The general factor of personality. Academic Press.

Norman, W. T.(1963). Toward an adequate taxonomy of personality attributes: Replicated factor structure in peer nomination personality ratings. *The Journal of Abnormal and Social Psychology*, 66(6), 574-583.

Roberts, B. W. et al.(2007). The power of personality: The comparative validity of personality traits, socioeconomic status, and cognitive ability for predicting important life outcomes. *Perspectives on Psychological Sciences*, 2(4), 313-345.

Shoda, Y. et al. (1994). Intraindividual stability in the organization and patterning of behavior: Incorporating psychological situations into the idiographic analysis of personality. *Journal of Personality and Social Psychology*, 67(4), 674-687.

Soto, C. J. & John, O. P.(2017). The next Big Five Inventory (BFI-2): Developing and assessing a hierarchical model with 15 facets to enhance bandwidth, fidelity, and predictive power. *Journal of Personality and Social Psychology*, 113(1), 117-143.

Soto, C. J.(2019). How replicable are links between personality traits and consequential life outcomes? The life outcomes of personality replication project. *Psychological Science*, 30(5), 711-727.

Sutin, A. R. et al.(2015). Personality traits and body mass index in Asian populations. *Journal of Research in Personality*, 58, 137-142.

Tupes, E. C. & Christal, R. E.(1961). Recurrent personality factors based on trait ratings. USAF ASD Tech. Rep. No.61-97, US Air Force. (reprinted in *Journal of Personality*, 60(2), 225-251)

山形伸二（著），中谷素之他（編）（2024），学び・育ち・支えの心理学，名古屋大学出版会，23-38.

第11章 遺伝と環境

到達目標

■▶ 遺伝と環境の影響を調べる方法について説明できる
■▶ 行動遺伝学の三法則について説明できる
■▶ 遺伝子と環境の相互作用について説明できる
■▶ 遺伝の影響の意味について正しく説明できる

　「かえるの子はかえる」ということわざがある。実際，親子の身長や顔つきはよく似ていることが多いし，性格も似ているところがあると感じる人が多いであろう。この親子の類似性は，なぜ生じるのだろうか。親から子へと受け継がれた遺伝子の影響だろうか。それとも，同じものを食べたり，同じテレビ番組を見たり，親の行動を子が真似したり，といった環境の影響だろうか。

　この問いは，古くからの「氏か育ちか」（nature or nurture）の問題である。通常，この問いに答えることは非常に難しい。なぜなら，親子の例のように，多くの場合遺伝と環境の影響は混在しており，切り離すことができないからである。本章では，この困難を乗り越えて遺伝と環境の影響について研究する行動遺伝学の方法，特に双生児法について解説する。そして，この方法により得られた代表的知見を紹介し，遺伝子と環境の相互作用について解説する。さらに，近年の分子遺伝学的研究に得られた知見を紹介し，最後に，遺伝の影響の意味についての解釈上の注意点を述べる。

11.1節 遺伝と環境の影響を調べるには

A. 別々に育てられた一卵性双生児

　1940年，アメリカ・オハイオ州のある家庭で，一卵性双生児のきょうだいが生まれた。きょうだいは生後4週間でLewis家とSpringer家という別々の家庭に預けられ，偶然二人ともJimと名づけられた。二人のJimはふたごのきょうだいがいることは知らされていたものの，互いの所在を知る機

会のないまま成長した。39歳の時，二人のJimは初めて出会った。彼らの容姿は驚くほどよく似ており，身長は180cm，体重は80kgだった。しかし，似ていたのはそれだけではなかった。

二人はともに二度結婚し，一人目の妻の名はともにLinda，二人目の妻の名はともにBettyであった。Jim LewisにはJames Alanという名の，Jim SpringerにはJames Allanという名の息子がいた。二人はともにToyという名の犬を飼っていた。どちらもSalemという銘柄のタバコを吸い，ビールはMiller Liteを飲み，片頭痛もちで，爪を噛む癖があった。どちらもロマンチストで，家の中に妻への愛のメッセージを書きつける癖があった。そして，二人に知能検査やパーソナリティ検査を受けさせてみたところ，その結果は同一人物が二度続けて同じ検査を受けた場合と同程度によく似ていた（Segal, 2000）。

別々に育てられた一卵性双生児のきょうだいは，遺伝子を100％共有しているものの，環境は共有していない。二人に類似性がみられるとすれば，それは遺伝の影響，あるいは単なる偶然で説明されることになる。しかし，このような1つのエピソードではどこまでが遺伝の影響で，どこまでが偶然の影響なのかを明らかにすることはできない。

そこで，行動遺伝学では，別々に育てられた一卵性双生児のきょうだいを多数募集し，さまざまな特性についてのきょうだいの相関係数を調べる研究を行う。表11.1は，外向性についての結果である（Loehlin, 1992）。4ヶ国すべてで，きょうだい間には正の相関があることから，外向性には遺伝の影響があることがわかる。一方，相関係数の値は完全な一致である$r = 1.0$とはほど遠いことから，環境の影響も重要であることがわかる。

表11.1　別々に育てられた一卵性双生児きょうだいの相関係数（外向性）

	ペア数	相関係数（r）
フィンランド	30	.38
スウェーデン	95	.30
アメリカ	44	.34
イギリス	42	.61

（Loehlin（1992）を基に作成）

B. 古典的双生児法：一卵性と二卵性のきょうだいを比較する

　別々に育てられた一卵性双生児のきょうだいを対象とする研究は，遺伝と環境の影響について極めて強力で直観的に理解しやすい証拠を提供するものの，そのようなきょうだいの数が少ないため募集が困難であり，推定の精確さという点で限界がある。代わりに行動遺伝学でよく用いられるのが，同一家庭に育った一卵性双生児と二卵性双生児のきょうだいの類似度を比較する方法である（古典的双生児法）。一卵性双生児の出産はどの国でもおよそ1000回に4回（Imaizumi, 2003），二卵性双生児の出産は国や不妊治療の影響で変動するものの，現在の日本では1000回に6〜7回程度であるため（今泉，2017），十分な数の調査協力者を得ることができる。

　一卵性双生児のきょうだいは，同一受精卵が2つに分かれる結果生まれる。このため，遺伝情報を原則として100％共有している。一方，二卵性双生児のきょうだいは，2つの別の卵子が同時に受精して育った結果生まれる。いわば同時に生まれたきょうだいであり，親由来の遺伝情報を平均的に50％共有している。したがって，ある特性のきょうだいの類似度について調べた時，一卵性の方が二卵性よりもよく似ているならば，その差は一卵性の方が遺伝的によく似ていること（100％ vs. 50％）によって説明されると考えられる。一方，もしある特性について，卵性にかかわらずきょうだいがよく似ているならば，その類似性は遺伝ではなく，同一家庭に育つことによる環境の影響（共有環境という）によって説明されると考えられる。もしある特性について，そもそも一卵性双生児のきょうだいすら似ていないならば，その「非」類似性は，遺伝や共有環境ではなく，個々人が独自に経験する環境や偶然の影響（非共有環境という）によって説明されると考えられる。

　以下，具体的な数値例に基づいて遺伝，共有環境，非共有環境の影響を推定してみることとする。双生児の体重について調査を行った結果，きょうだいの相関が一卵性で$r = 0.7$，二卵性で$r = 0.4$だったとする。まず，一卵性のきょうだいの類似性は，遺伝子を100％共有することの影響と，共有環境の影響の合計であると考えられる。今，遺伝の影響をA，共有環境の影響をCとすると，

$$0.7 = A + C \tag{1}$$

となる。一方，二卵性のきょうだいの類似性は，遺伝子を50％共有することの影響と共有環境の影響の合計であると考えられる。つまり，

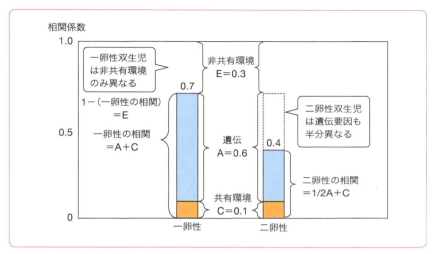

相関係数

一卵性双生児は非共有環境のみ異なる

1−（一卵性の相関）＝E

一卵性の相関＝A＋C

非共有環境 E＝0.3

遺伝 A＝0.6

共有環境 C＝0.1

二卵性双生児は遺伝要因も半分異なる

二卵性の相関＝1/2A＋C

一卵性　二卵性

図11.1　古典的双生児法による遺伝率の推定の例

$$0.4 = 0.5A + C \qquad (2)$$

となる。最後に，一卵性のきょうだいの非類似性（$1.0 - 0.7$）は，非共有環境の影響である。この影響をEとすると，

$$1.0 - 0.7 = E \qquad (3)$$

となる。すると，変数が3つ，方程式が3つであるから，A，C，Eそれぞれの値を連立方程式により求めることができる。この場合，$A = 0.6$，$C = 0.1$，$E = 0.3$となる（**図11.1**）。このうち，遺伝の影響による説明率Aのことを遺伝率と呼ぶ。

　なお，本章では推定方法の詳細には触れないが，遺伝の影響には相加的遺伝と非相加的遺伝の2種類がある。前者は，個々の対立遺伝子のもつ主効果の総和であり，後者は，一組の対立遺伝子の交互作用（e.g., エンドウマメの丸・しわの形状の顕性遺伝等）や，異なる遺伝子座における2つの遺伝的個人差の交互作用効果の総和である。前者の影響による個人差の説明率は狭義の遺伝率，前者と後者を合わせた説明率は広義の遺伝率と呼ばれる。

A. 行動遺伝学の三法則

　では，これまでの行動遺伝学の研究により，何が明らかにされているだろうか。**図11.2**は，古典的双生児法を用いてビッグファイブの遺伝率を推定したメタ分析の結果である（Kandler & Papendick, 2017）。比較のため，身長（Jelenkovic et al., 2016），知能（Haworth et al., 2010），幸福感（Nes & Røysamb, 2015），統合失調症の易罹患性（Sullivan et al., 2003），ビッグファイブの測定を自己報告と他者報告を組み合わせて信頼性を高めた場合の遺伝率（Kandler et al., 2010）も示してある。身長（76％）や統合失調症の易罹患性（81％）が相対的に高い遺伝率を示すのに対し，パーソナリティ（自己報告等，情報源が1つの場合。測定誤差による補正なし）の遺伝率はおよそ40〜50％である。しかし，他者報告を含む

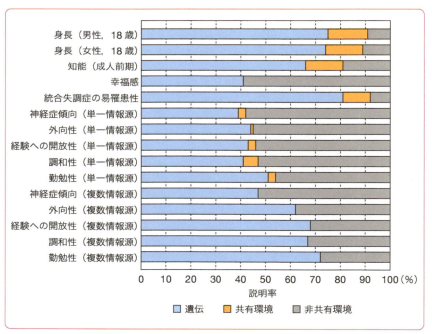

図11.2　さまざまな個人差にみられる遺伝と環境の影響
パーソナリティ（単一情報源）の神経症傾向，経験への開放性，勤勉性への共有環境の影響については，Kandler & Papenback（2017）の本文中に0.01〜0.06の間であると書かれているものの，具体的な数値の記載はない。ここでは，仮にすべて0.03としてグラフを作成した。

複数の情報源を用いることで測定の信頼性を高めた場合には遺伝率は高くなり（最も高い勤勉性で72％），成人期前期の知能（66％）と同程度となる。また，一般に環境の影響を受けて大きく変動すると考えられている幸福感も41％の遺伝率を示す。遺伝の影響はこのほか，価値観（Schermer et al., 2011）や宗教性（Koenig et al., 2005），政治的態度（Kandler et al., 2015），結婚や離婚等のライフイベントの経験しやすさ（Jerskey et al., 2010; Kendler & Baker, 2007），DNAのエピジェネティックな変化（メチル化；Reynolds et al., 2020）等，あらゆる個人差についてみられることが明らかにされている（メタ分析としてPolderman et al., 2015）。

　タークハイマー（Turkheimer, E.）は，さまざまな個人差について一貫してみられる行動遺伝学の知見を要約し，行動遺伝学の三法則と名づけた（Turkheimer, 2000）。3つの法則とは，（1）すべての人間の行動特性には遺伝の影響がある，（2）同一家庭に育つことの影響は遺伝子の影響より小さい，（3）人間の複雑な行動特性の個人差のかなりの部分が遺伝子と家庭の影響では説明できない，である。この三法則に示されるとおり，行動遺伝学の知見は，遺伝と環境の両方の重要性を明らかにしている点に注意が必要である。また，環境の影響の中では共有環境よりも非共有環境の方が重要であることも示している。その意味で行動遺伝学は，遺伝の影響について明らかにすると同時に，環境の影響についても明らかにする「行動環境学」であるといえる。

B. 遺伝率の発達的変化

　遺伝の影響は発達を通じてどのように変化するだろうか。直観的には，出生直後に遺伝の影響が最も大きく，その後発達を通じてさまざまな経験をすることで環境の影響が次第に大きくなるように思われるが，はたして本当にそうだろうか。

　図11.3はビッグファイブのすべての特性の遺伝率の発達的変化を検討したメタ分析の結果である（Kandler & Papendick, 2017）。パーソナリティの遺伝率は発達を通じておよそ40～60％であり，成人期以降若干減少する傾向にあるものの，大きな変化はない。このことは，遺伝要因は概ねパーソナリティの安定性に寄与し，環境要因はパーソナリティの変化に寄与すること，ただし主にその変化は持続的・累積的というよりも一時的なものであることを示唆している。

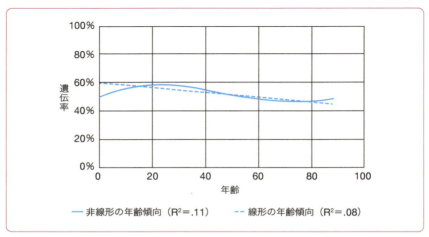

図11.3　パーソナリティの遺伝率の発達的変化
注：Kandler & Papendick（2017；Figure 29.3）より抜粋・改変。遺伝率は測定誤差の影響を修正後の値。

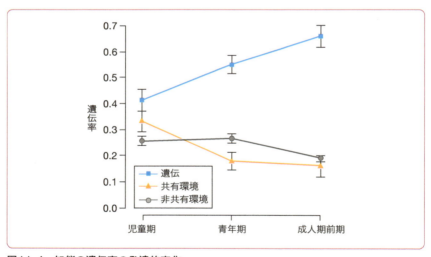

図11.4　知能の遺伝率の発達的変化
Note. Haworth et al.（2010；Figure 1）を改変

　図11.4は，知能の遺伝率の発達的変化を検討したメタ分析の結果である（Haworth et al., 2010）。知能の場合，児童期においては相対的に共有環境の影響が強くみられるものの，発達に伴ってこの影響は遺伝の影響に取って変わられていく。結果として，パーソナリティと異なり，知能の遺伝率は

発達を通じて次第に高くなっていくことがわかる。

この反直観的な傾向が生じる理由は明らかになっていないものの，いくつかの理由が考えられる。ひとつには，年齢や発達段階に特異的に生じる遺伝の影響の存在である（遺伝的革新）。遺伝の影響は，遺伝情報が原則として生涯不変であることから，発達を通じて不変であると誤解されやすい。しかし，第二次性徴や老化の個人差を考えればわかるように，遺伝の影響の中には特定の発達段階になって初めて顕在化するものがあり，この変化はそれ以前の発達段階からは予測できない（e.g., 中年期に男性が薄毛になるかどうかは児童期の毛髪量からはわからない）。この遺伝的革新が知能についても生じている可能性がある（e.g., Davis et al., 2009）。

別の可能性として，発達早期に知能に影響を与えていたのと同じ遺伝要因が，発達を通じてより大きな影響を与えるようになる可能性が考えられる（遺伝的増幅）。遺伝的個人差が十分に発揮されるのに一定の脳の成熟が必要となる場合や，遺伝的個人差に基づいて人が環境を選び（能動的遺伝－環境相関。次節参照），その環境が知能に影響を与える場合にこのような現象が生じ得る。青年期までの知能に関する縦断的な行動遺伝学的研究のメタ分析においては，遺伝率の増大は発達の早期ほど遺伝的革新によって，年齢が上がるにつれ次第に遺伝的増幅によって説明されることが明らかにされている（Briley & Tucker-Drob, 2013）。

11.3節 ‖ 遺伝子と環境の相互作用

前節まで，遺伝子と環境の相対的な影響力の指標である遺伝率とその発達的変化について，主にパーソナリティや知能に関する知見を紹介してきた。これらの知見を大きくまとめれば，生得主義（遺伝子決定論）も経験主義（環境決定論）も誤りであり，遺伝と環境は加算的に影響して心理・行動的個人差を生み出しているとする見方（輻輳説；Stern, 1910）を支持しているといえる。

しかし，遺伝子と環境はさまざまな形で相互作用しているために，両者の影響は単純な足し算で表現できるようなものではないのではないか（相互作用説）。そう考えた賢明な読者がいれば，その考えは以下のように整理することができる。

A. 普遍性と個人差

　まず，個人差ではなく，人間に普遍的な発達を考える場合，遺伝と環境は常に相互作用しているため，いずれか一方の効果は意味をなさない。例えば，通常，人間は言語を話す。このことには，人間に言語を習得するための遺伝的メカニズムが備わっていることと，出生後一定の年齢までに適当な量の言語に触れることの両方が必要である。この時，「人間が言語を話すことは，60％が遺伝の影響である」等と表現することはできない。

　しかし，個人差を考える場合にはそうではない。例えば，言語能力には個人差があり，ある人は母国語の語彙が他の人より多かったり少なかったりする。この個人差には，遺伝子の違いに由来する脳機能の個人差も影響しているだろうし，どのような言語環境で育ったか（例えば，親に絵本の読み聞かせをどれくらいしてもらったか）という生育環境の個人差も影響しているだろう。この時，「観察される個人差は，遺伝要因の個人差と環境要因の個人差のどちらによってよりよく説明されるか」という問いには意味がある。

B. 遺伝－環境相関

　ただし，個人差について考える場合にも，遺伝と環境の相互作用は重要な現象である。遺伝－環境相関とは，特定の遺伝的特徴をもった個人が，特定の環境を経験しやすいことをいう。これには受動的，誘発的，能動的の3つの種類がある。

　受動的遺伝－環境相関とは，子が親から遺伝的特徴を受け継ぐと同時に，親の遺伝的特徴を反映した家庭環境をも経験することをいう。例えば，音楽的才能がある程度遺伝する場合，子は親から音楽的才能に影響を与える遺伝子を部分的に受け継ぐと同時に，親の音楽的才能を反映したさまざまな環境（家庭における楽器の有無や音楽についての会話など）を経験する。この時，子の音楽的才能と家庭環境の音楽的特徴の間にみられる相関が受動的遺伝－環境相関である。これは一種の疑似相関であるため，家庭環境への介入（e.g., 家庭に楽器を置く）が子の音楽的才能に影響を与えることを示唆しない点に注意が必要である。

　誘発的遺伝－環境相関とは，個人が自身の遺伝的特徴に基づいて他者からの反応を引き出すことをいう。音楽的才能の例ならば，才能に恵まれた子は親や教師の目にとまり，多くの音楽的な働きかけを受けたり，音楽の習い事を勧められたりする。この時，子の音楽的才能と周囲の働きかけとの間にみ

られる相関が誘発的遺伝－環境相関である。

　能動的遺伝－環境相関とは，個人が自身の遺伝的特徴に基づいて自ら環境を選択したり調節したりすることをいう。音楽的才能の例ならば，才能に恵まれた子は自ら長い時間音楽を聴いたり，音楽を好む友人を積極的に選んだりすることがあり得る。この時，子の音楽的才能と本人の選んだ環境との相関が能動的遺伝－環境相関である。

　すでに触れた，ライフイベントの経験しやすさにみられる遺伝の影響は，能動的あるいは誘発的遺伝－環境相関を反映している。また，誘発的・能動的に経験した環境が本人の特性に影響を与える場合，この影響は遺伝の影響の推定値に含まれることに注意が必要である。前節で紹介した知能の遺伝率の発達に伴う増大は，遺伝的に知能の高い人が誘発的・能動的に経験する知的な環境がさらに知能を高めるという再帰的プロセスによって説明される可能性がある。

C. 遺伝－環境交互作用

　別の種類の遺伝と環境の相互作用に，遺伝－環境交互作用がある。これは，遺伝子の影響のあり方が環境条件によって異なること，または環境の影響のあり方が本人の遺伝的特徴によって異なることをいう。例えば，ローズ（Rose, R. J.）らは，都市部では田舎よりも飲酒量の個人差に与える遺伝の影響がより強く，共有環境の影響が弱いことを見出した（Rose et al., 2001）。田舎では家庭や地域の規範，飲食店へのアクセスなどが飲酒量に影響を与え，本来個人がもっている遺伝的特徴が発揮されにくいのに対し，都市部においてはそのような制約が少ないためであると考えられる。

　また，カスピ（Caspi, A.）らは，神経伝達物質の代謝に関わるモノアミン酸化酵素Ａ（MAOA）の遺伝型を分子遺伝学的手法により直接測定したうえで，この遺伝型と子ども時代の虐待経験が男性の反社会的行動の発達に与える影響を検討した（Caspi et al., 2002）。そして，MAOAの活性の低い遺伝型をもつ男性が虐待を経験した場合に劇的に反社会的行動を発達させやすくなるという交互作用を明らかにしている。

　遺伝－環境交互作用は，精神病理や精神病理学における素因ストレスモデル（脆弱性をもつ人が引き金となるストレスを経験することで精神病理を発症する。Monroe & Simons, 1991）の基礎となるものである。しかし，遺伝－環境交互作用の重要性は，精神病理の発達の理解にとどまるものでは

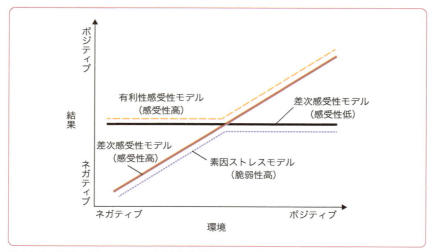

図11.5　素因ストレスモデル, 有利性感受性モデル, 差次感受性モデル
Note. Bakermans-Kranenburg & van Ijzendoorn（2015；Figure 1）を改変。

ない（**図11.5**；Bakermans-Kranenburg & van IJzendoorn, 2015）。素因ストレスモデルは, 特性とネガティブな環境要因の交互作用がネガティブな結果をもたらす現象についてのものである。しかし, 特性とポジティブな環境要因の交互作用がポジティブな結果をもたらすこともあり得る（有利性（vantage）感受性モデル；Pluess & Belsky, 2013）。さらに, 環境がネガティブであればネガティブな結果を, ポジティブであればポジティブな結果をもたらすといった, ネガティブ・ポジティブを問わない環境への敏感さも存在し得る（差次感受性；Belsky & Pluess, 2009）。実際に, 子どものネガティブ情動性や感覚処理感受性の高さが差次感受性に相当する可能性が指摘されている（Slagt et al., 2016）。分子遺伝学的に差次感受性に相当する遺伝子セットを特定する試みもなされており（e.g., Keers et al., 2016）, 今後ますます遺伝と環境の複雑な交互作用が明らかにされることが期待される（14.1節参照）。

11.4節　分子遺伝学的研究の展開

　これまで, 主に双生児研究の成果を中心にパーソナリティへの遺伝の影響について紹介してきた。本節では, ゲノム上の個々の遺伝的個人差を直接調

べ，その心理・行動的特性との関連を検討する分子遺伝学的研究から得られた知見を紹介する。

A. 遺伝的個人差とは何か

まず，遺伝の生物学的基礎について確認する。遺伝は，親から子へとDNA（デオキシリボ核酸）が受け継がれることにより生じる。DNAは4つの塩基（アデニン，チミン，グアニン，シトシン）が対をなした二重螺旋の鎖の形状をしており，人間の場合，両親に由来する23対の染色体に分かれて存在する。23対の染色体は約30億の塩基対から構成され，このすべての遺伝情報のことをゲノムと呼ぶ（厳密には，これを核ゲノムと呼ぶ。母親に由来するミトコンドリアDNAのすべての情報をミトコンドリアゲノムと呼び，核ゲノムと合わせてゲノムと呼ぶ）。DNAのうち，タンパク質をコードする等の生物学的機能をもつ配列部分を遺伝子と呼び，人間は約2万のタンパク質コード遺伝子をもつ（Nurk et al., 2022）。例えるなら，ゲノムは23巻，2万の項目，30億の文字からなる百科事典といえる。

現存する地球上の生物は共通祖先から進化したものであり，進化の過程で最近分岐した近縁の種ほど遺伝的に類似している。例えば，人間の遺伝子はチンパンジーと99％同一であり，ネズミとも85％同一である。人間という同一種内の赤の他人を比較した場合，遺伝的類似性はより高く，塩基配列は99.9％同一である。したがって，人間の個人差に与える遺伝の影響を調べるということは，この0.1％の遺伝的個人差のもつ影響を調べるということである。

B. 候補遺伝子アプローチ

第10章で取り上げたクロニンジャーのモデルでは，ドーパミンやセロトニン等の神経伝達物質が気質に影響を与えていることが仮定されていた。この場合，神経伝達物質の代謝に影響を与える特定の遺伝子の個人差（遺伝子多型）を候補として選び，それと気質の関連を調べることで，モデルの妥当性を検討することができる。このようなアプローチを候補遺伝子アプローチと呼ぶ。

パーソナリティと候補遺伝子の関連が初めて報告されたのは1996年のことである。クロニンジャーの仮定どおり，新奇性探求はドーパミン受容体の遺伝子多型と（Ebstein et al., 1996），損害回避はセロトニントランス

ポーターの遺伝子多型と関連すること（Lesch et al, 1996）が報告された。この後，パーソナリティに関して多くの候補遺伝子との関連が報告された。しかし，その結果は一貫せず，最初に報告された2つの候補遺伝子関するメタ分析においても，関連がみられないか，極めて小さな効果しかみられていない（He et al., 2018; Minelli et al., 2011）。

C. ゲノムワイド関連解析（GWAS）

遺伝子解析技術の進展に伴い，候補遺伝子の効果を1つずつ調べるのではなく，一塩基多型（Single Nucleotide Polymorphism: SNP）を基にゲノム上の数十万～数百万の遺伝的個人差の効果を一度に調べることが可能となった。これをゲノムワイド関連解析（Genome-Wide Association Study: GWAS）と呼ぶ。

ビッグファイブについての10万人以上を対象としたGWASのメタ分析では，外向性が4つ，神経症傾向が2つのSNPと関連することが明らかになったが，個々のSNPの分散説明率は0.01～0.04％だった（Lo et al., 2017）。GWASでは，ゲノム全体の情報を用いて分子遺伝学的な遺伝率を計算することが可能であるが（SNP遺伝率），ローらが約60,000人のデータを基に計算したSNP遺伝率は4～18％であった（Lo et al., 2017）。40万人以上のデータを用いてGWASを行った研究（Nagel et al., 2018）は，神経症傾向が9,745のSNPと関連することを見出したものの，SNP遺伝率は10％であった。また，GWASで関連性のみられたSNPを得点化したものであるポリジェニックスコアの説明率は4％程度であった。

これらGWASの結果は，遺伝の影響が微小な効果をもつ極めて多数の遺伝的個人差の結果生じていることを示している。また，双生児法に基づく遺伝率と比べ，分子遺伝学的方法に基づく遺伝率が低くなっていることがわかる。この現象は「失われた遺伝率」と呼ばれ，極めて稀な遺伝的個人差の影響や遺伝子の組み合わせの影響をはじめ，さまざまな説明が考えられている。ただし，近年になり方法的水準が上がるほどSNP遺伝率やポリジェニックスコアの説明率は上がっていることから（e.g., ポリジェニックスコアは学歴（教育年数）の分散の12～16％を説明する；Okbay et al., 2022），この遺伝率の乖離は次第に縮小していくと推測される。

11.5節 | 遺伝の影響の意味を正しく解釈する

　以上，パーソナリティをはじめとするさまざまな個人差にみられる遺伝と環境の影響について解説してきた。最後に，遺伝率や遺伝の影響を解釈するうえでの注意点を述べる。

A. 遺伝率と可変性

　遺伝率が100％に近い特性が仮にあったとして，その事実は，その特性が変化しないことを意味するわけではない。第一に，その特性は遺伝的理由によって変化し得る。すなわち，遺伝的革新が生じる場合，特定の発達段階になってはじめて影響を与える遺伝子の存在により，その発達段階に至るまでに経験した環境の影響とは無関係にその特性に変化が生じる。

　第二に，その特性は環境の影響によっても変化し得る。遺伝率は，特定の集団において「現に存在する」遺伝子と環境の分散を所与とした場合に，全分散のうちどの程度が遺伝子の分散によるかを表す指標である。したがって，集団における遺伝子プール（これは，短期的には大きく変化しない）と環境の分散に変化があれば，遺伝率の値も変わってくる。例えば，全国統一の学習指導要領がなくなり，各学校がまちまちの教育を行うようになれば，学力についての環境分散が大きくなる。この場合，全分散に占める遺伝分散の比率を表す遺伝率は結果として低くなる。また，遺伝率の推定を行った時点で存在しなかった革新的な教授法が開発され，その教授法が学力を高める効果をもつことは，遺伝率が100％であることと矛盾しない。さらに，能動的・誘発的遺伝－環境相関により遺伝の影響に含まれている環境の影響や，特定の遺伝子をもつ場合にのみ環境の影響を受けるといった遺伝－環境交互作用の存在も，遺伝率の高さと変化しにくさを同一視できない理由である。

B. 遺伝率と集団間の平均値差

　すでに紹介した通り，知能には比較的高い遺伝率がみられる。一方で，アメリカの白人と黒人の間には知能の平均値に差のあることが報告されている（Dickens & Flynn, 2006）。このことから，白人と黒人の知能の平均値の違いは遺伝の影響で生じているといえるだろうか。

　答えは否である。遺伝率は，特定の集団について観察された分散に占める遺伝分散の比率であるため，白人・黒人それぞれについて推定された遺伝率

はその平均値差には示唆をもたない。例えば、平均的にアメリカの黒人家庭は白人家庭よりも貧しく、黒人は白人からのさまざまな差別を受けネガティブなステレオタイプにさらされているため（e.g., Chou et al., 2012）、それらが自尊心の低下や精神的健康の悪化などを通じてアメリカ黒人全体の知能の平均値を押し下げている可能性がある。実際に、アメリカの黒人と白人の知能の平均値差は1972年から2002年の間に約5.5点縮まったが（Dickens & Flynn, 2006）、このような短期間の変化は遺伝の影響では説明がつかない。知能以外のさまざまな特性の人種間の差や性差についても、各集団で遺伝率がみられる＝集団間の平均値差も遺伝で説明できる、ではないことを十分に認識する必要がある。

C. 遺伝の影響と当為（べき）の判断

　人間のさまざまな個人差や集団間差への遺伝の影響を大きく見積もる傾向は、社会的不平等・経済的格差の容認と関連することが報告されている（Cheung et al., 2021; Suhay & Jayaratne, 2013）。この背後には「能力に遺伝の影響があるなら、その結果として経済的格差が生じるのは当然だから、政府が介入する必要はない」といった「論理」があると考えられる。

　しかし、この論理は合理的とはいえない。「事実に関する命題（『〜である』）から、直接的に当為や価値に関する命題（『〜べき』）は導けない」というルールは、哲学者ヒュームの叙述に由来することから「ヒュームの法則」と呼ばれる。また、哲学者ムーアが最初に使用した「自然主義的誤謬」という語は、このルールへの違反の意味で用いられることがある。この意味で、上記の論理はヒュームの法則に違反し、自然主義的誤謬を犯していることになる。

　遺伝の影響があるという事実からは多様な当為が導かれ得る。例えば、ある政治哲学的立場（リベラリズム）は、生まれつきの才能の違いは「道徳的に正当化できないくじ引き」であり、才能に恵まれた人が無条件にその才能から生じる利益を自分のものにすることは道徳的に許容されないと考える（Rawls, 1999）。一方、別の立場（リバタリアニズムの一部）は、個人が労働や才能から生み出した成果の所有権を不可侵の権利と考えるため、利益の再分配を認めない（Mazor & Vallentyne, 2018）。このように、遺伝の影響の存在から安易に当為を導くことでヒュームの法則に反しないように気をつける必要がある。さらには、その表裏一体の誤りとして、当為（自分

のもつ特定の価値観や政治的立場）からそれに都合のよい事実認識（遺伝の影響は強い，ない等）を導くことのないように気をつけなければならない。

本章では，パーソナリティにみられる遺伝と環境の影響について，主に行動遺伝学的知見に基づいて解説した。本章をきっかけにより深く遺伝と環境の影響について学びたいと思った方は，以下の書籍を参照されたい。

〈参考書籍〉
安藤寿康（2014）. 遺伝と環境の心理学：人間行動遺伝学入門. 培風館.
山形伸二・高橋雄介（編）. 安藤寿康（監修）（2023）. パーソナリティ（ふたご研究シリーズ第2巻）. 創元社.

〈文献〉
Bakermans-Kranenburg, M. J. & van IJzendoorn, M. H. (2015). The hidden efficacy of interventions: Gene×environment experiments from a differential susceptibility perspective. *Annual Review of Psychology*, 66, 381-409.

Belsky, J. & Pluess, M. (2009). Beyond diathesis stress: Differential susceptibility to environmental influences. *Psychological Bulletin*, 135(6), 885-908.

Briley, D. A. & Tucker-Drob, E. M. (2013). Explaining the increasing heritability of cognitive ability across development: a meta-analysis of longitudinal twin and adoption studies. *Psychological Science*, 24(9), 1704-1713.

Caspi, A. et al. (2002). Role of genotype in the cycle of violence in maltreated children. *Science*, 297(5582), 851-854.

Cheung, B. Y. et al. (2021). The role of genetic essentialism and genetics knowledge in support for eugenics and genetically modified foods. *PloS ONE*, 16(9), e0257954.

Chou, T. et al. (2012). Perception of racial discrimination and psychopathology across three U.S. ethnic minority groups. *Cultural Diversity and Ethnic Minority Psychology*, 18(1), 74-81.

Davis, O. S. et al. (2009). Dramatic increase in heritability of cognitive development from early to middle childhood. *Psychological Science*, 20(10), 1301-1308.

Dickens, W. T. & Flynn, J. R. (2006). Black Americans reduce the racial IQ gap: Evidence from standardization samples. *Psychological Science*, 17(10), 913-920.

Ebstein, R. P. et al. (1996). Dopamine D4 receptor (D4DR) exon III polymorphism associated with the human personality trait of Novelty Seeking. *Nature Genetics*, 12(1), 78-80.

Haworth, C. M. et al. (2010). The heritability of general cognitive ability increases linearly from childhood to young adulthood. *Molecular Psychiatry*, 15(11), 1112-1120.

He, Y. et al. (2018). Candidate genes for novelty-seeking: A meta-analysis of association studies of DRD4 exon III and COMT Val158Met. *Psychiatric Genetics*, 28(6), 97-109.

Imaizumi, Y. (2003). A comparative study of zygotic twinning and triplet rates in eight countries, 1972-1999. *Journal of Biosocial Science*, 35(2), 287-302.

今泉洋子（2017）. 卵性別ふたご出産率, 死産率, 乳児死亡率の年次推移とこれらの率に影響を及ぼす要因―1995〜2008年―. 厚生の指標, 64(1), 16-23.

Jelenkovic, A. et al. (2016). Genetic and environmental influences on height from infancy to early adulthood: An individual-based pooled analysis of 45 twin cohorts. *Scientific Reports*, 6, 28496.

Jerskey, B. A. et al. (2010). Marriage and divorce: A genetic perspective. *Personality and Individual Differences*, 49(5), 473-478.

Kandler, C. et al. (2010). Sources of variance in personality facets: A multiple-rater twin study of self-peer, peer-peer, and self-self (dis)agreement. *Journal of Personality*, 78 (5), 1565-1594.

Kandler, C. et al.(2015). Genetic foundations of attitude formation. *Emerging trends in the social and behavioral sciences*. Wiley.

Kandler, C. & Papendick, M.(2017). Behavior genetics and personality development: A methodological and meta-analytic review. In Specht, J.(Ed.), Personality development across the lifespan. *Elsevier Academic Press*. 473-495.

Keers, R. et al.(2016). A genome-wide test of the differential susceptibility hypothesis reveals a genetic predictor of differential response to psychological treatments for child anxiety disorders. *Psychotherapy and Psychosomatics*, 85(3), 146-158.

Kendler, K. S. & Baker, J. H.(2007). Genetic influences on measures of the environment: A systematic review. *Psychological Medicine*, 37(5), 615-626.

Koenig, L. B. et al.(2005). Genetic and environmental influences on religiousness: findings for retrospective and current religiousness ratings. *Journal of Personality*, 73(2), 471-488.

Lesch, K. P. et al.(1996). Association of anxiety-related traits with a polymorphism in the serotonin transporter gene regulatory region. *Science*, 274(5292), 1527-1531.

Lo, M. T. et al.(2017). Genome-wide analyses for personality traits identify six genomic loci and show correlations with psychiatric disorders. *Nature Genetics*, 49(1), 152-156.

Loehlin, J. C.(1992). *Genes and environment in personality development*. Sage.

Mazor, J. & Vallentyne, P.(2018). Libertarianism, left and right. In Olsaretti, S.(Ed.) The Oxford Handbook of Distributive Justice. *Oxford University Press*. 129-151.

Minelli, A. et al.(2011). The influence of psychiatric screening in healthy populations selection: A new study and meta-analysis of functional 5-HTTLPR and rs25531 polymorphisms and anxiety-related personality traits. *BMC Psychiatry*, 11, 50.

Monroe, S. M. & Simons, A. D.(1991). Diathesis-stress theories in the context of life stress research: Implications for the depressive disorders. *Psychological Bulletin*, 110 (3), 406-425.

Nagel, M. et al.(2018). Meta-analysis of genome-wide association studies for neuroticism in 449,484 individuals identifies novel genetic loci and pathways. *Nature Genetics*, 50 (7), 920-927.

Nes, R. B. & Røysamb, E.(2015). The heritability of subjective well-being: Review and meta-analysis. In Pluess, M.(Ed.), *Genetics of psychological well-being*. Oxford University Press.

Nurk, S. et al.(2022). The complete sequence of a human genome. *Science*, 376(6588), 44-53.

Okbay, A. et al.(2022). Polygenic prediction of educational attainment within and between families from genome-wide association analyses in 3 million individuals. *Nature Genetics*, 54(4), 437-449.

Pluess, M. & Belsky, J.(2013). Vantage sensitivity: Individual differences in response to positive experiences. *Psychological Bulletin*, 139(4), 901-916.

Polderman, T. J. et al.(2015). Meta-analysis of the heritability of human traits based on fifty years of twin studies. *Nature Genetics*, 47(7), 702-709.

Rawls, J.(1999). *A theory of justice: Revised edition*. Harvard University Press.(ロールズ, J.(著) 川本隆史他(訳)(2010). 正義論 紀伊國屋書店)

Reynolds, C. A. et al.(2020). A decade of epigenetic change in aging twins: Genetic and environmental contributions to longitudinal DNA methylation. *Aging Cell*, 19(8), e13197.

Rose, R. J. et al.(2001). Gene-environment interaction in patterns of adolescent drinking: Regional residency moderates longitudinal influences on alcohol use. *Alcoholism: Clinical and Experimental Research*, 25(5), 637-643.

Schermer, J. A. et al.(2011). A behavior genetic study of the connection between social values and personality. Twin Research and Human Genetics, 14(3), 233-239.

Segal, N. (2000). *Entwined Lives: Twins and What They Tell Us about Human Behavior*. Plume.

Slagt, M. et al. (2016). Differences in sensitivity to parenting depending on child temperament: A meta-analysis. *Psychological Bulletin*, 142(10), 1068-1110.

Stern, W. (1910). Abstracts of lectures on the psychology of testimony and on the study of individuality. *The American Journal of Psychology*, 21(2), 270-282.

Suhay, E. & Jayaratne, T. E. (2013). Does biology justify ideology? The politics of genetic attribution. *Public Opinion Quarterly*, 77(2), 497-521.

Sullivan, P. F. et al. (2003). Schizophrenia as a complex trait: Evidence from a meta-analysis of twin studies. *Archives of General Psychiatry*, 60(12), 1187-1192.

Turkheimer, E. (2000). Three laws of behavior genetics and what they mean. *Current Directions in Psychological Science*, 9(5), 160-164.

第12章 パーソナリティの発達（1）新生児期〜児童期

到達目標

- フロイトとエリクソンの人格発達の理論についてそれぞれ説明できる
- 発達早期の気質（テンペラメント）に関するトーマスらの理論とロスバートの理論についてそれぞれ説明できる
- パーソナリティの発達における変化と安定性について説明できる
- マーラーの分離・個体化理論について説明できる
- スターンの自己感の形成プロセスについて説明できる
- ハリスの集団社会化理論について説明できる

　幼少期におとなしかった子どもは，大人になっても物静かな人柄のままなのだろうか。あるいは，活発な子ども時代を過ごした人は，活動的で快活な大人へと成長するのだろうか。個人のパーソナリティは，ある程度の安定した一貫性をもつものとして知られている。一方で，長期的な視点で見てみると，生物学的な成熟やさまざまな環境要因との相互作用の中で，少なからず変化を遂げていくものであるともいえる。「その人らしさ」は，生涯にわたってどのように発達していくのだろうか。本章では，新生児期から児童期までのパーソナリティの発達に焦点を当てる。

12.1節 パーソナリティの発達と発達段階理論

　パーソナリティの発達に関する近年の知見を総合すると，個人のパーソナリティを形作るさまざまな特性は，数十年にわたる時間の経過や生活環境の変化に対しても安定性を示すものである。同時に，その特性が幼少期から老年期のすべてにわたって同一の水準であり続けることや，同年代の他者と比較した時にまったく同じ位置にとどまり続けることは非常に考えにくいことも知られる（Specht, 2017）。変化の程度や速度には個人差があるものの，パーソナリティは生涯にわたって発達していくものとして捉えることができる。

　人の発達のプロセスを，いくつかのまとまった時期の特徴ごとに区切って

表12.1　フロイトの心理性的発達段階

口唇期	誕生〜1歳半頃	母乳を吸うことをはじめ, 口唇を使って吸うという行為を通して環境との交流をはかる時期
肛門期	1歳半〜3, 4歳頃	排泄のしつけによって我慢するということを覚え, 排泄のコントロールができることに満足を得る時期
男根期	3, 4歳頃〜5, 6歳頃	性別に対する意識が芽生え, 異性の親に関心をもち, 同性の親に対する対抗心が生じる時期
潜伏期	5, 6歳頃〜11, 12歳頃	一時的にリビドーが抑えられ, 社会規範の獲得や学習などに関心が向けられる時期
性器期	12歳頃以降	各段階で発達してきたリビドーが統合されるとともに, リビドーが他者にも向けられ, 性器を中心として性欲の満足を求める時期

記述したものを発達段階（developmental stage）と呼ぶ。パーソナリティの発達について概観するにあたり, はじめに主要な発達段階理論の視点から見ていく。

A. フロイトの心理性的発達理論

　パーソナリティの形成において発達早期の経験が重要であることを唱えたのが, フロイト（Freud, S.）の心理性的発達理論である。フロイトは, 性衝動（リビドー）に対する満足や不満足の経験のしかたが, パーソナリティの形成において重要な役割を果たしていることを主張した。子どもは, 発達に伴い身体の特定の部位に対する関心を高め, 性的な快感を得ることでリビドーを満たそうとする。正常なプロセスによってリビドーが満たされることが, パーソナリティの形成に重要な要因であると考えられたのである。フロイトは, ①口唇期, ②肛門期, ③男根期, ④潜伏期, ⑤性器期の5つの発達段階を提唱した（表12.1）。

　リビドーが各発達段階において適切に満たされない場合, その時期にとどまり続けてしまう（固着してしまう）こととなり, 健全なパーソナリティの形成が実現しないとされる。発達早期からの経験が, パーソナリティの適応的な発達において重要な役割を果たすことを指摘した理論である。

B. エリクソンの心理社会的発達理論

　フロイトが子どもの発達を性的な性質のものとして扱ったのに対して, 心

老年期 （65歳～）								統合性 対 絶望、嫌悪 希望
壮年期 （35～ 65歳）							生産性 対 停滞 世話	→
成人前期 （21～ 35歳）						親密さ 対 孤立 愛		
青年期 （13～ 21歳）					同一性 対 同一性混乱 忠誠			
学童期 （6～ 13歳）				勤勉性 対 劣等感 適格				→
幼児後期 （2～6歳）			自主性 対 罪悪感 目的					→
幼児前期 （1～2歳）		自律性 対 恥、疑惑 意志						→
乳児期 （0～1歳）	基本的信頼 対 基本的不信 希望							→

図12.1　エリクソンによる発達の漸成説（大山, 2015を基に作成）
各発達段階に含まれる上段の項目は「危機」を，下段の項目は「発達課題」を示す。

理社会的な性質であることを強調したのが**エリクソン**（Erikson, E. H.）である。エリクソンは，誕生から死に至るまでのプロセスにおける社会的・身体的・精神的変化を意味するライフサイクルの視点から人間の発達を捉えた。エリクソンの心理社会的発達理論に基づく発達の漸成説（Erikson, 1959）では，人間の一生を8つの段階に分け，その段階ごとに直面する心理・社会的な危機や発達課題などを分類した（**図12.1**）。

　各発達段階で直面する心理・社会的な危機を乗り越え，発達課題を達成することにより，次の発達段階へと移行することができる。逆に，各段階における発達課題が適切に達成されなければ，健全な心身の発達や適応のさまたげとなってしまう可能性がある。エリクソンは，このような危機を乗り越え課題を達成していくプロセスの中で，パーソナリティの発達が進んでいくと

考えた。

　発達段階に関する理論を提唱したのは，フロイトやエリクソンのみに限らない。パーソナリティの形成に関連する発達段階をどのように区切り，どのように定義づけるかについては，さまざまな立場や分類がみられる。いずれの理論を依拠するにあたっても，生涯にわたるプロセスの中で，パーソナリティは少なからず変化を伴いながら発達を遂げていくものとして捉えられる。

　各発達段階の中でも，新生児期から児童期までの発達の早い時期は，パーソナリティの可変性が特に高く，一人ひとりの「その人らしさ」を築いていくうえで重要な時期であるといえる。発達早期の健全なパーソナリティは，心身の健康，良好な対人関係，教育的・職業的成功といった成人期のポジティブなアウトカム（発達的結果）を予測する要因であることも裏づけられている（Hampson, 2008；Shiner, 2000；Shiner et al., 2003）。

12.2節　発達早期からの個人差と気質

A. 新生児における個人差

　生まれて間もない新生児であっても，まったく同じ子どもは一人として存在せず，個性をもった人間として捉えることができる。生涯にわたる発達のスタート地点である新生児期において，一人ひとりの行動や反応の個人差を客観的に測定することはできるのだろうか。

　ブラゼルトン（Brazelton, T.）は，新生児の神経行動発達を自律神経系，状態系，運動系，注意／相互作用系に分類して評価する**ブラゼルトン新生児行動評価尺度**を開発した（Brazelton, 1973）。この尺度は，①慣れ反応，②相互作用，③運動，④状態の組織化，⑤状態調整，⑥自律神経系の安定，⑦誘発反応の7つの群（クラスター）によって構成されており，新生児の神経行動発達の特徴を把握することができる（**表12.2**）。生後数日の子どもであっても，行動の評価によって算出される得点は一人ひとり異なっている。発達のきわめて初期においても行動や反応の個人差が存在していることが確認できる。

B. 人格発達の基盤となる気質（テンペラメント）

　乳児期の子どもであっても，怒りっぽく荒々しい子どももいれば，比較的静かでおとなしい子どももいる。あるいは，激しく泣き続けやすく，なだめ

表12.2　ブラゼルトン新生児行動評価

慣れ反応	睡眠中の侵害刺激に対して、その刺激を抑制し、睡眠を維持する能力
方位反応	覚醒時の敏活性の性質と視聴覚刺激に対する注意／集中と反応性
運動	自発運動の成熟性と質（運動範囲や運動の円滑性、運動パターンなど）
状態の幅	検査過程での意識状態の変化状況
状態の調整	自己鎮静などのように興奮状態からの調整能力
自律神経系の調整	自律神経系に対するストレスの徴候（振戦、驚愕反応、皮膚色の変化など）
誘発反応	誘発反応項目（原始反射、筋緊張など）に対する異常反応

（穐山ら、2001を参考に作成）

表12.3　気質に含まれる特徴

1	感情、活動、注意、感覚の敏感さの領域に関する通常の行動の個人差である
2	一般的に、反応の強度、潜時、持続時間、閾値、回復時間などの形式的な特性で表現される
3	生後、数年間に発現する（乳児期に部分的に発現し、就学前までに完全に発現する）
4	霊長類や特定の社会性哺乳類（イヌなど）にも、気質に対応するものが存在する
5	複雑ではあるが、生物学的メカニズムと密接に関連している
6	比較的永続的で、概念的に一貫した結果を予測する

（Zentner & Bates, 2008を基に作成）

ることが難しい子どももいる。一人ひとりの行動の個人差は、発達初期の子どもにおいても十分に観察されるものである。

　このような生後間もないうちに現れ、ある程度の期間持続する行動の個人差のことを**気質**（temperament, テンペラメント）と呼ぶ。気質は、主に体質的に規定される先天的なものであり、生得的な遺伝要因の違いによる影響が大きいとされる。「持って生まれた性分」であるといえるだろう。人は生まれながらの気質を基盤としながら、生物学的な成熟や周囲の環境との相互作用を重ねていく中で、各々に独自のパーソナリティを築いていく。生物学的メカニズムとの関連の強さ以外にも、気質にはいくつかの特徴がみられる（**表12.3**）。

　生得的な要因の影響を強く受けて発達初期から現れる気質という名の個人差は、その後のパーソナリティ形成の基盤となり、環境要因との相互作用を

表12.4　トーマスらによる気質の9次元

活動水準	身体運動の活発さ
周期の規則性	睡眠・排泄などの身体機能の規則正しさ
接近／回避	新しい刺激に対する最初の反応
順応性	環境変化に対する慣れやすさ
反応強度	泣く，笑うなどの反応の現れ方の激しさ
敏感さ	反応の閾値
気分の質	親和的行動・非親和的行動の頻度
気の散りやすさ	外的な刺激による行動の妨害されやすさ
注意の持続性と固執性	特定の行動の持続性

くり返しながら発達を遂げていく。

C. 気質への帰納的なアプローチ

　気質には，さまざまな分類の仕方がみられる。気質の分類における区分として，実際に収集された事実から一般的・普遍的な規則や法則を見出そうとする**帰納的なアプローチ**（e.g., Kagan & Fox, 2006）と一般的・普遍的な理論主導型の**演繹的なアプローチ**（e.g., Rothbart & Bates, 2006）が挙げられる。

　帰納的なアプローチによる古典的な気質の分類として，**トーマス**（Thomas, A.）らによる9次元が挙げられる。ニューヨーク縦断研究を行ったトーマスらは，生後2～3ヶ月の乳児をもつ親への面接調査により，子どもの気質が9つの次元で捉えられることを見出した（Thomas et al., 1963）（**表12.4**）。そして，これらの9つの次元の各得点の分布は，個人を区別するのに十分なほどのばらつきがあったことを報告している。

　さらに，トーマスらは，縦断研究を進めていく中で，これら9つの気質の水準の組み合わせによって，**扱いやすい子ども**（easy children），**扱いにくい子ども**（difficult children），**出だしに時間がかかる子ども**（slow-to-warm-up children）に分けられることを提唱した（Thomas et al, 1968）。トーマスらの報告によれば，各タイプの割合は，扱いやすい子どもが全体の約40％，扱いにくい子どもが全体の約10％，出だしに時間がかかる子どもが全体の約15％を占め，残りの約35％は，いずれのタイプにも当てはまらない平均的な子として捉えることができる（**表12.5**）。また，

表12.5　気質による子どものタイプの分類

育てやすい子ども（easy children）	扱いにくい子ども（difficult children）	出だしに時間がかかる子ども（slow-to-warm-up children）
全体の約40％	全体の約10％	全体の約15％
日常リズムが規則的で，新しい環境に慣れやすく機嫌が良いことが多い	日常リズムが不規則で慣れない環境に不適応的であり，機嫌が悪くなりやすい	新しい環境に慣れるのに時間がかかり，ゆっくりと適応的になっていく

チェスとトーマスは，**適合の良さ**（good ness of fit）という概念を提案し，同じ気質をもった子どもであっても，子どもを取り巻く環境要因の違いによって異なる発達の道すじをたどっていくことを説明した（Chess & Thoms, 2013）。

また，**ケーガン**（Kagan, J.）は，生後4ヶ月の乳児にさまざまな刺激を与えて反応を観察する縦断研究によって，子どもの気質について検討した。その結果，見慣れない視覚や聴覚などの刺激の出現に対して，最小限の運動や泣きの反応を示す「低反応」の子どもが存在する一方で，激しく泣いたり手足を動かしたりする「高反応」を示す子どもたちがいることを見出している（Kagan & Snid-man, 2004）。

D. 気質への演繹的なアプローチ

帰納的なアプローチに対して，理論的な背景に基づき気質の次元を演繹的に特定しようと試みた研究者もみられる。**バス**（Buss, A.）と**プロミン**（Plomin, R.）は，子どもの気質は遺伝要因の関わりが大きく，その後のパーソナリティの発達に対してつながりのある（連続性のある）ものであると捉えた（Buss & Plomin, 1975）。そして，否定的な感情の強さや苦痛への反応のしやすさである「情動性」，活動の活発さや外に向かうエネルギーの強さである「活動性」，他者といることを好み他者と関わろうとする傾向である「社交性」の3つの側面を気質の次元として定義した。

表12.6　ロスバートらによる気質の3次元

外向性・高潮性 （surgency/extraversion）	否定的情動性 （negative affectivity）	エフォートフル・ コントロール （effortful control）
刺激の強さを好んだり楽しいことに期待して興奮するなど	悲しみや恐れを表したり，他者との関わりで不安を示すなど	自発的／意図的注意や行動を調整する傾向

　ゴールドスミス（Goldsmith, H. H.）と**キャンポス**（Campos, J. J.）は，気質とは，基本的な情動の経験や表出における個人差であると説明している（Goldsmith & Campos, 1982）。そして，怒り，恐れ，快，興味のそれぞれの情動の経験や表出ならびに活動水準における個人差を気質として捉えた。活動水準とは，情動が喚起される程度の個人差を示す。

　気質を理解する枠組みとして現代において広く用いられているのが，**ロスバート**（Rothbart, M. K.）らによる見解である。ロスバートらは，気質とは，「反応性」と「自己制御」に関する体質的な個人差であり，情動，活動性，注意といった領域で観察されるものであると定義した（Rothbart & Posner, 2006）。反応性とは，環境の変化に対して個人が示す反応の特徴である。また，自己制御とは，自分自身の行動を意図的に制御する能力である。加えて，ロスバートらは気質を構成する次元として，**外向性・高潮性，否定的情動性，エフォートフル・コントロール**の3つの次元を提唱した（**表12.6**）。

　そのほかにも，クロニンジャーらは，4つの「気質」と3つの「性格」により構成される7次元のパーソナリティ理論（7次元モデル）を提唱しており（Cloninger et al., 1993），そのうち気質に含まれるのは，新奇性追求，損害回避，報酬依存，固執の4次元である（10章参照）。各気質は神経伝達物質の働きにより現れるものであり，新奇性追求はドーパミン，損害回避はセロトニン，報酬依存はノルアドレナリンとの対応が想定されている。これらの気質は，性格と比べて生得的な遺伝要因の影響が強く，発達早期から形成されるものであると考えられている。

　気質の定義や分類にはさまざまな立場がみられるが，いずれの見解においても共通して，生得的な遺伝要因による影響の大きさが強調されている。一方で，子どもの行動や反応の個人差は，先天的な体質のみにより規定されるものではない。気質は，さまざまな環境要因との相互作用の中で変化や安定

化を続けていくことで，その人自身のパーソナリティの形成へとつながって
いくのである。

12.3節 ┃ 気質からパーソナリティの発達へ

　発達早期からの個人差である気質を基盤としながら，子どものパーソナリ
ティは形成されていく。気質は，その後のパーソナリティの発達に対してど
のような関連を示すのだろうか。ここでは，パーソナリティの発達における
「変わる」ことと「変わらない」こと，すなわち**「変化」**と**「安定性」**につ
いてみていく。

A. パーソナリティの発達における変化と安定性

　これまでみてきたとおり，人のパーソナリティには可変性があり，多かれ
少なかれ生涯にわたって発達していくものである。新生児期から幼児期，児
童期，そしてその先にまで続くパーソナリティ発達の軌跡を捉えていくうえ
で，変化と安定性への着目は重要な視点である。

　パーソナリティの発達における変化と安定性について，集団レベルで考え
てみる際に，2つの視点に立つことができる。1つ目は，集団内での**順位の
安定性**（rank-order stability）である。これは，同一の年齢集団におけ
る個々人のパーソナリティ特性の順位が，発達に伴ってどれくらい変化する
のか／しないのかということである。2つ目は，集団ごとの**平均値の変化**
（mean-level change）である。これは，あるパーソナリティ特性の集団
における平均値が発達に伴ってどの程度変化するのか／しないのかというこ
とである（**表12.7**）。順位の安定性は，集団内での相対的な変化を捉える
視点であり，平均値の変化は，集団ごとの絶対的な変化を捉える視点である。
平均値の変化については，例えば，加齢とともに調和性や誠実性が上昇し，

表12.7　パーソナリティ発達における変化と安定性の集団レベルでの視点

順位の安定性 rank-order stability	平均値の変化 mean-level change
例：小学1年生の時に学年で1番外向性の得点が高かったAさんは，20年後も同じメンバーの中で1番外向性が高い？	例：小学1年生の集団の外向性得点の平均値と30歳の集団の外向性得点の平均値はどれくらい異なる？

神経症傾向が下降する傾向にあることが知られている。すなわち，パーソナリティは加齢に伴って社会的に望ましい方向へと発達を遂げていく傾向にあり，このことは成熟化の原則（maturity principle）と呼ばれる。このような成熟化が起こる理由として，遺伝学的な要因の影響に加え，年齢を重ねるにつれて周囲から要求される役割に応えようとすることでパーソナリティが変化するという社会的投資仮説（Roberts et al., 2005）も指摘されている。

　パーソナリティの発達は，集団レベルだけでなく，個人レベルでも捉えることもできる。個人のパーソナリティのプロフィールがどの程度変化するのか／しないのかという視点や，発達に伴う得点の変化が個人によってどの程度異なるのかという視点からもパーソナリティの変化と安定性を検証することができる。さらに，発達のプロセスの中でパーソナリティの因子構造がどの程度変化する／しないのかという一貫性に着目することもできる（Roberts et al., 2008）。

B. 気質の変化と安定性

　発達早期の個人差である気質は，どの程度の変化と安定性を示すのだろうか。乳児の気質について，活動性のレベル，微笑みと笑い，恐れ，制限された時の負の情動の表出，なだめやすさ，注意の持続という6次元（Rothbart, 1981）の安定性についてみてみよう（**表12.8**）。表中のすべての相関係数が正の値を示していることから，先の月齢時点でパーソナリティ特性のある側面の得点が高い子どもは，その後の月齢時点においてもその得点が

表12.8　乳児期における気質の安定性（Laersen & Buss, 2017を基に作成）

	月齢					
	3-6ヶ月	3-9ヶ月	3-12ヶ月	6-9ヶ月	6-12ヶ月	9-12ヶ月
活動性のレベル	.58	.48	.48	.56	.60	.68
微笑みと笑い	.55	.55	.57	.67	.72	.72
恐れ	.27	.15	.06	.43	.37	.61
制限されたときの負の情動の表出	.23	.18	.25	.57	.61	.65
なだめやすさ	.30	.37	.41	.50	.39	.29
注意の持続	.36	.35	.11	.62	.34	.64

高い傾向にあるといえる。また，活動性のレベル，微笑みと笑いは他の次元と比べて相関係数が高い傾向にあるように，気質の次元によって安定性の程度には差があることも見て取ることができる。さらに，乳児期の初期（3〜6ヶ月）に比べると，乳児期の後期（9〜12ヶ月）の方が相関係数が高く，パーソナリティの各側面の得点は安定する傾向にあることもわかる。

C. 気質とパーソナリティ特性との関連

　発達早期の気質とその後のパーソナリティの発達との間には，つながりがみられることが明らかにされてきた。パーソナリティ特性の主要なモデルであるビッグファイブの5因子に対して，気質がどのように関連しているのかについてみてみると，高潮性は外向性に，否定的情動性は神経症傾向に，エフォートフル・コントロールは誠実性に関連することが知られている（Shiner, 2015）。そのほかにも，気質に含まれる各次元が，その後のパーソナリティ特性の各次元との間に対応関係を示すことが指摘されてきた（**図12.2**）。気質とパーソナリティとの間にはある程度のつながりがあり，幼少期の気質を基盤としながら，生涯にわたるパーソナリティの発達が広がって

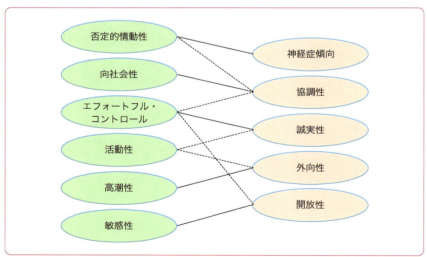

図12.2　気質とビッグファイブパーソナリティとの関連（Herzhoff et al., 2017を基に作成）
左側は気質の主な次元，右側はビッグファイブパーソナリティの5次元を示す。実線は明確な気質と性格の類似性を示し，破線は既存の文献で報告されてきた相関性を示す。

いくといえる。なお，気質とパーソナリティのいずれについても，分類の仕方にはさまざまな立場や見解があり，また発達早期の気質と後のパーソナリティとの対応は絶対的なものではなく，あくまで個人差があることには留意が必要である。

D. パーソナリティの変化と安定性

　幼児期から児童期までのパーソナリティの変化と安定性についてみてみると，いくつかの研究結果が報告されている。子どもの2歳から15歳までのパーソナリティの発達を追跡した縦断研究では，典型的な子どもは，発達に伴い外向性が低くなり，調和性が高くなり，誠実性が高くなることが確認されている（Lamb et al., 2002）。このような発達に伴う変化の理由として，例えば，誠実性の高まりについては，教育というシステムの中で課される要求によって，子どもがより誠実性を高めていく可能性が示唆されている（Lamb et al., 2002）。パーソナリティの発達は文化や時代背景の影響も受けるものであり，このような変化の傾向が一概にみられるとは結論づけられないものの，幼児期から児童期の子どものパーソナリティは集団レベルでも少なからず変化を遂げるものであるといえる。

　また，幼児期からの個人のパーソナリティの安定性については，2〜3歳，3〜6歳，6〜8歳，8〜15歳という各期間の中でのパーソナリティ特性は安定しているものの，2歳〜15歳というきわめて長い期間を通しての子どものパーソナリティの安定性は低いことが報告されている（Lamb et al., 2002）。また，2歳，3〜5歳，6〜10歳のパーソナリティの安定性について，2歳から3〜5歳の安定性はあまり高くない（相関係数は平均して.35程度）であるのに対して，3〜5歳から6〜10歳の安定性は高い（相関係数は平均して.60以上）ことが明らかになっている（Neppl et al., 2010）。幼児期初期のパーソナリティの安定性は緩やかなものであり，やがて児童期に向けてその安定性は徐々に上昇していく傾向にあると考えられる。

12.4節 ┃ パーソナリティの発達と「自己」と「他者」

　パーソナリティの形成において重要な要素である「自己」に対する感覚や意識は，発達に伴いどのように変化していくのだろうか。あるいは，「自己」に対する「他者」の存在は，パーソナリティの発達においてどのような影響

をもたらすのだろうか。ここでは，発達早期から児童期における「自己」および「他者」とパーソナリティの発達についてみていく。

A. 分離・個体化理論

　自分自身のパーソナリティと目の前の他者のパーソナリティが必ずしも一致しないということは，自明の理であるだろう。そもそも人間は，いつどのように，自分と他者が異なる存在であることを認識できるようになるのだろうか。

　マーラー（Mahler, M. S.）は，乳幼児が母親と自分自身との区別がつかない状態から，いかにして自己と他者を区別し，他者とは異なる存在として発達していくのかについて研究を行った。そして，そのプロセスを分離・個体化理論（separation-individuation theory）としてまとめた。

　生後数週間の新生児は，自分の内部と外部，あるいは自己と他者の識別をもたずに生きている。「正常な自閉段階」と呼ばれるこの時期の子どもでは，他者を伴う心理的な欲求ではなく，食欲や睡眠欲といった生理的な欲求が優勢である。生後2〜5ヶ月頃の子どもは，自分の内部と外部を区別できるようになりはじめるものの，自己と他者の区別はいまだ難しい。「共生段階」と呼ばれるこの時期の子どもは，母親との間に母子一体感を抱いて生きている。生後5ヶ月頃以降の子どもは，「分離・個体化段階」と呼ばれる発達を経ていく中で，次第に他者とは異なる自己を確立していく。この分離・個体化段階は，さらに4つの下位段階に分けることができる（**表12.9**）。

　分離・個体化のプロセスは，後のパーソナリティ発達に影響するとの見方がある。例えば，**マスターソン**（Masterson, J.）によれば，分離・個体化段階において見捨てられ不安が適切に解消されないことが，後のボーダーラインパーソナリティ症のリスクとなりうることが指摘されている（Masterson, 1976）。

B. 自己感の発達

　生まれて間もない乳児期から，自己と他者は未分化なものではなく，何らかの自己に関する感覚をもっており，外界に能動的に関わる存在であるとする理論もみられる。

　スターン（Stern, D. N.）は，私が「私」として今ここに生きている感覚のことを自己感（sense of self）と定義づけた。そして，この自己感が

表12.9　マーラーの分離・個体化段階

段階	時期	特徴
分化期	5〜9ヶ月	自己と他者，見慣れた人と見知らぬ人の区別がつくようになり，人見知り反応が見られる
練習期	9〜14ヶ月	身体的発達が進み，母親から一時的に離れて周囲を探索し，また母親の元に戻る様子が見られるようになる。母親が安全基地として機能している
最接近期	14〜24ヶ月	一人で行動できる範囲が広がり，身体的には母親との分離意識が高まる一方で，心理的には依存対象である母親を強く求め，分離不安や見捨てられ不安を感じる
個体化の確立と情緒的対象恒常性の萌芽期	24〜36ヶ月	母親と一緒にいなくても母親に関する安定したイメージを心の中で抱くことができるようになり，親離れが進んでいき，自己が確立されていく

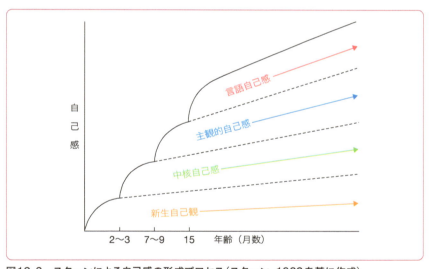

図12.3　スターンによる自己感の形成プロセス（スターン，1989を基に作成）

形成されるプロセスを，4つの段階に分けて捉えている（**図12.3**）。

　新生自己感は，生まれてから2ヶ月頃までの段階を指す。乳児は生まれた直後からさまざまな感覚器官を使いながら環境からの情報を取り入れ，それらの関連性を学んでいく。一貫した自己の感覚はまだ備わっておらず，徐々に自己としてのまとまりが浮かび上がってくる時期である。

中核自己感は，2ヶ月から6ヶ月頃までの段階を指す。自分の身体が他者の体とは別の存在であることを理解し，他者とともにある自己という感覚も生じる。単一で一貫した存在としての自己の感覚をもつことができるようになる。

主観的自己感は，7〜9ヶ月頃から15ヶ月頃までの段階を指す。乳児は，自分自身の心の動きを認知できるようになり，他者も同じように心をもつ存在であることを理解する。そして，他者とさまざまな内的な主観的体験を共有できるようになる。乳児が表出した情動を養育者が共有し，それを別のかたちで表出し返す交流である「情動調律」は，この時期の自己感の発達において重要な役割を果たす。

言語的自己感は，15ヶ月頃以降の発達段階における自己感を指す。言語が発達し，自分の体験を言語を通して他者と共有できるようになる。自己を客観視することや，象徴を用いること（ごっこ遊び等）ができるようになる。一方で，体験のすべてを言語化できるわけではなく，言語的自己感と他の自己感での体験との間にずれが生じることも指摘されている。

スターンが考えた自己感の形成プロセスの4段階の特徴は，発達の段階が進むことで前段階の自己感が消失して新たな自己感へと置き換えられるのではなく，一度獲得した自己感は生涯にわたり続き，その上に新たな自己感が地層のように積み重なっていくものとして捉えたことである。

C. パーソナリティの発達と愛着理論

生得的な要因の影響が強い気質がパーソナリティ形成の基盤となることはこれまでにみてきたとおりであるが，パーソナリティは遺伝要因だけでなく環境要因の影響も受けながら発達を遂げていく。環境要因の中には，「他者」との対人関係も含まれる。パーソナリティ発達への影響が想定される環境要因は，子どもが直接関わる家庭や学校での対人関係といった身近なものから，自然環境や社会文化的要因といった規模の大きなものまで多様である（**表12.10**）。

乳幼児期の子どものパーソナリティ発達に重要な環境として，養育者に関連する要因は欠かすことができない。養育者と子どもとの関係の中でも，特に養育者との間の安定した**愛着**が結ばれることは，パーソナリティをはじめ子どもの適応的な心理・社会的発達において重要な要因である。

エインズワース（Ainsworth, M.）は，乳幼児とその養育者との相互作

表12.10　パーソナリティの発達に影響を与える環境要因

1	養育者のパーソナリティ	さまざまな特性次元での養育者自身のパーソナリティの特徴
2	養育者の精神的健康度	ストレスの程度や心身の疾患への罹患など
3	養育方法	授乳形態，スキンシップの方法や頻度，離乳やトイレット・トレーニングの時期や方法，睡眠・食事・清潔・着衣などの基本的生活習慣の獲得のさせ方，規則や道徳などの社会的ルールの獲得のさせ方，子どもの感情表現などに関するしつけ方など
4	養育態度や養育行動	養育方法を実施する際や日常的な子どもとのコミュニケーションの際に親が示す態度や行動。具体的な行動の頻度や内容，養育スタイルが権威的／権威主義的／甘やかし／拒否的のいずれか，態度の一貫性や矛盾の有無など
5	養育者の教育的・文化的水準	養育者の教育や教養の程度，教育観や子ども観などの信念体系など
6	家庭の社会経済的地位または社会階層	養育者の就労の有無，職種，収入，居住条件，家庭が保有する耐久消費財の種類など
7	家族構成と家族関係	核家族か多世代同居か，きょうだい数，出生順位，夫婦間や親子などの家族間での役割分担や人間関係のあり方，勢力関係など
8	仲間集団と友人関係	発達段階ごとの友人関係や仲間集団における地位や勢力関係，異性関係など
9	学校生活	学校の制度的要因，教育方法と内容，教員の資質や子どもとの関係，学級集団のあり方など
10	職業（青年期以降）	勤務先，職種，収入，職場での地位や人間関係など
11	居住地域	都市部か郊外・村落地域か，へき地（離島など）か，商工業地区か住宅地区か，新興地域か伝統的地域かなど
12	所属集団に共通するマクロな社会文化的要因	言語，宗教，マスメディア，法律，社会制度，教育制度，さまざまなステレオタイプ的価値観など
13	自然環境	地理的要因，気候的要因，環境汚染物質にさらされているかどうかなど

（菅原，2003を基に作成）

用の観察を通じて，**安全基地**（secure base）という重要な概念を愛着理論に導入した。健全な親子関係においては，親が安全基地として機能することにより，戻る場所があるという安心感をもって子どもは外の世界を探索す

表12.11　愛着スタイルの4分類

Aタイプ：回避型	母親に対して不安定で回避的な愛着をもち，母親を安全基地とした行動があまりみられない。分離場面では泣いたりぐずったりの混乱がほとんどなく，再会場面では母親から目をそらしたり避けようとする
Bタイプ：安定型	母親に対して安定した愛着をもち，母親を安全基地とした探索行動を積極的に行うことができる。分離場面では多少のぐずりや泣きなどの混乱を示すが，再会場面では積極的に身体接触を求め，容易になだめることができる
Cタイプ：アンビバレント型	母親に対して不安定で反抗的な愛着をもち，母親を安全基地とした行動があまり見られない。分離場面では激しい混乱や不安を示す。再会場面では身体接触を求める一方で，母親への怒りや攻撃も示す
Dタイプ：無秩序・無方向型	A，B，Cタイプに分類できないタイプ。行動に一貫性が見られず，接近と回避という矛盾した行動を特徴とする

ることができる。エインズワースは，この安全基地に関連する行動の観察を通じた愛着の分類方法として，ストレンジ・シチュエーション法を開発した。乳幼児と養育者との分離場面と再会場面を観察するストレンジ・シチュエーション法により，愛着のスタイルをAタイプ（回避型），Bタイプ（安定型），Cタイプ（アンビバレント型）に分類することができる。近年は，これらに加え，無秩序・無方向型のDタイプを加えた4つの分類が主流となっている（表12.11）。

　乳幼児期における安定した愛着は，子どもの情動制御，自立，社会的能力の高さといったポジティブなアウトカムとの間に正の関連を示す（Sroufe, 2005）。一方，養育者との間に安定した愛着関係を築くことができていない子どもは，内在化型の問題行動や外在化型の問題行動を起こす可能性が高くなることも指摘されている（Allen et al., 2007）。複数の研究のメタ分析においては，安定型の愛着スタイルと子どもの気質のポジティブな発達との関連や，アンビバレント型の愛着スタイルと子どもの気質のネガティブな発達との関連も報告されている（Groh et al., 2017）。養育者との愛着関係は，子どもの気質，そしてパーソナリティの発達に影響を及ぼす重要な環境要因の1つであることは明白であるだろう。

D. パーソナリティの発達と友人関係

　幼児期までの子どもの発達において，外界から自分自身を守り，身の回りの世話や心理的なケアを担ってくれる養育者との関係は，最も重要な要因であるといっても過言ではない。一方で，児童期に入り就学すると，家庭だけでなく学校で生活する時間が長くなる。学校で出会う友人や教師といった他者との関係性も，パーソナリティをはじめ子どもの心理・社会的発達に影響を及ぼす1つの要因として捉えられる。

　中でも，友人関係は子どもの発達において重要な役割を果たす。児童期の子どもにおける友人との関係性のあり方も，発達に伴い変化を遂げていくものである。例えば，一時的で壊れやすい関係性から持続的な関係性へと変化していくこと，自分の欲求を満足させるために友人を必要とする自己中心的な関係性から相互の欲求を満足させる互恵的な関係へと変化していくこと，一緒に遊ぶなどの行動的・表面的な関係性から互いに考えや感情を共有し支え合うといった共感的・人格的・内面的な関係性へと変化していくことが指摘されている（遠藤，1990）。

　友人関係とパーソナリティ発達との関連について，**ハリス**（Harris, J. R.）は，**集団社会化理論**（Group Socialization Theory）を提唱し，仲間集団が子どものパーソナリティの形成に重要な要因であることを主張した（Harris, 1995）。児童期の子どもは，養育者よりも同年代の仲間集団を同一視するようになり，自分が所属する仲間集団にふさわしいふるまいを身につけていこうとすることが，パーソナリティの形成に影響を与えることを指摘している。

　パーソナリティと友人関係との間には明確な因果関係が規定されているわけではなく，相互に影響を与え合う要因であると考えられる。児童期のパーソナリティと友人関係に関する研究において，仲間から受容されやすい子どもは情緒不安定性（ビッグファイブの神経症傾向に対応）が低く協調性が高い傾向にあり，仲間から拒絶されやすい子どもは協調性が低い傾向にあることが報告されている（Andrei et al., 2015）。また，外向性の高さが仲間集団における人気に関連することや（Wolters et al., 2014），仲間集団内での社会的地位の高さが後の外向性の高さを予測することも示されている（Ilmarinen et al., 2019）。友人関係は，児童期以降の思春期・青年期におけるパーソナリティ発達においても，重要な環境要因の1つとして働いていく。

〈文献〉

穐山富太郎他(2001). 低出生体重児における脳性麻ひ児のブラゼルトン新生児行動評価の分析. リハビリテーション医学, 38(3), 211-218.

Allen, J. P. et al.(2007). The relation of attachment security to adolescents' paternal and peer relationships, depression, and externalizing behavior. *Child Development*, 78(4), 1222-1239.

Andrei, F. et al.(2015). Social status and its link with personality dimensions, trait emotional intelligence, and scholastic achievement in children and early adolescents. *Learning and Individual Differences*, 42, 97-105.

Brazelton, T. B.(1973). *Neonatal Behavioral Assessment Scale: Clinics in Developmental Medicine*. William Heinemann Medical Books.

Buss, A. H. & Plomin, R.(1975). *A temperament theory of personality development*. Wiley-Interscience.

Chess, S. & Thomas, A.(2013). *Goodness of Fit: Clinical Applications, From Infancy Through Adult Life*. Routledge

Cloninger, C. R. et al.(1993). A psychobiological model of temperament and character. *Archives of General Psychiatry*, 50(12), 975-990.

遠藤純代(著). 武藤他(編)(1990). 発達心理学入門：乳児・幼児・児童. 東京大学出版会, 161-176.

Erikson, E. H.(1959). *Identity and the Life Cycle*. International Universities Press.

Goldsmith, H. H. & Campos, J. J.(1982). Toward a theory of infant temperament. In Emde, R. N. & Harmon, R. J.(Eds), *The Development of Attachment and Affiliative Systems*. Springer US. 161-193.

Groh, A. M. et al.(2017). Attachment and temperament in the early life course: A meta-analytic review. *Child Development*, 88(3), 770-795.

Hampson, S. E.(2008). Mechanisms by which childhood personality traits influence adult well-being. *Current Directions in Psychological Science*, 17(4), 264-268.

Harris, J. R.(1995). Where is the child's environment? A group socialization theory of development. *Psychological Review*, 102(3), 458-489.

Herzhoff, K. et al.(2017). Personality development in childhood. In Specht, J.(Ed), *Personality Development Across the Lifespan*. Academic Press. 9-23.

Ilmarinen, V. J. et al.(2019). Peer sociometric status and personality development from middle childhood to preadolescence. *European Journal of Personality*, 33(5), 606-626.

Kagan, J. & Snidman, N.(2004). *The Long Shadow of Temperament*. Harvard University Press.

Kagan, J. & Fox, N.(2006). Biology, culture, and temperamental biases. In Damon, W. & Lerner, R.(Series Eds.), Eisenberg, N.(Vol. Ed.), *Handbook of Child Psychology, Vol.3. Social, Emotional, and Personality Development* (6th ed.). Wiley. 99-166.

Laersen, R. J. & Buss, D. M.(2017). Personality dispositions over time: stability, coherence, and change. *Personality Psychology: Domains of Knowledge About Human Nature sixth edition*. McGraw-Hill College. 122-151.

Lamb, M. E. et al.(2002). Emergence and construct validation of the Big Five factors in early childhood: A longitudinal analysis of their ontogeny in Sweden. *Child Development*, 73(5), 1517-1524.

Masterson, J.(1976). *Psychotherapy of the Borderline Adult: A Developmental Approach*. Brunner.

Neppl, T. K. et al.(2010). Differential stability of temperament and personality from toddlerhood to middle childhood. *Journal of Research in Personality*, 44(3), 386-396.

大山泰宏(2015). 改訂新版人格心理学. 放送大学教育振興会, 127.

Roberts, B. W. et al.(2005). Evaluating five factor theory and social investment perspectives on personality trait development. *Journal of Research in Personality*, 39(1), 166-184.

Roberts, B. W. et al. (2008). The development of personality traits in adulthood. In John,

O. P. et al.(Eds.), *Handbook of personality: Theory and research* (3rd ed.). Guilford Press. 375-398.

Rothbart, M. K.(1981). Measurement of temperament in infancy. *Child Development*, 52 (2), 569-578.

Rothbart, M. K. & Bates, J. E.(2006). Temperament. In Eisenberg, N.(Vol. Ed.), *Handbook of Child Psychology*, Vol. 3. Wiley. 99-166.

Rothbart, M. K. & Posner, M. I.(2006). Temperament, Attention, and Developmental Psychopathology. *Developmental Psychopathology*. Vol. 2. John Wiley & Sons. 465-501.

Shiner, R. L.(2000). Linking childhood personality with adaptation: evidence for continuity and change across time into late adolescence. *Journal of Personality and Social Psychology*, 78(2), 310-325.

Shiner, R. L. et al.(2003). Childhood personality foreshadows adult personality and life outcomes two decades later. *Journal of Personality*, 71(6), 1145-1170.

Shiner, R. L.(2015). The development of temperament and personality traits in childhood and adolescence. In Mikulincer, M. et al.(Eds), APA handbook of personality and social psychology, Volume 4. *American Psychological Association*. 85-105.

Specht, J.(2017). Personality development research: State-of-the art and future directions. In Specht, J. (Ed), *Personality Development Across the Lifespan*. Academic Press. 3-6.

Sroufe, L. A.(2005). Attachment and development: A prospective, longitudinal study from birth to adulthood. *Attachment and Human Development*, 7(4), 349-367.

スターン, D. N.(著)(1989). 乳児へのアプローチと展望. 小此木啓吾・丸田俊彦(監訳). 乳児の対人世界【理論編】岩崎学術出版社, 16-41.

菅原ますみ(2003). 個性はどう育つか. 大修館書店, 137.

Thomas, A. et al.(1963). *Behavioral Individuality in Early Childhood*. New York University Press.

Thomas, A. et al.(1968). *Temperament and Behavior Disorders in Children*. Oxford University Press.

Wolters, N. et al.(2014). Behavioral, personality, and communicative predictors of acceptance and popularity in early adolescence. *The Journal of Early Adolescence*, 34(5), 585-605.

Zentner, M. & Bates, J. E.(2008). Child temperament: An integrative review of concepts, research programs, and measures. *International Journal of Developmental Science*, 2(1-2), 7-37.

第13章 パーソナリティの発達（2）
青年期〜老年期

到達目標

- 青年期におけるパーソナリティの発達について自我同一性の発達との関連から説明できる
- 成人期におけるパーソナリティの発達について，ビッグファイブの特性得点の変化から説明できる
- パーソナリティの生涯発達における変化と安定性について説明できる
- ライチャードによる高齢者のパーソナリティ類型について説明できる
- サクセスフル・エイジングとパーソナリティとの関連について説明できる

「発達」ということばを耳にすると，「子ども」のイメージを思い浮かべる人も少なくないだろう。しかしながら，「発達」とは生涯にわたる変化のプロセスであり，パーソナリティの発達も，乳幼児期から児童期を経て，青年期，成人期，そして老年期へと途切れることなく続いていくものとして捉えることができる。青年期以降，進学や卒業，社会に出て働くこと，家庭を築くこと，そして社会的活動から退くことといった人生におけるさまざまなライフイベントに直面する中で，人々のパーソナリティはどのような発達の道すじをたどっていくのだろうか。本章では，青年期から老年期までのパーソナリティの発達に焦点を当てる。

13.1節 青年期におけるパーソナリティ発達

青年期が何歳で始まり何歳で終わるという明確な共通の定義は存在しておらず，立場や文脈によってその期間や捉え方には差が見られる。青年期を意味するadolescenceの語源が，ラテン語の「ad（〜に向かって）」と「alescere（成熟した状態）」にあるように，青年期は身体的・心理的な成熟が進み，パーソナリティをはじめ「自己」への関心が高まる時期である。青年期の特徴を示す表現として，ルソーによる「第二の誕生」や，ホールによる「疾風怒濤の時代」が広く知られている。心身の不安定な変化に直面しながらも，自我意識や社会的意識の発達が進んでいく，まさに子どもから大

人へと変わりゆく節目の発達段階であるといえる。

A. 自己への関心の高まり

　青年期の中でも，第２次性徴の開始から18歳頃までの青年前期・中期にあたる時期は**思春期**として捉えられる。思春期を意味するpubertyの語源が，ラテン語の「pubes（性毛）」にあるように，思春期においては第２次性徴による身体的変化が強調されることが多い。しかしながら，著しい身体的成長や性的成熟だけでなく，心理的な側面についても，子どもから大人へと移行していくはざまで大きく揺れ動く時期である。青年期と同様に思春期についても，何歳で始まり何歳で終わるという明確な共通の定義が存在しているわけではない。その期間や現れ方については，個人差が大きいことに留意が必要である。

　近年では，思春期における心身の著しい変化が始まる前の予兆が見られる助走段階として，小学校中学年頃の時期を**前思春期**として捉える見方も広まってきた。前思春期には，自己に対する関心が高まり，自我の覚醒のめざめが見られる。前思春期から思春期にかけて，自分が自分に対してもつイメージである自己概念や自己像が顕著な発達をみせる。自己と他者を比較することや，現実の自己と理想の自己との差異を意識することで，とまどいや葛藤に直面することも少なくはない。

　自己像の不安定さは，時に，健全なパーソナリティ発達を阻害するリスク要因となりうる。例えば，パーソナリティ症群に含まれる一疾患であるボーダーラインパーソナリティ症（borderline personality disorder：BPD，DSM-5までは境界性パーソナリティ障害）は，自己像や対人関係，感情などの不安定さと著しい衝動性を特徴としており，著明で持続的に不安定な自己像や自己意識が診断基準の１つとして挙げられる（DSM-5-TR, 2022）。

B. 青年期における自我同一性

　エリクソンの心理社会的発達理論に基づく発達の漸成説において，青年期の心理・社会的な発達課題は「同一性　対　同一性混乱」とされている。**自我同一性**とは，「自分が自分である」という感覚であり，アイデンティティ（identity）と呼ばれることも多い。

　エリクソンによれば，自我同一性（アイデンティティ）の感覚とは，「内的な斉一性と連続性を維持しようとする個人の能力と，他者に対する自己の

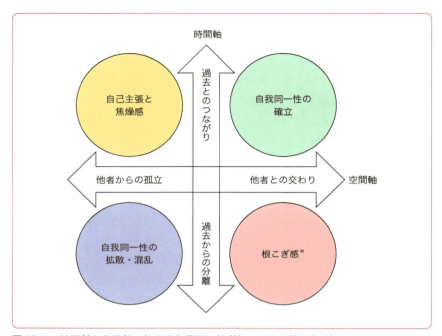

図13.1　時間軸と空間軸で捉える自我同一性（鑪，1990を基に作成）
*根こぎ感：どこにも根付いておらず，根こぎにされた（自分の「根」を引き抜かれた，「根」をもたない）という感覚。

意味の斉一性，連続性とが一致したときに生じる自信」を意味する。斉一性とは，自分自身をまとまりのある不変な同一の存在として認識していることであり，連続性とは，過去，現在，未来という時間の流れの中でも自分自身という存在が安定していることを示す。エリクソンによれば，時間軸と空間軸という2つの軸によって自我同一性を捉えることができる。時間軸は過去とのつながりの程度，空間軸は他者との交わりの程度を現し，これらの軸で区切られる4つの象限の自我同一性が示されている（**図13.1**）。過去とのつながりと他者との交わりの双方が満たされること，すなわち過去から現在そしてその先へと一貫したつながりのある自己の感覚をもち，そして他者とのかかわりをもちながらも他者に呑み込まれることなく独自性のある自己を位置づけていくことで，自我同一性の確立が達成される。

C. 自我同一性ステイタス

　マーシャ（Marcia, J. E.）は，「危機」の経験の有無と「積極的関与」の有無によって，自我同一性のステイタス（達成地位）を分類することができるとして，自我同一性ステイタス論を提唱した。この2つの側面の評価によって，同一性達成，早期完了，モラトリアム，同一性拡散の4つに分類することができる（**表13.1**）。

　同一性達成とは，同一性の危機（迷いや悩みなど）を経験し，その危機から抜け出したことで，自分の信念に基づいて前向きに行動や努力をすることができる状態である。**モラトリアム**とは，まさに同一性の危機の渦中にあり，自分の信念に基づいた行動をしようとしている状態である。エリクソンは，青年期は自我同一性を確立していくために与えられた心理社会的な猶予期間であると捉えた。**早期完了**とは，自分自身の生き方や進むべき道について，同一性の危機を経験することなく決定し行動している状態である。一見すると同一性は確立されているように見えるものの，危機を経験していないが故の脆弱さがあり，何らかのきっかけで容易に混乱に陥ってしまう可能性がある。**同一性拡散**とは，生き方や進むべき道について主体的な選択ができず途方に暮れ，自分の人生に対して積極的に関与できていない状態である。同一性拡散には，危機を経験していない場合と危機を経験している場合の双方が

表13.1　自我同一性ステイタス（無藤，1979を基に作成）

自我同一性ステイタス	危機	積極的関与	概要
同一性達成	経験した	している	幼児期からの在り方について確信がなくなり，いくつかの可能性について本気で考えた末，自分自身の解決に達して，それに基づいて行動している
モラトリアム	経験している最中	しようとしている	いくつかの選択肢について迷っているところで，その不確かさを克服しようと一生懸命努力している
早期完了	経験していない	している	自分の目標と親の目標の間に不協和がない。どんな体験も，幼児期依頼（以来?）の信念を補強するだけになっている
同一性拡散	経験していない	していない	危機を経験する前：今まで本当に何者かであった経験がないので，何者かである自分を想像することが不可能である
	経験した	していない	危機を経験した後：すべてのことが可能だし，可能なままにしておかなければならない

含まれる。危機を未経験の場合には，自分自身に関する悩みや迷いを経験しておらず，「自分は何者なのか」を想像したり理解したりすることが難しい。危機を経験したうえで，すべての選択肢に対して積極的に関与することを回避している場合には，「自分は何者にでもなれる」という幻想を持ち続けたり，無気力になったりする様子が見られる。思春期・青年期におけるパーソナリティの発達は，このような同一性の確立にまつわる発達課題に向き合う葛藤の中で進んでいく。

13.2節 ｜｜ 成人期におけるパーソナリティの発達

　生まれながらの気質をスタートとしながら，生物学的な成熟や周囲の環境との相互作用をくり返す中で，子どものパーソナリティ発達は進み，やがて成人期へと突入する。職業生活，家庭生活，地域生活などのさまざまな場面における社会的な役割を担うようになりながら，人々のパーソナリティはさらなる発達を遂げていく。ここでは，成人期におけるパーソナリティ発達の軌跡やその関連要因についてみていく。

A. 年齢集団によるパーソナリティ得点の違い

　パーソナリティ特性の主要なモデルであるビッグファイブの5因子について，成人期以降を含む年齢集団による得点の違いを見てみよう。ソト（Soto, C.）らは，10歳から65歳までの英語圏に暮らす120万人以上の人々を対象に，ビッグファイブのモデルにより捉えられるパーソナリティ特性の発達に関する大規模なオンライン調査を実施した（Soto et al., 2011）。その結果として，神経症傾向，外向性，開放性，調和性，誠実性の各因子について，年齢集団ごとの平均値をプロットした軌跡が報告されている（図13.2）。前章において，人々のパーソナリティ発達は加齢とともに調和性や誠実性が上昇する傾向にあるといった成熟化の原則がみられることを述べたが，各パーソナリティの年齢による発達は必ずしも直線的な変化のみで捉えられるものではないことがみてとれるだろう。

　ソトら（2011）の主要な結果を整理してみると，調和性および誠実性については，児童期後期から青年期に低い得点を示し，それ以降はおおよそ直線的に上昇していく。開放性についても類似する特徴が見られ，児童期後期から青年期に得点は低い傾向を示し，その後上昇してからはあまり年齢の影

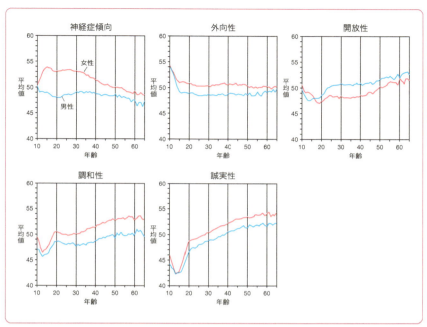

図13.2　10歳から65歳までのパーソナリティ得点の年齢別比較（Soto et al., 2011を基に作成）

響は受けず，中年期以降にゆるやかな上昇が見られる。外向性については，児童期後期から青年期にかけて低下を示し，その後は年齢を問わずほぼ一定の傾向を示す。神経症傾向については，青年期における女性の得点が高く，男性との差が顕著である。女性の神経症傾向は，30代以降，年齢とともに得点が低下していく様子が見られる。一方，男性は女性に比べて青年期から神経症傾向の得点が低く，横ばいの傾向が続いた後，人生の後半においてゆるやかな低下が見られる。

　年齢集団によるパーソナリティ得点の違いは，日本の成人を対象とした研究においても報告されている。川本ら（2015）は，23歳から79歳までの4500名を超える人々のデータを用いた二次分析により，ビッグファイブのモデルにより捉えられるパーソナリティ特性の年齢ごとの違いを報告している（図13.3）。

　川本ら（2015）が明らかにした主要な結果を整理してみると，調和性および誠実性については，加齢に伴って得点が線形的に上昇していく傾向にあ

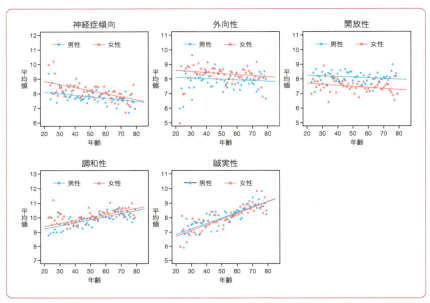

図13.3　日本の成人のパーソナリティ得点の年齢別比較（川本ら，2015を基に作成）

ることが明らかとなっている。外向性と開放性については，男性よりも女性の方が外向性の得点が高く開放性の得点は低いという性差は示されたものの，年齢による違いは確認されなかった。神経症傾向については，年齢とともに低下していく傾向がみられた。加えて，より若い年齢においては，神経症傾向の得点は女性の方が男性よりも高いことが明らかとなった。

　年齢集団によるパーソナリティ得点の違いを検討した国内外の研究結果は，データの規模，対象者の居住地域や文化の差，時代背景などの要因がそれぞれに異なるため，一概に比較することは難しい。62ヶ国の16歳から40歳の大規模データに基づくパーソナリティ発達の異文化間の差を検証した研究では，パーソナリティの成熟化の原則が，文化を超えて普遍的であることを示している（Bleidorn et al., 2013）。一方で，パーソナリティの変化に対する年齢の影響の文化的差異が顕著であることも報告されており，例えば，大人としての役割や責任を果たすことが早くから求められる文化では，パーソナリティの成熟が早い傾向にあることが指摘されている。社会投資理論（Roberts et al., 2003）によれば，パーソナリティ特性の発達は，職業生活や家庭生活などにおいて社会的な役割を担う経験に従事することによって

促進されるものであると考えられている。

B. パーソナリティ得点の経時的な変化

　年齢集団によるパーソナリティ得点の違いについては，幅広い年代の人々を対象とした同一の時点における横断データによって，疑似的な発達の軌跡を描くことで検討することができる。一方で，縦断データを用いることで，個人のパーソナリティが経時的にどのような変化を遂げていくのか，その軌跡を時間に沿って追うことが可能となる。

　ロバーツ（Roberts, B. W.）らは，縦断データによりパーソナリティの変化を検討した研究のメタ分析を行い，パーソナリティ得点の平均値の経時的な変化のパターンについての報告を行っている（Roberts et al., 2006）。その結果，特に成人期の20 ～ 40歳頃において，外向性の一側面である社会的支配性，誠実性，神経症傾向の低さを意味する情緒安定性が上昇することが示された。外向性の一側面である社会的活力および開放性については，青年期に得点の上昇が見られ，老年期に得点の下降がみられた。協調性については，老年期における高さが特徴的であった。

　パーソナリティの変化については，加齢に伴う発達という視点からだけではなく，心理的介入によってパーソナリティが変化しうるかどうかについても検討されてきた。パーソナリティに含まれるいくつかの側面の中でも，たとえば神経症傾向の高さは，さまざまな精神病理のリスク要因の1つであることが知られている（Lahey, 2009）。したがって，心理社会的な不適応に関連するパーソナリティを介入によってより適応的な方向に変化させることは，臨床家や支援者にとっての関心事であるといえる。ロバーツら（2017）のメタ分析によれば，介入によるパーソナリティの変化が認められ，特に情緒的安定性や外向性において大きな効果が認められた。介入のセラピーの種類はパーソナリティ特性の変化量と強く関連しなかったことや，不安症を呈する患者の変化が最も大きかったこと，またその変化が介入の期間を超えた縦断の追跡調査においても持続したことも併せて報告されている。

　また，パーソナリティ発達に関する縦断研究を対象とした近年のメタ分析においても，パーソナリティ得点の集団ごとの平均値の変化や集団内での順位の安定性についての検討が行われている（Bleidorn et al., 2022）。その結果として，年齢が上がるにつれて性格はより成熟する方向に変化する傾向があること，成人期のパーソナリティ特性の個人差の安定性は高く，これ

らの個人差は青年期から青年期にかけて安定する傾向にあることなどが確認されている。パーソナリティの変化を捉えるためには，継続的な追跡調査により同じ参加者から繰り返しデータを収集する縦断研究が必要となる。縦断研究は，一時点のみのデータ収集を行う横断研究と比べてデータの収集に多くの時間や費用が必要となり，実施が容易ではないものの，パーソナリティの経時的な発達の道すじを把握するうえで重要な役割を果たしている。

C. ライフイベントとパーソナリティ

　成人期は，学校教育を終えること，社会に出て働くこと，結婚すること，親になることなど，多様なライフイベントを経験する可能性をもつ。これらのイベントを経験するかどうか，あるいは経験する場合の年齢や順序などは個人によって大きく異なる。このようなさまざまなライフイベントを経験することは，個人のパーソナリティの発達に何らかの影響をもたらす要因となるのだろうか。

　パーソナリティとライフイベントとの関連について扱った研究を概観した**ブレイドン**（Bleidorn, W.）らは，恋愛や結婚，就職といったライフイベントについて，少なからずパーソナリティの形成に影響を与えているものの，研究によってきわめて多様な結果が得られており，各イベントが及ぼす影響は大きいとはいえないことを指摘している（Bleidorn et al., 2018）。複数の研究で共通して示されている結果の例として，例えば，初めての恋愛関係を経験することは，神経症傾向の減少ならびに外向性の上昇に関連することが示されている。あるいは，高校までの学校教育を卒業して大学や職業生活へと移行することは，開放性，協調性，誠実性の上昇や神経症傾向の低下に関連することも報告されている。ほかにも，卒業，就職，恋愛，結婚・離婚といったライフイベントがパーソナリティの変化に関連することを示唆する報告がみられ（Bühler et al., 2024），ライフイベントとパーソナリティ発達との関連に関するさらなる研究の蓄積が期待される。

　就職，結婚・離婚や親になることといった人生の岐路となるような大きなライフイベントだけでなく，より頻繁に経験される日常の小さなライフイベントについても，パーソナリティの発達に影響を及ぼす可能性が指摘されている。**デュガン**（Dugan, K.）らは，仕事／学校，恋愛，家族，健康，余暇などさまざまなライフイベントとパーソナリティの変化との関連を検討した（Dugan et al., 2024）。その結果，結婚や離婚，出産，退職などの大

きなライフイベントだけでなく，「パートナーが何か特別なことをしてくれた」「自分が誇りに思うことを成し遂げた」「家族や友人と一緒に遊びに行った」などの小さなライフイベントを何度か経験することもパーソナリティ発達の軌跡を変化させる可能性があることを明らかにしている。

　ライフイベントの経験は個人差が大きく，特定のライフイベントとパーソナリティ発達との強固な関連を結論づけることは難しい。しかしながら，人生の分岐点となるような大きな出来事も日常の中で積み重ねられる小さな出来事も，個々のパーソナリティの形成や変化にさまざま影響を及ぼす可能性をもつ要因であると考えられる（14.1節も参照）。

13.3節 ‖ 人生の後半におけるパーソナリティの発達

　人は誰しも年齢を重ねていく。人生の後半に入り成人期から老年期へと向かっていく中で，多くの人々は身体的・心理的・社会的な変化を経験することとなる。年を重ねていくということは，時に何かが失われていくイメージを想起するかもしれない。しかしながら，**バルテス**（Baltes, P.）による**生涯発達論**が提唱されて以降，人間の発達は「獲得」と「喪失」の双方が相互に関連し合いながら，生涯にわたって続いていくものであると捉えられるようになった（Baltes, 1987）。パーソナリティの発達についても，決して例外ではない。ここでは，中年期から老年期へと至る人生の後半のパーソナリティ発達についてみていく。

A. 中年の危機

　中年の危機とは，中年期に特有の心理的危機であり，ミッドライフ・クライシスやミドルエイジ・クライシスと呼ばれることもある。人生の中盤を迎え後半へと差しかかるにあたり，自分自身のこれまでの生き方やアイデンティティについて問い直す中で，葛藤や不安を感じる人々は少なくない。思春期・青年期と同様に，パーソナリティをはじめとする自分自身の特徴や自己の在り方に関心が向きやすい時期であるといえるだろう。

　ユング（Jung, C. G.）は，人間の一生を日の出から日の入りへとなぞらえ，人生の前半と後半の境となる中年期の始まりを「人生の正午」と捉えた（**図13.4**）。ユングによれば，人生の前半にあたる中年期までの発達とは，職業を得ることや家庭を築くことなど外的世界に自己を適応させていくこと

図13.4　ユングのライフサイクル論

であったのに対して，人生の後半にあたる中年期以降の発達は，自己の内的欲求や本来の自分の姿を見出し，それを実現していくことによって達成されるものであると考えられる（Jung, 1976）。

　レビンソン（Levinson, D. J.）は，ユングの理論をもとにライフサイクルを四季になぞらえ，児童期・青年期，成人前期，中年期，老年期の4つの発達期を捉えた（Levinson, 1978）。レビンソンによれば，人の発達は「安定期」と各段階の境目の「過渡期」をくり返しながら進んでいく。40〜45歳頃に訪れる人生半ばの過渡期は，成人前期から中年期へと発達段階が移行していく時期にあたる。過去から現在までの人生を振り返り，自分自身や環境について見つめ直す中で，迷いや葛藤に直面することも多い。中年期は，人生の折り返し地点を迎え，あらためて「自分らしさ」と向き合う時期であるといえる。

B. 老年期における発達課題と適応

　超高齢社会（総人口のうち65歳以上の人口が21％を超えている状態）に突入している日本において，老年期をいかに健やかで豊かに過ごしていくかは，多くの人々の関心事となっている。発達段階ごとの発達課題を提唱した**ハヴィガースト**（Havighurst, R. J.）によれば，老年期の課題として，身体的変化への適応，退職と収入の変化への適応，満足な生活管理の形成，退職後の配偶者との生活の学習，配偶者の死への適応，高齢の仲間との親和の形成，社会的役割の柔軟な受け入れが挙げられる（Havighurst, 1972）。老年期に達成されるべき発達課題は，決して少なくはない。老年期における心理社会的な適応には，少なからず個人のパーソナリティが関連していると

表13.2　ライチャードによる高齢者のパーソナリティ類型（Reichard et al., 1968を基に作成）

適応型		
1	円熟型	過去・現在の自分を後悔することなく受け入れ，自分の人生を受容することができている。積極的に社会参加し，未来に対しても現実的な展望をもっている
2	安楽椅子型 （依存型）	他者に依存するという受身・消極的に現実を受け入れている。責任から解放され，気楽な生活を送りたいと考える
3	装甲型 （自己防衛型）	老化への不安・恐怖が強く，老いに対して抵抗しようとする。若いときと同じような積極的な活動水準を維持することで，自己の防衛に努める
不適応型		
4	自責型 （内罰型）	これまでの人生を失敗とみなし，その原因は自分にあると考え，自分自身を責めたり悔んだりする。新しいことに適応しようとせず，うつ傾向を示しやすい
5	攻撃憤慨型 （外罰型）	自分の過去や老化を受け入れられない。過去の失敗について，自分を省みることなく，環境や他者のせいにして敵意を向ける。他者に対する非難や不平不満が多く，トラブルを起こしやすい

考えられてきた。

　ライチャード（Reichard, S.）は，老年期における高齢者のパーソナリティについて，定年後の男性高齢者を対象に，5つの類型に分類を行っている（**表13.2**）。これらの5つの分類のうち，自責型および攻撃憤慨型は，心理社会的な不適応のリスクが高いことが指摘されている。なお，老年期のすべての人々が，これらの分類に含まれるいずれか1つのタイプに必ず固定されるというものではない。また，年齢による差別や偏見であるエイジズムにつながることのないよう，理解および活用には留意が必要である。

C. 老年期におけるパーソナリティ

　老年期におけるパーソナリティには，どのような特徴がみられるのだろうか。前述の川本ら（2015）の研究で報告されている79歳までのパーソナリティ特性の年代別得点によれば，調和性や誠実性は加齢に伴い上昇していく傾向にあるため，調和性の高さや誠実性の高さは老年期のパーソナリティの特徴の1つであると考えられる。また，神経症傾向については年齢とともに低下していく傾向が認められたことを踏まえると，神経症傾向の低さについても老年期のパーソナリティの特徴の1つとして捉えられるだろう。

縦断データを用いた研究においても，老年期までのパーソナリティの発達について報告されている（Terracciano et al., 2005）。具体的には，神経症傾向は80歳まで低下を示し，外向性および開放性も加齢に伴う低下が確認されている。同意性は年齢に伴い老年期まで得点が上昇し，誠実性についても70歳頃まで上昇がみられた。これらの報告はあくまで老年期における全体的な傾向を示すものであり，すべての高齢者が同じようなパーソナリティ発達の軌跡を示すわけではないものの，老年期にまで人々のパーソナリティが変化する可能性をもっていることは明白であるだろう。

　さらに，より高齢の人々を含むパーソナリティ発達を検討した研究では，70歳前後でのパーソナリティの平均値の変化はほとんど観察されなかった一方で，80歳を過ぎると，神経症傾向以外の4側面，すなわち外向性，開放性，協調性，誠実性が低下していくことが示されている（Mõttus et al., 2012）。また，老年前期と比べると，80代において協調性や誠実性の得点が高かったことも併せて報告されている。65歳以上の高齢者の中でも，老年期の前期と後期とでは，パーソナリティ得点の全体的な傾向には違いがみられるといえるだろう。

D. サクセスフル・エイジング

　平均寿命が伸び，社会の高齢化が進む現代の日本を生きる人々にとって，老年期は決して軽視することのできない人生のステージであり，いかに自分らしく生きていくかは重要な課題である。

　老年期を豊かに幸福で過ごすことへの関心が高まる中，サクセスフル・エイジング（successful aging）という概念への注目が集まってきた。時に「幸福な老い」といった日本語が充てられることもあるが，日本においても「サクセスフル・エイジング」の語のままで使用されることが一般的である。サクセスフル・エイジングは，単に長生きすることを意味するわけではない。ロー（Rowe, J.）とカーン（Kahn, R.）が提唱した医学モデルでは，サクセスフル・エイジングの条件として疾患や障害がない（軽い）こと，高い身体機能や認知機能を維持していること，社会参加していることの3点が挙げられている（Rowe & Kahn, 1987）。しかしながら，疾患や障害がありながらも，あるいは身体機能や認知機能に制限がありながらも，それらとうまく折り合いをつけながら適応的な生活を送り，サクセスフル・エイジングを達成している人々も存在している。高齢者が「そのおかれた状況にうまく

適応している状態」を心理学的なサクセスフル・エイジングの状態として捉えることができる（大川，2020）。個人や社会，文化によって多様なサクセスフル・エイジングの在り方があるといえよう。

　パーソナリティは時に心理社会的な適応能力として働く要因であり，人々が加齢に伴うさまざまな課題に適応するのを助け，それによって健康や長生きに貢献することが指摘されてきた（Staudinger & Fleeson, 1996）。パーソナリティが老年期の健康や幸福の度合いに影響を及ぼすメカニズムとして，個人が健康に関連する目標や行動に取り組み，追求する動機づけの程度がパーソナリティによって異なることや，パーソナリティが個人と環境との相互作用の在り方に影響することでストレスの経験しやすさが異なることなどが挙げられる（Mueller et al., 2017）。百寿者のパーソナリティについて検討した研究では，男女ともに開放性の高さ，加えて女性では外向性と誠実性の高さが特徴として挙げられている（Masui et al., 2006）。健全なパーソナリティ発達の実現も，サクセスフル・エイジングを支える1つの要因であるといえるかもしれない。

　エリクソンによる老年期の心理・社会的な発達課題は「統合性　対　絶望，嫌悪」であるが，エリクソンの妻ジョアン・エリクソンは，老年期の発達段階を第8段階から第9段階に拡張し，超高齢期における心理的発達の内容として**老年期超越**（gerotranscendence）を位置づけている。老年期超越は，トーンスタム（Tornstam, L.）により，高齢期における発達理論として提唱された概念である。老年的超越とは，高齢期に高まるとされる「物質主義的で合理的な世界観から，宇宙的，超越的，非合理的な世界観への変化」を意味し，その内容は宇宙的意識，自己意識，社会との関係という3つの領域に分けられて捉えられる（増井，2016）。老年的超越に関する議論や実証研究については，さらなる蓄積が進められている途上である。社会の高齢化がさらに加速していく中，超高齢期を含む老年期における「その人らしさ」の特徴や個人差，あるいはそれらに関連する要因については，さらに関心が高まっていくことが期待されよう。

〈文献〉
American Psychiatric Association（2022）. *Diagnostic and Statistical Manual of Mental Disorders*（*5th ed. Text Revision*）. American psychiatric Association.（髙橋三郎・大野裕（監訳）（2023）. DSM-5-TR 精神疾患の診断・統計マニュアル. 医学書院）
Baltes, P. B.（1987）. Theoretical propositions of life-span developmental psychology: On

the dynamics between growth and decline. *Developmental Psychology*, 23(5), 611-626.

Bleidorn, W. et al.(2013). Personality maturation around the world: A cross-cultural examination of social-investment theory. *Psychological Science*, 24(12), 2530-2540.

Bleidorn, W. et al.(2018). Life events and personality trait change. *Journal of Personality*, 86(1), 83-96.

Bleidorn, W. et al.(2022). Personality stability and change: A meta-analysis of longitudinal studies. *Psychological Bulletin*, 148(7-8), 588-619.

Bühler, J. L. et al.(2024). Life events and personality change: A systematic review and meta-analysis. *European Journal of Personality*, 38(3), 544-568.

Dugan, K. A. et al.(2024). Life events sometimes alter the trajectory of personality development: Effect sizes for 25 life events estimated using a large, frequently assessed sample. *Journal of Personality*, 92(1), 130-146.

Havighurst, R. J.(1972). *Developmental tasks and education (3rd edition)*. David Mckey Company(ハヴィガースト, R. J.(著), 児玉憲典他(訳)(1997). ハヴィガーストの発達課題と教育. 川島書店)

Jung, C. G.(1976).The stages of life. In J. Campbell(Ed.), *The Portable Jung*. Penguin.

川本哲也他(2015). ビッグ・ファイブ・パーソナリティ特性の年齢差と性差：大規模横断調査による検討. 発達心理学研究, 26(2), 107-122.

Lahey, B. B.(2009). Public health significance of neuroticism. *American Psychologist*, 64(4), 241-256.

Levinson, D. J.(1978). *The seasons of a man's life*. Alfred Knopf

増井幸恵(2016). 老年的超越. 日本老年医学会雑誌, 53, 210-214.

Masui, Y. et al.(2006). Do personality characteristics predict longevity? Findings from the Tokyo Centenarian Study. *Age*, 28, 353-361.

Mõttus, R. et al.(2012). Personality traits in old age: measurement and rank-order stability and some mean-level change. *Psychology and Aging*, 27(1), 243-249.

Mueller, S. et al.(2017). On the role of personality in late life. In Specht, J.(Ed), *Personality Development Across the Lifespan*. Elsevier Academic Press. 69-84.

無藤清子(1979). 「自我同一性地位面接」の検討と大学生の自我同一性. 教育心理学研究, 27(3), 178-187.

大川一郎(著) 宇都宮博他(編著)(2020). 新訂 中高年の心理臨床. 放送大学教育振興会, 156-175.

Reichard, S. et al.(1968). Adjustment to retirement. In B. L. Neugarten(Ed.), *Middle age and aging*. University of Chicago Press. 178-180.

Roberts, B. W. et al.(2003). Work experiences and personality development in young adulthood. *Journal of Personality and Social Psychology*, 84(3), 582-593.

Roberts, B. W. et al.(2006). Patterns of mean-level change in personality traits across the life course: a meta-analysis of longitudinal studies. *Psychological Bulletin*, 132(1), 1-25.

Roberts, B. W. et al.(2017). A systematic review of personality trait change through intervention. *Psychological Bulletin*, 143(2), 117-141.

Rowe, J. W. & Kahn, R. L.(1987). Human aging: Usual and successful. *Science*, 237, 143-149.

Soto, C. J. et al.(2011). Age differences in personality traits from 10 to 65: Big Five domains and facets in a large cross-sectional sample. *Journal of Personality and Social Psychology*, 100(2), 330-348.

Staudinger, U. M. & Fleeson, W.(1996). Self and personality in old and very old age: A sample case of resilience? *Development and Psychopathology*, 8, 867-885.

鑪幹八郎(1990). アイデンティティの心理学. 講談社.

Terracciano, A. et al.(2005). Hierarchical linear modeling analyses of the NEO-PI-R scales in the Baltimore Longitudinal Study of Aging. *Psychology and Aging*, 20(3), 493-506.

パーソナリティと適応

到達目標

- ■📖 パーソナリティと社会的適応との関連について説明できる
- ■📖 パーソナリティと健康との関連メカニズムについて説明できる
- ■📖 パーソナリティ症の診断基準について，DSM-5-TR にある 2 つの診断基準（カテゴリーモデルと次元モデル）について説明できる

パーソナリティは，個人の適応に深く関わり，その人の人生に大きな影響を及ぼす。本章では，パーソナリティが人々の人生上の重要な出来事や心身の健康とどのように関連するか概観する。また，特定のパーソナリティの特徴によって社会的な適応を大きく損なわれてしまい，精神科診断や支援・介入が必要となるために精神疾患の1つとして概念化されているパーソナリティ症について学ぶ。

14.1節 ‖ パーソナリティの影響力

A. さまざまなライフイベントとの関連

パーソナリティは寿命など個人の重要な**ライフイベント**（life-events, 人生上の出来事）に影響する（Friedman, 1993）。アメリカのパーソナリティ心理学者の**ロバーツ**（Roberts, B. W.）らは，パーソナリティの影響力について具体的に推定を行うために，さまざまな縦断研究（同じサンプル集団を経時的に追跡する研究）のデータを基に統合的な分析を行った（Roberts et al., 2007）。ロバーツらが検討を行った適応指標は，死亡率（mortality）・離婚（divorce）・職業上の適応の良好さ（occupational attainment）の3つで，それぞれ関連が予想される諸変数（年齢・性別，人種・民族，IQ，本人の学歴・収入など）を考慮したうえでパーソナリティの影響に関する効果量を算出した。

死亡率については，ビッグファイブの誠実性と肯定的感情（外向性の下位尺度）が死亡率を低下させ長寿となる方向で作用し，否定的感情（神経症傾

向の下位尺度）と敵意（神経症傾向の下位尺度）は死亡率を高め短命方向に作用することが示された。ロバーツらはこの研究の中で，パーソナリティの影響力を相対的に示すために，同様な効果量を認知能力（IQ）と社会経済的状態（学歴，収入，職業などのこと，Socio Economic Status：SES）についても求めたところ，IQとSESの効果量はともにパーソナリティとほとんど同等だったと報告している。寿命については，その後の大規模な国際的共同研究（44,094名が分析対象）でも同様な結果が確認されている（Graham et al., 2017）。

　ロバーツらは同様な検討を離婚と職業上の適応の良好さについても行っている（Roberts, et al., 2007）。離婚では，誠実性および調和性の低さと神経症傾向の高さが離婚を促進する方向で影響することが示され，職業適応についてもパーソナリティ特性全体での効果量は本人のSESや親の経済力（収入）よりも大きく，IQと並んで比較的大きな効果量をもつことが明らかにされている。

B. パーソナリティと健康との関連

　パーソナリティと心身の健康との関連については，古くから大きな関心がもたれてきた。アメリカの心理学者の**フリードマンとローゼンマン**（Friedman & Rosenman, 1959）は，冠状動脈性心疾患（coronary heart disease；CHD）の発症リスクを上げるパーソナリティのタイプを**タイプA行動パターン**と呼び，その特徴として，過度の達成欲求，時間的切迫感，攻撃性や敵対心などを挙げている。その後のさまざまな追試研究から，タイプA行動パターンの中でも怒り・敵意・攻撃性がとくにCHDと関連することが明らかにされている。近年ではネガティブ感情や抑制傾向（人見知りや引っ込み思案など人前での行動や感情表出が抑制的になること）など他のパーソナリティ特性にも拡張しつつ，CHDやがんなどの身体疾患との関連に関する生理心理学的研究が進展している（石原，2013）。

　精神的健康との関連についても数多くの研究がなされてきており，ニュージーランドで実施された長期縦断研究（Krueger et al., 1996）では，18歳の時にパーソナリティ検査によって測定された否定的感情傾向が15歳・18歳・21歳の3時点で測定されたうつ病等の気分症・不安症・薬物依存・素行症の診断や症状得点と有意な関連がみられたことを報告している。

　また，精神的不健康度を測定する尺度であるGHQ（General Health

Questionnaire）を用いたイギリスの大規模な縦断研究（12,007名，Kang et al., 2023）では，年齢や性別，収入などのさまざまな変数を統制したうえでも，神経症傾向は広範囲な精神的不健康と有意な関連が示され，外向性と調和性，誠実性はそれぞれ精神的不健康を抑制する方向（より健康的な方向）に作用することが確かめられている。

　また，身体的健康を増進する方向に作用することがさまざまな研究から明らかにされている**楽観主義**（optimism, 将来に対するポジティブな期待をもつことができること；Rasmussen et al., 2009）は，ビッグファイブの情緒的安定（神経症傾向の低得点傾向）や外向性と深い関連があることが示されている（Sharpe et al., 2011）。ストレスにさらされたときにも，"なんとかなる" と明日への希望をもてることが過度な不安や不眠などを抑制し，健康的な生活を維持して疾患発症を防ぐことにつながるのかもしれない。同様に，逆境的で外傷体験となり得るような厳しいライフイベントに遭遇しても心身の健康を大きく損なわずに健康を維持できることをレジリエンス（resilience）と呼ぶが，小塩らは，レジリエンスも楽観主義と同様にビッグファイブの神経症傾向の低さと関連し，その他の4つの特性（外向性・開放性・調和性・誠実性）の高さとも正の関連がみられることを明らかにしている（Oshio et al., 2018）。

C. パーソナリティと健康との関連メカニズム

　パーソナリティと心身の健康との関連メカニズムについては，さまざまなモデルが提唱されている。アメリカのパーソナリティ研究者の**マシューズ**（Matthews, G.）は，パーソナリティ特性と疾患発現との関連を4つのモデルにまとめている（Matthews, 2009）。

　第一のモデルは，**素因モデル**と呼ばれるもので，生物学的基礎を有する特定のパーソナリティ特性（＝素因）が疾患発現の原因として直接的に作用するとするモデルである。例えば，ビッグファイブの神経症傾向の高さは，自律神経系の敏感さを基盤として表現されるので，高血圧症の原因となる，とする。〔原因：パーソナリティ ⇒ 結果：不健康の出現〕という直接的な関係を想定している。

　第二のモデルは，パーソナリティと健康は因果関係にはなく，共通する要因がパーソナリティと健康に同時に影響しているとするモデルである。例えば，ある特定の遺伝子が心臓疾患の発症に作用するとともに，敵意的なパー

ソナリティにも作用する場合，一見敵意傾向が心臓疾患を招いたようにみえても，実は両者は同じ特定遺伝子を共有していただけの独立な関係とみることが正しい。原因共有モデルとも呼ぶことができるだろう。

　第三のモデルは媒介モデルで，あるパーソナリティ特性が人々を危険な薬物使用や過剰な飲酒，喫煙など健康にリスクのある行動へと導き，結果として疾患が発生する，と想定するものである。ここでは，〔パーソナリティ ⇒ 健康リスク行動 ⇒ 疾患発現〕という媒介過程が想定されており，パーソナリティは疾患発生に対して間接的な影響性をもつ，と考えられている。

　第四のモデルは，第一のモデルとは逆の因果関係を想定するもので，疾患が発現することでパーソナリティが変容する，と考えるモデルである。例えば，長期にわたる慢性疾患に罹患することで，対人接触が乏しくなって外向性が低下したり，神経症傾向も高くなっていくといった流れが相当する。〔原因：疾患発現 ⇒ 結果：パーソナリティの変容〕という因果関係が想定されている。

　以上の4つのモデルは比較的シンプルな影響関係を想定したものであるが，近年では，パーソナリティ特性（素因）とストレス要因とのより複雑な相互作用によって疾患が発現するとする素因ストレスモデル（Diathesis-stress model，ストレス脆弱性モデルとも呼ばれる）が提唱されている。

　素因ストレスモデルの1つで，時間の流れの中での両者の相互作用を強調するトランザクショナルモデル（transactional model；Larsen & Buss, 2010）では，パーソナリティはストレスフルな出来事が生起する頻度にも影響するし（例えば，誠実性の低さは失恋等の対人関係の破綻を招きやすくする等），失恋した際にストレスをどの程度感じるか（否定的感情が強ければよりストレスの影響を強く受ける）や，ストレスにどのように対処するか（外向性が低ければ人に相談できず一人で悩んでしまう等）にも影響し，結果としてストレスからの回復が妨げられてストレス性疾患の発症に至ってしまう，といった複雑な影響経路を想定している（11.3節も参照）。

　また，素因として，環境の影響の受けやすさ（差次感受性，differential susceptibility）の個人差を取り上げて説明するモデルも登場している（Belsky & Pluess, 2009）。差次感受性が高い人はストレスフルな逆境的環境の悪影響も受けやすいが，良好な適応をもたらす豊かな環境の影響も受けやすく，環境が改善すれば回復も著しい。一方，差次感受性の低い人は逆境的環境の中でもその影響を受けにくいためにレジリエンスを発揮して健康

を維持できるが，同時に豊かな環境の恩恵も受けにくく，どちらにしてもマイペースを貫くことが多くなるといえよう。

　以上のように，パーソナリティと健康は複雑な関係にあり，特定のパーソナリティ特性のプロフィールをもった人々が，どのようなプロセスを経て健康を維持できたり疾患発生に至ったりするのか，今後もさらに詳細な検討が必要とされている。

14.2節 ┃ パーソナリティ症

A. パーソナリティ症の定義の時代・文化的相対性

　パーソナリティと社会的適応との関係の良好さは一義的には決まらず，先述したパーソナリティと環境との適合度（fitness of goodness）に影響される。例えば現代社会では，人や動物の生存権を尊重しない暴力的な関わりをくり返すことは法律で禁じられているし，動物愛護の観点からも非難されるべきこととなる。しかし，遠い過去の狩猟時代や合戦・戦争が頻繁に勃発していた時代にあっては，獲物獲得への貢献や領土拡大の功労者として賞賛され，その人の良好な社会的適応につながることもあったと想像される。パーソナリティに対する社会的価値づけは時代や文化によってゆらぐ部分があり，絶対的なものであるとはいえない。それゆえ，本節で紹介するパーソナリティ症[1]（personality disorders）の定義も，アメリカ精神医学会が作成した精神科診断基準（DSM-5-TR, American Psychiatric Association, 2022）を利用している国々において，ある程度類似した生活スタイルや価値観が共有されていることを前提に考案されたものであることに留意する必要がある。

B. パーソナリティ症の診断基準と分類（DSM-5-TRより）

ⅰ）全般的診断基準

　DSM-5-TRでは，個人が所属している集団や文化の中で期待される思考・感情・行動の様式から著しく偏り，その特徴的な様式はパーソナリティであるがゆえに長期間にわたって柔軟性がなく，かつ広範な場面にわたって

1　DSM-5までは「パーソナリティ障害」という疾患名だったが，DSM-5-TRより「パーソナリティ症」となった。基本的に「障害」という表記は使用されなくなり，「症」を用いるようになっている。

みられ，そのために社会的適応が損なわれて本人が大きな苦痛を感じざるを得ない状態をパーソナリティ症であると定義している。パーソナリティの安定さが増す青年期または成人期早期を診断可能な最低年齢としており，反社会性パーソナリティ症の場合は18歳以上でないと診断できず，他のカテゴリーでも18歳未満の場合にはその様式が1年以上持続していることを確認することが必要条件とされている。

　パーソナリティ症は，以下のA〜Fまでの全般的診断基準に沿って診断の付与が検討される。

A. その人の属する文化から期待されるものより著しく偏った，内的体験および行動の持続的様式であり，以下の（1）〜（4）のうち2つまたはそれ以上の領域に現れる。
（1）認知（自己，他者，および出来事を知覚し解釈する仕方）
（2）感情性（情動反応の範囲，強さ，および適切さ）
（3）対人関係機能
（4）衝動の制御
B. Aの持続様式は，柔軟性がなく，個人的社会的状況の幅広い範囲にまたがっている：通場面性
C. Aの持続様式は，臨床的に意味のある苦痛，または社会的，職業的，または重要な領域における機能の障害を引き起こしている：社会的適応における機能障害の存在
D. Aの様式は，安定し，長時間続いており，その始まりは少なくとも青年期または成人期早期にまでさかのぼることができる：青年期・成人前期までの様式の形成と時間的安定性
E. Aの持続的様式は，他の精神疾患の現れ，またはその結果ではうまく説明されない
F. Aの持続的様式は，物質（乱用薬物，医薬品等）または他の医学的状態（頭部外傷等）の直接的な生理学的作用によるものではない
（出典：日本精神神経学会（日本語版用語監修），髙橋三郎・大野裕（監訳）：DSM-5-TR 精神疾患の診断・統計マニュアル. p715, 医学書院. 2023）

　以上のような条件にすべて合致した場合に診断が付与されるが，その際には，その人の長期にわたるパーソナリティの特徴がさまざまな状況で安定してみられ，かつ社会的不適応による苦痛の程度が著しいものであることにつ

いて慎重に評価がなされる。そのためには1回だけの面接では不十分で，経時的な面接実施が行われることも多い。また，特定の診断があてはまり社会的適応が大きく損なわれている場合でも，本人に苦痛の自覚が生じていない場合（その様式がその人にとっては悩みとはならず，自我親和的である場合）には，本人以外の情報提供者からの情報を補足的に活用することが推奨されている。パーソナリティ症は成人前期までにその様式が固まっていることが基準Dに記述されているが，中年期や老齢期に至って，意に沿わない失業や退職，配偶者との離死別など重大なネガティブ・ライフイベント（人生上の出来事）を契機に症状が悪化し，人生後半期に至って初めて診断が付与されることもある（DSM-5-TR, 2022）。

ⅱ）3群10カテゴリーのパーソナリティ症群

DSM-5-TRでは，それぞれの特徴の類似性から，3群（A群・B群・C群）に属する10カテゴリー（A群：猜疑性・シゾイド・統合失調型，B群：反社会性・ボーダーライン・演技性・自己愛性，C群：回避性・依存性・強迫性）が定義されている（各カテゴリーの特徴と発生率は**表14.1**を参照）。

A群パーソナリティ症（cluster A personality disorders）は，一般の人々から見ると風変わりで奇矯な行動をとることが多いことが特徴である。A群全体の発生率は3.6％程度である。**B群パーソナリティ症**（cluster B personality disorders）は，派手で演技的であり，情緒的で気まぐれな行動をとることが多く，発生率は4.5％程度であると報告されている。**C群パーソナリティ症**（cluster C personality disorders）は，内向的で過剰な不安または恐怖を感じることが多く，発生率は2.8％程度である。3群を包括して何らかのパーソナリティ症にある人々の割合は10.5％程度で10人に1人の割合となるが，国や民族によって発生率には相違が見られることが指摘されており，今後も診断基準に関するさらなる検討が必要であるといわれている（DSM-5-TR, 2022）。

C. パーソナリティ症群の代替DSM-5モデル（次元モデル）

これまでの各章でみてきたように，現代心理学におけるパーソナリティは，誠実性や神経症傾向などのさまざまな特性（トレイト）によって測定されることが一般的となっている。この動きを受けてアメリカ精神医学会では，2013年にDSM-5が発刊されるにあたって，パーソナリティ特性に沿ってパーソナリティ症のさまざまな特徴を整理した新たな**代替DSM-5モデル**

表14.1　DSM-5-TRによるカテゴリーモデルの10の特定パーソナリティ症

群	症名	特徴	発生率
A群	猜疑性パーソナリティ症	他人の動機を悪意あるものとして解釈するといった，不信と疑い深さを示す様式	2.3%～4.4%
A群	シゾイドパーソナリティ症	社会関係からの離隔と情動表出の範囲が限定される様式	1.3%～4.9%
A群	統合失調型パーソナリティ症	親密な関係において急に不快になることや，認知または知覚的歪曲，および行動の奇矯さを示す様式	0.6%～3.9%
B群	反社会性パーソナリティ症	他人の権利を無視する，そして侵害する，犯罪性，および衝動性と，経験から学ぶことの失敗を示す様式	0.6%～3.6%
B群	ボーダーラインパーソナリティ症	対人関係，自己像，および感情の不安定と，著しい衝動性を示す様式	1.4%～5.9%
B群	演技性パーソナリティ症	過度な情動性を示し，人の注意を引こうとする様式	0.0%～1.8%
B群	自己愛性パーソナリティ症	誇大性や賞賛されたいという欲求，共感の欠如を示す様式のこと	0.0%～6.2%
C群	回避性パーソナリティ症	社会的抑制，不全感，および否定的評価に対する過敏性を示す様式	2.1%～5.2%
C群	依存性パーソナリティ症	世話をされたいという過剰な欲求に関連する従属的でしがみつく行動をとる様式	0.4%～0.6%
C群	強迫性パーソナリティ症	秩序，完璧主義，および統制にとらわれる様式	2.4%～7.9%

（出典：日本精神神経学会（日本語版用語監修），髙橋三郎・大野裕（監訳）：DSM-5-TR 精神疾患の診断・統計マニュアル，p713，医学書院，2023）

（alternative DSM-5 model for personality disorders, DSM-5-TR, 2022）を公表した。代替DSM-5モデルでは，自己と対人関係の2つの領域における**パーソナリティ機能**の障害の程度（**表14.2**）と，社会的適応を大きく損なう5つの**病的パーソナリティ特性**（**表14.3**，この5特性はビッグファイブの神経症傾向・外向性・調和性・誠実性・開放性の極端で不適応的なプロフィールに対応している）によって特徴が記述される。特性次元の概念を用いた診断体系であることから，次元モデルとも呼ばれている。前節でみた従来のカテゴリーモデルと比較してやや複雑な診断体系となって

いるが，以下にその概要をみていこう。

i）代替DSM-5モデルの全般的診断基準

　代替DSM-5モデル（次元モデル）のパーソナリティ症の全般的基準は以下のとおりである。

A．パーソナリティ機能（自己または対人関係，表14.2）において中等度（レベル2）またはそれ以上の障害がみられる：機能障害の存在

B．1つまたはそれ以上の病的パーソナリティ特性がみられる：病的パーソナリティの5特性（否定的感情／離隔／対立／脱抑制／精神症性：表14.3）

C．パーソナリティ機能の障害およびその人のパーソナリティ特性の表現は，比較的柔軟性がなく，個人的および社会的状況の幅広い範囲に広がっている：通状況的広範性

D．パーソナリティ機能の障害およびその人のパーソナリティ特性の表現は，長期にわたって比較的安定しており，その始まりは少なくとも青年期または成人期早期にまでさかのぼることができる：青年期・成人前期までの様式の形成と時間的安定性

E．パーソナリティ機能の障害およびその人のパーソナリティ特性の表現は，他の精神疾患ではうまく説明されない

F．パーソナリティ機能の障害およびその人のパーソナリティ特性の表現は，物質または他の医学的状態（重度の頭部外傷等）の生理学的作用だけによるものではない

G．パーソナリティ機能の障害およびその人のパーソナリティ特性の表現は，その人の発達段階または社会文化的環境にとって正常なものとしてはうまく理解されない

（出典：日本精神神経学会（日本語版用語監修），髙橋三郎・大野裕（監訳）：DSM-5-TR精神疾患の診断・統計マニュアル．p858，医学書院．2023）

---

ii）代替DSM-5モデルの基準A：パーソナリティ機能のレベル

　個人の適応にとって自己（自己認識や自己制御のあり方）と対人関係のあり方は中核的な要素となる。代替DSM-5モデルでは，診断基準Aとして，**自己（同一性と自己志向性）と対人関係（共感性と親密さ）**の領域における適応の不良さについてパーソナリティ機能尺度を用いて5段階（スコアが高いほど不適応であることを示す，表14.2）で評価し，レベル2（中等度）以

表14.2　DSM-5-TRによる次元モデル（代替DSM-5モデル）におけるパーソナリティ機能の構成要素

領域	パーソナリティ機能の構成要素	レベル4の機能障害がある場合の特徴
<自己>		
1. 同一性	・ただ1つだけの存在として他者との間の明らかな境界をもって自分自身を体験すること ・自尊心の安定性および自己評価の正確さ ・さまざまな情動体験への適応力およびそれを制御する能力	・自他の境界が混乱し，主体性/自律性の感覚がない ・他者によって容易に脅かされる脆弱な，または歪んだ自己像 ・自己評価に関する著しい歪み，および混乱 ・状況に不一致な情動，憎悪，および敵意があってもそれを自覚できない
2. 自己志向性	・一貫性がありかつ有意義な短期および人生の目標の追求 ・建設的かつ向社会的な内的規範の活用 ・建設的に内省する能力	・目標設定の能力が重度に障害され，非現実的な目標設定となる ・行動の内的規範がない ・自分の体験を建設的に省察することがまったくできない
<対人関係>		
1. 共感性	・他者の体験および動機の理解と尊重 ・異なる見方の容認 ・自分自身の行動が他者に及ぼす影響の理解	・他者の体験および動機を考慮し，理解する能力がまったくない ・他者の味方への配慮がない ・社会的相互関係が混乱し不適切である
2. 親密さ	・他者との関係の深さおよび持続 ・親密さに対する欲求および適応力 ・対人行動に反映される配慮の相互性	・まったくの無関心か，傷つくことを恐れて親和欲求が制限されている ・他者とのかかわりが離隔し，一貫して消極的である ・互恵的な他者との関係が作れない

注）機能レベルは以下の4レベルで評価される　0：機能障害なし（健康で適応的に機能している），
　　　　　　　　　　　　　　　　　　　　　1：いくらか障害がある，2：中等度の機能障害がある，
　　　　　　　　　　　　　　　　　　　　　3：重度の機能障害がある，
　　　　　　　　　　　　　　　　　　　　　4：最重度の機能障害がある
（出典：日本精神神経学会（日本語版用語監修），髙橋三郎・大野裕（監訳）：DSM-5-TR 精神疾患の診断・統計マニュアル. p859表1, p863表2より作成, 医学書院, 2023）

表14.3　DSM-5-TRによる次元モデル（代替DSM-5モデル）におけるパーソナリティ症の5つの特性領域と25の側面（①〜㉕）

5特性領域	25の各側面（①〜㉕）の特徴
1. 否定的感情（対極は情動安定性）	**ビッグファイブの神経症傾向の高得点の特徴に対応し，高いレベルでの否定的感情（不安，抑うつ，怒り等）を頻繁に体験している。自傷行為や他者への過度の依存として表現される** ①情動不安定：状況に不つり合いな強烈な情動や気分の不安定性がみられる ②不安性：さまざまな状況において，神経過敏，緊張，パニックの感覚がみられ，予期不安も強い ③分離不安感：自立能力への自信のなさから，重要他者からの拒絶や別離によって孤立することに恐怖する ④服従性：自分に不利なことでも他者の利益や欲求に自分の行動を合わせて従ってしまう ⑤敵意：持続的で頻繁に怒りの感情を体験し，怒り易く，卑劣な報復行動をとる ⑥固執：失敗を繰り返してもやり方を変えることができず，その行動に固執する ⑦抑うつ性：落ち込みや惨めさ，絶望的な感情から回復しにくく，広範囲な羞恥感や罪責感，低い自尊感情を特徴とする ⑧疑い深さ：他者の誠実さや忠実さを疑い，他者の悪意に過敏で，いじめられていたり利用されている，迫害されていると感じやすい ⑨制限された感情（の欠如）：この側面の欠如（感情が制限されない）が否定的感情の特徴となる（激しい感情を体験している：①参照）
2. 離隔（対極は外向性）	**ビッグファイブの外交性の低得点の特徴に対応し，社会情動的体験（親密な関係から日常的な友人付き合いまで）を回避し，感情体験が乏しく，快感情を覚えることが少ない** ⑩閉じこもり：ひとりでいることを好み，対人場面で寡黙であり，社会的接触や活動を回避し，参加しない ⑪親密さ回避：親密な他者との関係や恋愛関係，親密な性的関係を回避し，他者に対して愛着を向けない ⑫快感喪失：人生の体験に楽しみがなかったり楽しい活動に参加する気力がなかったりし，物事に喜びや興味を感じられない ＊この他に，上記の⑦抑うつ性，⑧疑い深さ，⑨制限された感情の3側面を特徴とする
3. 対立（対極は同調性）	**ビッグファイブの調和性の低得点の特徴に対応し，肥大した自尊心とそれに伴う特別待遇への期待や他者に対する冷淡さや嫌悪があり，他者に共感することなく容易に他者を利用し，他者との不和や対立を招く行動をとる** ⑬操作性：他者を操ることを目的として口実を用いたり，自分の目的を達するための誘惑や饒舌，迎合した態度をとる ⑭虚偽性：不誠実で不正であり，偽りやでっちあげ，尾ひれを付けた話をする ⑮誇大性：自分が他者より優れていて特別待遇を受けるに値すると信じており，自己中心的で他者を見下し，特権意識が強い

（次頁に続く）

3. 対立 （対極は 同調性）	⑯注意喚起：他者の注意を引くことや，注目や賞賛の的となることを意図して行動する ⑰冷淡：他者の感情や問題に関心がなく，他者に有害な行為をしても罪悪感や良心の呵責がない ＊この他に，上記の⑤敵意を特徴とする
4. 脱抑制 （対極は 誠実性）	**ビッグファイブの誠実性の低得点の特徴に対応し，自分の欲望を即時に充足したがり，後先を考えずにその場の思考・感情・外的刺激によって衝動的な行動をとる** ⑱無責任：金銭的なことを含めて義務を果たさなかったり他者の財産を気にかけなかったりし，同意したことや約束を守らない ⑲衝動性：無計画で結果を考慮せずに衝動的に行動し，切迫感や情動的苦痛のもとで自傷行為がみられたりする ⑳注意転導性：課題に集中することが困難で外部刺激によって容易に注意がそれてしまい，目標にむかって行動維持ができないため，課題の計画も完遂も困難である ㉑無謀：後先考えない無謀さで，自分を傷つける可能性が危険なことも大胆に行動し，自己の限界に関心がない ㉒硬直した完璧主義（の欠如）：細部や秩序へのとらわれや間違いや失敗のなさへの執着がみられないことが脱抑制の特徴となる
5. 精神症性 （対極は 透明性）	**ビッグファイブの開放性の高得点の特徴に対応し，文化的に適合しない奇矯で普通ではないさまざまな認知（知覚や解離，信念）や行動が現れる** ㉓異常な信念や体験：読心術や念動力，幻覚体験などの非現実的な体験や普通でない能力を持つことがあり得ると信じている ㉔奇矯さ：奇異で普通ではない行動や外見，不適切な発話があったり，変わった考えを持っていたりする ㉕認知および知覚の統制不能：離人体験や現実感の消失，解離体験を含む変わった体験や思考過程を持っている

（出典：日本精神神経学会（日本語版用語監修），髙橋三郎・大野裕（監訳）：DSM-5-TR 精神疾患の診断・統計マニュアル，pp864-865表3，医学書院，2023）

上の機能障害が生じていることを診断の必要条件としている。

　表14.2にはレベル4の最重度の機能障害について記載したが，レベル2（中等度の機能障害）では，同一性については他者との境界が曖昧化した状態（過剰な他者依存や侮辱への過敏反応等），自己志向性では適切な自己省察力が障害された状態（外発的動機づけへの偏りや目標設定が不合理に高かったり低かったりする等），共感性では自己中心的で適切さを欠いた他者理解（他者に対する不適切な理解や考慮，あるいは無関心等），親密さでも一方的で互恵性に基づかない関係構築や関係形成の深まりのなさ等が特徴として記載されている。

iii）代替DSM-5モデルの基準B：病的パーソナリティ特性

　基準Bでは，ビッグファイブの5特性の極端なプロフィールを基にした5つの病的パーソナリティ特性を定義し，1つ以上に当てはまることを基準としている。**表14.3**に示すように，5特性にはそれぞれ数個ずつ計25の側面が定義されていて，その特徴に沿って病理の深さを評価していく。**否定的感情**はビッグファイブの神経症傾向の高得点方向の特徴について，①情動不安定性〜⑨感情制御の欠如，の9項目で記載されている。同様に，**離隔**は外向性の低得点方向の特徴である⑩〜⑫と⑦〜⑨の6項目，対立は調和性の低得点方向の⑬〜⑰と⑤の6項目，**脱抑制**は誠実性の低得点方向の⑱〜㉒の5項目，**精神症性**は開放性の高得点方向の㉓〜㉕の3項目が挙げられている。この5特性の評価についてはさまざまな質問紙尺度が開発されてきており，Personality Inventory for DSM-5短縮版（PID-5-BF; Krueger et al., 2013）の日本語版（PID-5-BF-J; 堀江ら，2022）も作成されている。

iv）代替DSM-5モデルにおける特定のパーソナリティ症群

　代替DSM-5モデルでは，全般的基準のA（パーソナリティ機能）とB（病的パーソナリティ特性）によって，6種類の特定のパーソナリティ症についての診断基準を提案している。6種類とは，反社会性・回避性・ボーダーライン・自己愛性・強迫性・統合失調型であり，それぞれの診断にあたっては基準C〜Fもすべて満たす必要がある。例えば，反社会性パーソナリティ症については，基準Aとしてレベル2以上の機能障害がみられることに加え，（1）同一性：自己中心性，（2）自己志向性：自己満足に基づく目標設定（法や規範の無視），（3）共感性：他者の感情への無関心，（4）良心の呵責の欠如，親密さ：親密な相互関係形成能力の欠如，搾取・威嚇・支配による他者操作等の4つの特徴のうち2つ以上が当てはまることが基準として挙げられている。基準Bでは，（1）操作性，（2）冷淡，（3）虚偽性，（4）敵意，（5）無謀，（6）衝動性，（7）無責任の7つのうち6つ以上の病的パーソナリティ特性がみられることが基準となっている。

　以上DSM-5-TRにおける新旧2つのパーソナリティ症の診断モデル（3群10カテゴリーの従来型のカテゴリーモデルと，4領域でのパーソナリティ機能のレベル評価と5つの病的パーソナリティ特性によって新しく提案された代替DSM-5次元モデル）の概要について見てきた。現在ではこの2つのモデルが臨床実践においても研究においても併用されているが，今後さらなる検討によって，統合的な診断体系として発展していくことが望まれる。

D. パーソナリティ症のリスク要因と介入について

　パーソナリティ症のリスク要因については，多くの双生児研究や家族研究から遺伝的要因が関与していることが明らかにされてきている。例えば，猜疑性パーソナリティ症では21％〜66％，反社会性パーソナリティ症では40％程度，ボーダーラインパーソナリティ症では35％〜69％の遺伝率が示されてきている（Ma et al., 2016）。また，近年ではセロトニンやドーパミンなどの神経伝達物質やその活性化酵素等に関連する遺伝子多型との関連についての研究も進みつつある。

　環境要因としては，虐待などの小児期逆境体験（adverse childhood experience：ACE）との関連がくり返し指摘されてきており，猜疑性パーソナリティ症では，社会経済的に不利な環境にあることや差別などの社会的ストレスにさらされることが発現に関連する可能性が示唆されている（DSM-5-TR, 2022）。いずれのカテゴリーのパーソナリティ症においても幼少期より特徴的なパーソナリティ傾向を示すため，家族関係を含めて対人関係が悪化しやすく，学業や職業的・経済的達成などにも困難が生じ，ストレスの多い人生となりがちである。素因的要因と環境ストレスとの相互作用による悪循環を防ぎ，幼少期よりの社会的適応を向上させることによって，うつ病や薬物依存などの二次障害を防ぐことが重要となる。

　介入にあたっては，他の精神疾患の併発に留意することが必要である。うつ病や不安症，摂食症，物質依存（アルコール・薬物），ADHDなどの他の疾患との重複率が高く，それらの診断・治療との関係をよく検討することが求められる。心理療法については，認知行動療法によって不適切な認識のしかたや問題解決方法の改善をめざしたり，精神力動的介入によって支持的な枠組みの中で感情統制の方法や自己意識の健康的な維持について学べるように支援したりすることが有効である。また，家族や所属集団（学校，職場）など周囲の理解やサポートを向上するための心理教育や，クライエントが自身のパーソナリティの特徴を知り，より適切な行動や思考，感情統制が可能となるように行動変容への動機づけを高める働きかけも有効だろう。臨床現場において一般的に遭遇する挑発的なクライエントの行動として，要求が厳しい・依存的・攻撃的・他者を支配し操作するような行動がみられるといった特徴が挙げられ，支援者に無力感や苛立ち，怒りを感じさせる場面が多くなる（Angstman & Rasmussen, 2011）。こうした困難なパーソナリティ特性をもつクライエントへの介入に際しては，クライエント中心の質

の高い関わりが求められ，多職種による緊密な情報交換や連携が必要となると考えられる。

〈文献〉

American Psychiatric Association(2013). *Diagnostic and Statistical Manual of Mental Disorders*(*5th ed.*). American psychiatric Association.(髙橋三郎・大野裕(監訳)．(2014) DSM-5 精神疾患の診断・統計マニュアル．医学書院)

American Psychiatric Association (2022). *Diagnostic and Statistical Manual of Mental Disorders*(*5th ed. Text Revision*). American psychiatric Association. (髙橋三郎・大野裕(監訳)(2023)．DSM-5-TR 精神疾患の診断・統計マニュアル．医学書院)

Angstman K. B. & Rasmussen, N. H.(2011). Personality disorders: Review and clinical application in daily practice. *American Family Physician*, 84, 1253-1260.

Belsky, J. & Pluess, M.(2009). Beyond diathesis stress: Differential susceptibility to environmental influences. *Psychological Bulletin*, 135, 885-908.

Friedman, M. & Rosenman, R. H.(1959). Association of specific overt behaviour pattern with blood and cardiovascular findings. *Journal of the American Medical Association*, 169, 1286-1296.

Friedman, H. S. et al.(1993). Does childhood personality predict longevity? *Journal of Personality and Social Psychology*, 65, 176-185.

Graham, E. K. et al.(2017). Personality predicts mortality risk: An integrative data analysis of 15 international longitudinal studies. *Journal of Research in Personality*, 70, 174-186.

堀江和正他(2022)．日本版 Personality Inventory for DSM-5 短縮版(PID-5-BF-J)の開発及び信頼性・妥当性の検討．九州大学総合臨床心理研究，13, 17-23.

石原俊一(著)．二宮克美他(編)(2013)．パーソナリティ心理学ハンドブック．福村出版，480-486.

Kang, W. et al.(2023). Personality traits and dimensions of mental health. *Scientific Reports*, 13, 7091.

Krueger, R. F. et al.(1996). Personality traits are differentially linked to mental disorders: A multitrait-multidiagnosis study of an adolescent birth cohort. *Journal of Abnormal Psychology*, 105, 299-312.

Krueger, R. F. et al.(2013). *The personality inventory for DSM-5 —brief form* (*PID-5-BF*). American Psychiatric Association.

Larsen, R. & Buss, D.(2010). *Personality psychology: Domains of knowledge about human nature* (4th ed., International student edition), McGraw-Hill Education, 555-559.

Ma, G. et al.(2016). Genetic and neuroimaging features of personality disorders: State of the art. *Neuroscience Bulletin*, 32, 286-306.

Matthews, G. et al. (2009). *Personality traits* (*3rd ed.*). Cambridge University Press, 301-303.

Oshio, A. et al.(2018). Resilience and Big Five personality traits: A meta-analysis. *Personality and Individual Differences*, 127, 54-60.

Rasmussen, H. N. et al.(2009). Optimism and physical health: a meta-analytic review. *Annals of Behavioral Medicine*, 37, 239-256.

Roberts, B. W. et al.(2007). The power of personality: The comparative validity of personality traits, socioeconomic status, and cognitive ability for predicting important life outcomes. *Perspectives on Psychological Science*, 2, 313-345.

Sharpe, J. P. et al.(2011). Optimism and the Big Five factors of personality: Beyond neuroticism and extraversion. *Personality and Individual Differences*, 51, 946-951.

パーソナリティの測定

到達目標

- 主要な質問紙検査（NEO-PI-R，MMPI，YG性格検査，TEG，TCI）について説明できる
- 主要な投影法検査（ロールシャッハ・テスト，TAT，P-Fスタディ，バウムテスト，風景構成法）について説明できる
- 作業検査法（内田クレペリン検査）について説明できる
- 質問紙法・投影法・作業検査法について，それぞれの特徴を比較しながら説明できる

　パーソナリティは，個人の行動や感情，思考の一貫性を理解するうえで中心的な概念であると同時に，私たちの生き方や対人関係，適応行動に深い影響を及ぼす複雑な心理特性である。こうした心理特性を科学的に捉え，比較可能な形で評価することは，心理学の基盤を形成する重要な課題である。パーソナリティの測定は，実証的研究や実践的応用において，個人の多様性を理解し，適切な介入を設計するための基本的な手法として位置づけられている。本章では，パーソナリティの測定の理論的背景，代表的な測定方法，結果の解釈，およびそれらがもつ限界や可能性について概観する。

15.1節 ┃ 質問紙法

　質問紙法は，心理学におけるデータ収集の基本的な手法であり，個人の態度，信念，感情，行動傾向などを客観的かつ効率的に測定するために用いられる。この方法は，標準化された質問項目を通じて多数の受検者から情報を収集し，統計的な分析を可能にすることで，個人差や集団的なパターンを明らかにすることができる。質問紙法は，その柔軟性と汎用性から，基礎研究から臨床応用まで幅広い領域で活用されている。

A. NEO-PI-R

　NEO-PI-R（Revised NEO Personality Inventory）は，**コスタ**

（Costa, P. T.）と**マックレー**（McCrae, R. R.）によって開発されたパーソナリティ検査である。その起源は1978年に発表された3因子モデルに遡る。この初期のモデルは，神経症傾向（Neuroticism），外向性（Extraversion），開放性（Openness to Experience）の3つの因子を基盤とし，これらを測定するために開発された尺度であった。

その後，1985年にコスタとマックレーは調和性（Agreeableness）と勤勉性（誠実性）（Conscientiousness）を加えた**5因子モデル**を提唱し，NEO Personality Inventory（NEO-PI）として発表した。この段階では，各因子が全体的な尺度として評価されていたが，1992年にNEO-PI-Rとして改訂され，各因子を6つのファセットに細分化することで，より詳細な評価が可能となった（Costa & McCrae, 1992）。さらに，NEO-PI-Rは異なる文化圏においても信頼性と妥当性が確認されており（McCrae & Allik, 2002），国際的に使用される標準的なパーソナリティ検査としての地位を確立している。NEO-PI-Rの構造は，パーソナリティの**ビッグファイブモデル**に基づいており，それぞれの因子が6つのファセットによって構成されている（表10.3を参照）。これらの因子とファセットを組み合わせることで，個人のパーソナリティのプロフィールを詳細に評価することが可能である。

NEO-PI-Rにはいくつかの派生版が存在し，それぞれ異なる目的や対象に適応している。主な3つのバージョンを以下に示す。

- **NEO-PI-R**（240項目）：成人を対象に，パーソナリティの5つの主要因子とその下位因子を評価する標準的なツールである。臨床，産業，教育，研究など幅広い分野で利用されている。
- **NEO-FFI**（NEO Five-Factor Inventory; 60項目）：簡便性を重視した短縮版であり，パーソナリティの5因子のみを測定する目的で使用される。項目数が60に削減されており，時間の制約がある場面で有用。
- **NEO-PI-3**：2005年に発表された改訂版であり，語彙の見直しや項目内容の調整により，読みやすさと文化的適応性が向上している。**デフロイト**（De Fruyt, F.）らは，NEO-PI-3の構造と心理測定特性を，24の文化圏における12歳から17歳の5,109名を対象に検討を行っている。その結果，NEO-PI-3の新しい項目は，NEO-PI-Rと比較して，I-T相関が高く，ファセットの信頼性が向上していることが確認されている（De Fruyt et al., 2009）。

表15.1　ビッグファイブのパーソナリティ特性の概要（ネトル, 2009；杉山・小塩, 2021を参考に作成）

ドメイン	低得点の特徴	高得点の特徴
神経症傾向（Neuroticism）	落ち着きがある, ストレスに強い, 情緒的に安定	心配性の傾向, ストレスを受けやすい, 感情の浮き沈みが激しい, 不安定な気分
外向性（Extraversion）	静かで控えめ, 内向的	社交的, 活動的, ものごとに熱中する
開放性（Openness）	慣れたものを好む, 現実的, 伝統を重視	好奇心旺盛, 想像力に富む, 芸術や文化に関心がある, 柔軟な思考
調和性（Agreeableness）	非協力的, 敵対的, 他人を信頼しにくい	思いやりがある, 共感的, 他人を信頼しやすい
勤勉性（誠実性）（Conscientiousness）	衝動的, 不注意, 計画性に欠ける	自己管理ができる, 目標志向的, 計画的

　NEO-PI-Rの理論的背景は，パーソナリティ特性が「個人の安定した行動傾向」を反映するという仮定に基づいている。マックレーとコスタは，パーソナリティ特性を「基本的傾向性（basic tendencies）」と「特有的適応（characteristic adaptations）」に区別し，NEO-PI-Rはそのうち基本的傾向を測定することを目的としていた（McCrae & Costa, 1999）。これにより，パーソナリティ特性は生物学的基盤と関連づけられる一方で，文化や環境要因が個別の適応に影響を与えるという双方向的な理解が可能となる。

　NEO-PI-Rの結果の解釈については，ビッグファイブモデルとそのファセットごとにスコア化される。そして，このスコアをもとにパーソナリティのプロフィールを作成することで，全体像を把握できる（**表15.1**）。例えば，「神経症傾向が高いが，勤勉性も高い」という場合，ストレスを抱えやすい一方で，計画的で自己管理がしっかりしていると解釈される。

　NEO-PI-Rの信頼性は，主に内的一貫性と再テスト信頼性の観点から評価されている。コスタとマックレーによると，各特性および下位尺度の内的一貫性は高く，クロンバックの α 係数が.70以上であることが確認されている（Costa & McCrae, 1992）。また，再検査信頼性については，6ヶ月から2年間の間隔を空けた検証においても相関係数が.80を超える結果が得られており，時間を超えた安定性が示されている。妥当性に関しては，構成概念妥当性，基準関連妥当性，そして異文化間妥当性の観点から検討されて

いる。構成概念妥当性については，ビッグファイブ理論に基づく他のパーソナリティ測定尺度との一致が高く（Costa & McCrae, 1992），各因子が独立した構造をもつことが確認されている。基準関連妥当性においても，例えば職場でのパフォーマンスや学業成績との関連が示されており（Barrick & Mount, 1991；O'Connor & Paunonen, 2007），特定の行動や成果を予測する力がある。

　NEO-PI-Rの異文化間の妥当性に関する研究では，原版が多言語に翻訳され，さまざまな文化圏で使用されている。日本においては，下仲ら（1998）が文化的および言語的な違いを考慮しつつ，原版の内容を忠実に再現した日本語版を作成した。この日本語版は，NEO-PI-Rが本来有する構造を維持しながら，日本文化圏に適応した評価を可能にしている。さらに，NEO-PI-Rの枠組みを基にしつつ，日本人により適合する尺度の開発も試みられている。その一例が，FFPQ（Five Factor Personality Questionnaire；辻他，1997）である。これはNEO-PI-Rの構造を参考にしつつ，普遍性と価値観からの中立性を兼ね備えることを目指して開発された。加えて，村上・村上（1997）は，NEO-PI-Rを支える5因子モデルを尊重しながら，日本文化圏における信頼性と妥当性を重視した尺度を作成している。これらの試みは，NEO-PI-Rの基本的な理論と構造を維持しつつ，日本の文化的背景に合致したパーソナリティの測定を可能にすることを目指している。

　NEO-PI-Rの結果を解釈する際には，スコアが単なる「良し悪し」を示すものではなく，個人の特性を相対的に評価するものであることを理解することが重要である。また，スコアの背後にある心理的および環境的要因を慎重に検討しなければならない。

B. MMPI

　ミネソタ多面的人格目録（Minnesota Multiphasic Personality Inventory：MMPI）は，1943年に心理学者ハサウェイ（Hathaway, S. R.）と精神科医マッキンリー（McKinley, J. C.）によって開発された。彼らは，精神疾患の診断を支援するための標準化された評価尺度を作成することを目的とした。当初のMMPI（現・MMPI-1）は，ミネソタ大学病院の患者と一般集団を基に項目が選定され，当時としては革新的な「経験的尺度構成法」が用いられた（Hathaway & McKinley, 1943）。その後，社会や文化の変化に対応する必要性から，1989年に改訂版であるMMPI-2

（567項目：臨床スケールに加え，妥当性スケールが含まれる）が登場し，2003年には思春期（14〜18歳）を対象としたMMPI-A（478項目）が開発された。さらに，2011年には短縮版であるMMPI-2-RF（338項目）が発表され，より効率的な評価が可能となった。現在の最新バージョンは，2020年に発表されたMMPI-3（335項目）である。MMPI-3は，前身であるMMPI-2やMMPI-2-RFの科学的基盤を引き継ぎつつ，DSM-5に対応したパーソナリティ症の尺度を取り入れられており，日本語版も作成されている。MMPI-3は高次尺度（感情，思考，行動の高次領域について測定する3尺度），再構成臨床尺度（オリジナルMMPIの臨床尺度をベースに再構成された8尺度），特定領域の問題尺度（身体的・認知機能尺度，内在化尺度，外在化尺度，対人関係尺度の4尺度）の三層構造で構成されており，尺度間の関係が明確である。また，妥当性尺度（10尺度）とパーソナリティ精神病理5尺度を合わせて充実した情報を得ることができる。オリジナルのMMPIからの大きな変更点としては，MMPI-3の質問項目が335項目と大幅に減ったことや，宗教やジェンダーに関連する項目がすべて削除されたことが挙げられる。

　MMPIの結果解釈は，まず回答の一貫性や信頼性を評価するため，妥当性尺度のスコアを確認し，回答の信頼性や誇張・防衛的回答の有無を判断する。次に，各臨床尺度のTスコアを確認し，特定の心理的特性や症状の程度を評価し，高得点の尺度は，該当する心理的問題や特性の存在を示唆する（臨床尺度の分析）。

　MMPIは，その開発過程において厳密な統計的手法を用いており，高い信頼性と妥当性が報告されている。特に，MMPI-3では最新の診断基準や統計手法が導入され，尺度の精度が向上している。ただし，MMPI-3日本語版では，MMPI新日本版の項目訳を継承するのではなく参考にしているため，原版でまったく同じ文言の項目がMMPI新日本版とMMPI-3日本版において重複していない点に注意が必要である（鋤柄，2023）。

C. YG性格検査
　YG性格検査（矢田部ギルフォード性格検査）は，アメリカの心理学者**ギルフォード**（Guilford, J. P.）によって開発された「ギルフォード性格検査」をもとに，日本の心理学者である**矢田部達郎**によって修正・標準化された心理検査である。日本におけるYG性格検査の特徴的な側面は，文化的背

表15.2　YG性格検査の尺度構成（矢田部他, 1965を参考に作成）

12因子	各因子の特徴は高得点ほど下記傾向が強くなる
抑うつ性（D）	陰気, 悲観的な気分, 罪悪感の強さ
回帰性傾向（C）	気分の変化が大きい, 情緒不安定的
劣等感の強いこと（I）	自己の過小評価, 不適応感の強さ
神経質（N）	心配性, 神経質, 苛立ち
客観的でないこと（O）	空想性, 批判を気にする
協調的でないこと（Co）	不満が多い, 人を信用しない
愛想の悪いこと（Ag）	攻撃的, 気が短い, 人の意見を聞かない
一般的活動性（G）	活動的, 身体を動かすことを好む
のんきさ（R）	のんき, 気軽で衝動的, 活発
思考的外向（T）	熟慮に欠ける, 瞑想的および反省的の反対傾向
支配性（A）	社会的指導性, リーダーシップ
社会的外向（S）	対人的に外向的, 社交的, 誰とでもよく話す

景や言語的特性を考慮して項目や尺度が修正されている点にある。矢田部（1958）の研究では，日本人の文化的特性に適合するように質問項目が調整され，より高い信頼性と妥当性をもつパーソナリティ測定が可能となった。初期の検査は13尺度で構成されていたが，その後，心理学者の辻岡美延らによる内的整合性の観点からの標準化作業を経て，「M（男性）」尺度を削除した12尺度に改訂された（辻岡・藤村, 1976）。この12尺度は，それぞれ10項目ずつから構成され，合計120項目からなる現在のYG性格検査として完成された。

　YG性格検査には，通常120項目から構成される一般的に使用される標準版，短縮版，小中学生の使用に適した児童版の3つのバージョンがある。それぞれの質問項目について，「はい」「？」「いいえ」の3段階で回答を求める。回答はカーボン紙によって転写される様式で，採点が容易になっている。採点は粗点から5段階の標準点に換算される。YG性格検査の構造は，**表15.2**に示すように12の因子を基に，パーソナリティを平均型，不安定積極型，不安定消極型，安定積極型，安定消極型の5つのタイプに分類される。

　YG性格検査の結果は，各尺度の得点分布を基にパーソナリティの特徴を解釈する。特定の尺度が極端に高得点または低得点である場合，その特性が顕著であるとみなされる。また，5つのタイプによる分類は，パーソナリ

ティ全体の傾向を理解するための参考となる。ただし，結果はあくまでパーソナリティの一側面を反映しているに過ぎず，状況や環境によって異なる可能性があるため，解釈の一般化の難しさが挙げられる。

　YG性格検査の日本語版は，その簡便性と信頼性から，心理学の研究や実践において広く活用されているツールとなっている。矢田部や辻岡らの研究に基づき，その妥当性と実用性は長年にわたり確認されてきたが，時代の変化に応じた改訂や新たな応用可能性の追求が今後の発展において重要であろう。

D. TEG

　東大式エゴグラム（Tokyo University Egogram：TEG）は，1970年代にアメリカの精神科医バーン（Berne, E.）の交流分析理論（Transactional Analysis）を基に，日本文化に適応した形で開発された自己記入式の心理検査である。その起源を辿ると，1973年にバーンの弟子である精神科医のデュセイ（Dusay, J. M.）が最初にエゴグラムを発表したことに始まる。当時のエゴグラムは質問紙形式ではなく，受検者が自己評価に基づいてグラフを描画する手法であったが，1979年にアメリカのハイヤー（Heyer, N. R.）が客観性を高めるために質問紙形式に改良したことで，より広く実用化された。

　日本では，1974年に臨床心理学者の杉田峰康がエゴグラムの質問紙法を初めて発表して以来，日本人のパーソナリティ特性や文化的背景に適合するように改良や工夫が重ねられ，1984年には東京大学医学部心療内科TEG研究会によって日本独自のエゴグラムであるTEGが開発された（石川，1984）。TEGはその後も複数回の改訂を経て，2019年には最新バージョンである「TEG 3」が発表され，より高精度な測定が可能となっている。

　TEGの基盤となるエゴグラム理論は，個人のパーソナリティ構造を「批判的親（Critical Parent：CP）」「養育的親（Nurturing Parent：NP）」「成人（Adult：A）」「自由な子ども（Free Child：FC）」「順応した子ども（Adapted Child：AC）」という5つの自我状態に基づいて評価するものである（図15.1）。この理論をもとに設計されたTEGは，約60項目の質問に「はい」「いいえ」「どちらでもない」の3段階で回答する形式を採用している。質問内容は簡潔でわかりやすく設計されており，受検者の負担を軽減しつつも，パーソナリティ特性を精密に評価することを目指している。

　TEGの検査結果は，5つの自我状態の得点として数値化され，それが棒

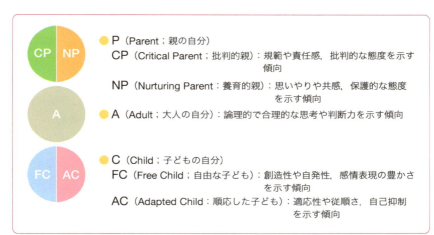

図15.1　5つの自我状態

グラフで視覚化される。このグラフが「エゴグラム」と呼ばれ，各自我状態の得点の高低やバランスをもとに，個人のパーソナリティ傾向や行動パターンを分析する基盤となる。例えば，批判的親（CP）の得点が高い場合には，責任感が強く，規律を重視する一方で，過度になると批判的な態度をとる傾向がみられる。一方，自由な子ども（FC）の得点が高い場合には，創造性や活動性が豊かであるが，自己中心的な傾向を示す可能性がある。このように，各自我状態の得点の組み合わせを総合的に評価することで，個人のパーソナリティプロファイルを明確に把握することが可能である。

　また，TEGの結果が視覚的に示されることにより，受検者自身が自分の自我状態のバランスを直感的に理解しやすいという利点がある。ただし，自己記入式の形式であるため，受検者の回答の偏りや評価の誤りが結果に影響を与える可能性がある点には注意が必要である。さらに，エゴグラムは心理状態を特定の時点で捉えるものであり，時間の経過や環境の変化によって結果が変動することがある。このため，結果を解釈する際には慎重さが求められ，必要に応じて複数回の検査を実施したり，他の心理検査や面接情報と組み合わせたりすることで，総合的な判断を行うことが望まれる。

E. TCI

　パーソナリティを遺伝的要因や神経伝達物質に関連する生物学的な側面から考えたのがアメリカの精神科医である**クロニンジャー**（Cloninger, C.

R.）である。クロニンジャーは，パーソナリティを**気質**（temperament：遺伝的要因に強く影響され，感情的反応や行動パターンを形成する要素）と**性格**（character：経験や学習に基づいて形成され，人生の目標や価値観を反映する要素）の相互作用によって発達すると提唱した（**図15.2**）（Cloninger, 1987）。彼は生物心理社会モデルに基づき，遺伝的要因と環境要因がパーソナリティ形成に与える影響を総合的に評価するために，Temperament and Character Inventory（TCI）を開発した（Cloninger et al., 1993）。

　TCIは，もともとTridimensional Personality Questionnaire（TPQ）を基盤としており，気質の3次元（新奇性追求・損害回避・報酬依存）が設定されていた。その後，報酬依存から「固執」が独立したことで気質の4次元となり，さらに性格の3次元（自己志向性，協調性，自己超越性）が加わり，7次元モデルとして拡張された。このモデルにおいて，気質は主に神経生物学的基盤に依存するとされ，以下のように各次元が異なる神経伝達物質システムと関連づけられている（Cloninger et al., 1993）。

1. 新奇性追求（行動の触発）：探索行動や報酬感受性に関連し，ドーパミン系の活動に依存していると考えられる
2. 損害回避（行動の抑制）：不安や抑うつに対する反応性を調節するセロトニン系と関連があり，損害回避の高い人ではセロトニン系の活動が低い可能性が示唆されている
3. 報酬依存（行動の固着）：他者承認や親密な関係の求めに関連し，ノルアドレナリン系の感受性と結びついている

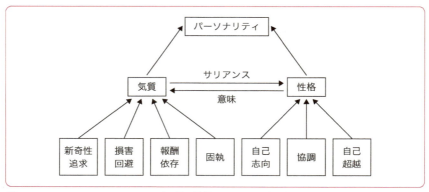

図15.2　パーソナリティにおける気質と性格との関連性（木島, 2000）

表15.3　クロニンジャーのTCIの概要

	下位因子	低得点の特徴	高得点の特徴
気質 （Temperament）	新奇性追求 （NS）	落ち着きがあり慎重，退屈しやすい状況や保守的態度をとる	冒険的，活動的，衝動的，他者との対立や衝動的な判断のリスク
	損害回避 （HA）	楽観的で自信に満ちているが，危険を過小評価する	慎重で計画的だが，過度に不安になりやすい
	報酬依存 （RD）	独立的で自立心があるが，他者との関係構築が希薄になる	思いやりがあり，他者に対して協力的で情緒的だが，承認欲求が強い
	固執 （P）	柔軟で適応力があるが，忍耐力や責任感に欠ける	粘り強く，責任感があるが，頑固さや柔軟性の欠如を伴う
性格 （Character）	自己志向性 （SD）	依存的で他者に頼りやすい。自分の価値観に確信をもてない	自立的，目標志向的，自己制御が可能
	協調性 （C）	自己主張が強くなる反面，他者との関係で対立を引き起こす	他者との関係が良好で，思いやりがあるが，自己主張が弱い
	自己超越性 （ST）	実際的で現実的だが，精神的な成長や高次の目標への関心が希薄になる	精神的な意味や人生の目的を見出しやすいが，非現実的になる

　一方，性格は成人期において変化する柔軟性をもつとされ，自己の同定や価値観に基づく3次元（自己志向性，協調性，自己超越性）で構成されている（図15.2）。

　また，TCIには成人版だけでなく，10～15歳の子どもを対象としたJTCI（Junior Temperament and Character Inventory）もあり，保護者や教師による評価が可能である（菅原他，1997）。これらの得点は各特性の程度を示し，総合的なパーソナリティのプロファイルを描き出す（**表15.3**）。

　TCIは包括的な評価ツールとして高く評価されているが，一部の批判も存在する。例えば，質問項目の解釈が文化や言語に依存する可能性や，性格次元と気質次元の区別が曖昧である点が指摘されている（Miettunen et al., 2008）。これに対して，クロニンジャーは改訂版TCI-R（Temperament and Character Inventory-Revised）を開発し，質問項目と理

論の精緻化を図ることで評価の信頼性と妥当性を向上させた。

　日本においては，日本特有の文化的背景や社会規範を考慮し，「自己志向性」や「協調性」に関連する項目が集団主義的傾向を反映する形で調整されている（Takeuchi et al., 2011）。

　TCIは気質と性格という二次元的な視点からパーソナリティを包括的に評価する画期的なツールであり，遺伝的要因と環境的要因の相互作用に基づくパーソナリティ理解を深める手がかりを提供している。

15.2節 ‖ 投影法

　投影法は，個人の無意識的な感情や思考，動機を明らかにするための心理学的評価手法である。自由な反応を引き出すことを目的とし，曖昧な刺激（絵画，文章，形状など）を提示することで，受検者が自らの内面を投影すると考えられている。この方法は，意識的な防衛機制を超えて，個人の深層心理やパーソナリティの特徴を探るために特に有用とされる。ロールシャッハ・テストや主題統覚検査（TAT）をはじめとする代表的な技法は，臨床心理学，教育心理学，法医学など幅広い分野で応用されている。本章では，投影法の理論的背景，主要な技法，その応用について概観する。

A. ロールシャッハ・テスト

　ロールシャッハ・テストは，1921年にスイスの精神科医ロールシャッハ（Rorschach, H）によって提唱された投影法の心理検査である。本テストは，無秩序にみえるインクブロット（インクの染み）に対する受被者の自由な反応を分析することで，個人の潜在的なパーソナリティ特性や心理状態を明らかにしようとするものである（Rorschach, 2022）。

　ロールシャッハは，本テストの基盤としてフロイト（Freud, S.）の精神分析理論やユング（Jung, C. G.）の無意識の概念に影響を受けており，特に無意識の内容を受検者の反応から推測する点に重点が置かれている。理論的には，受検者が曖昧な刺激に直面した際に，自身の内的な思考，感情，動機が反映された反応を示すという「投影理論」に依拠している。これにより，通常の質問紙法では明らかにしにくい潜在的な心理的側面を探ることが可能であるとされている。ロールシャッハ・テストの発表後，当初は精神医学の領域で主に使用されていたが，第二次世界大戦後にはアメリカを中心に広く

普及した（Exner, 2009）。ロールシャッハ自身は1922年に早逝したため，その後の理論的発展は彼の弟子や後継者たちによって行われた。1950年代から1960年代にかけて，複数の解釈システムが並立する状況となり，信頼性や妥当性の議論が盛んに行われた。これに対処するため，**エクスナー**（Exner, J. E.）が1974年に**包括システム**（Comprehensive System）を提案し，現在では最も広く採用されている解釈フレームワークとなっている（Exner, 2009）。包括システムは，解釈の標準化を目的とし，反応の量的および質的分析を体系化したものである。

ロールシャッハ・テストの結果は，受検者の反応を以下のような側面から分析することで解釈される。

1. 反応領域（Location）：「インクブロットのどの部分に注目したか」を指し，大枠（Whole），部分（Detail），空白（White Space）などに分類される
2. 決定因（Determinants）：反応に影響を与えた要因であり，形，色，動きなどが含まれる
3. 反応内容（Content）：何を見たと報告したかに関する分類で，動物，人物，自然（Nature）などがある
4. 形態水準（Form Level）：受検者の反応がインクブロットの形状や一般的な知覚基準とどれだけ一致しているかを評価する指標

これらの指標を総合的に評価することで，認知スタイル，情緒的な反応性，人間関係のパターン，ストレス対処能力などのパーソナリティ特性を推測することが可能である。特にエクスナーの包括システムは，これらの解釈を統一的に行うための具体的な基準を提供している。

ロールシャッハ・テストの信頼性と妥当性は長年にわたり議論の対象となってきた。一部の研究では，形態水準や決定因など特定の指標について高い再検査信頼性が報告されている（Acklin et al., 2000）。また，妥当性に関しても，特定の臨床群（統合失調症，パーソナリティ症など）において有用性が示されている（Mihura et al., 2013）。しかし，**リリエンフェルド**（Lilienfeld, S. O.）らの研究では，解釈の主観性が信頼性を低下させる可能性があるとの指摘もされている（Lilienfeld et al., 2000）。これを受けて，近年では包括システムを基にした客観的な評価基準や，メタ分析を用いた妥当性の検討が進められている。例えば，**ミウラ**（Mihura, J. L.）

らは，ロールシャッハ指標の中には特定の精神病理に関する妥当性をもつものがあることを明らかにした（Mihura et al., 2013）。

ロールシャッハ・テストは，その独自性と長い歴史の中で，臨床心理学や精神医学における重要なツールとしての地位を確立してきた。しかし，その解釈の複雑さや信頼性・妥当性をめぐる議論は，依然として解決すべき課題を残している。今後の研究でさらなる標準化と客観性の向上が求められる。

B. 主題統覚検査（TAT）

主題統覚検査（TAT）は，1930年代にハーバード大学の心理学者マレー（Murray, H. A.）とモーガン（Morgan, C. D.）により開発された投影法の心理検査であり，人物や状況が描かれた曖昧な図版を提示し，受検者がそれに基づいて物語を創作する形式をとる（Murray, 1938）。TATは，曖昧な絵画刺激に対する受検者の物語的反応を通じて，その人の潜在的な欲求，動機，対人関係のパターンを明らかにする目的で用いられる（Morgan & Murray, 1935）。理論的には，マレーの「欲求－圧力理論（Needs and Press）」が基盤となっている。この理論によれば，個人の行動は内的な欲求（needs）と外部からの圧力（press）の相互作用によって決定される。TATでは，曖昧な刺激（絵画）を提示することで，受検者が自身の欲求や葛藤を物語に投影するプロセスを引き出す。

TATの検査方法として，マレーによって30枚の絵カードと1枚の白紙が作成されており，絵カードは「大人の男性用（M）」「大人の女性用（F）」「少年用（B）」「少女用（G）」に分かれている。マレーは，31枚のカードの中から受検者の年齢と性別に応じて選ばれた20枚（うち1枚は白紙）を，2日間にわたり1日10枚ずつ用いる方法を提案している。しかし，実際の臨床場面では，検査時間や受検者の負担を考慮して，10枚前後を選んで実施されることも多くなっている。これらのカードを使用し，受検者はそれぞれの曖昧な絵画に基づいて物語を作る。物語には，登場人物の背景，出来事，感情，結末などが含まれる。検査者はこれらの物語を記録し，登場人物の役割や関係性，感情的トーン，主要なテーマ，物語の結末などを分析する。これにより，受検者の内的な動機や対人関係のパターン，ストレスへの対処スタイルなどが明らかになる。

TATは，1935年に初めて公開されて以来，臨床心理学，社会心理学，精神医学などの分野で幅広く使用されている。初期の研究では，TATは主

に精神病患者の診断や心理療法の補助として利用されており，1947年には**ベラック**（Bellak, L.）がTATを診断的ツールとして体系化するためのガイドラインを発表している（Bellak, 1947）。1950年代から1960年代にかけて，TATは投影法の代表的な心理検査として認知され，心理学研究においても多くの実証的研究が行われた。しかし，解釈の主観性や標準化の欠如に関する批判も増え，1980年代以降は，標準化された解釈システム（例えば，**マクレランド**（McClelland, D. C.）らの動機研究）が導入されることで再評価されるに至った（McClelland et al., 1989）。

　TATの特徴は，他の心理検査では得られにくい深層心理や動機づけに関する情報を引き出せる点にある。例えば，受検者が物語を作る過程で無意識的な欲求や恐れが投影され，それらが個人のパーソナリティや行動の背景を理解する手がかりとなる。また，TATは自由度が高いため，定型化された検査では気づきにくい個別の問題や特徴を明らかにすることができる。

　その一方で，いくつかの限界が指摘されている。第一に，解釈の主観性が高い点が挙げられる。TATは受検者が自由に物語を構築する形式であるため，解釈が検査者の主観に依存しやすい。これを補うために，**ウインター**（Winter, D. G., 1998）による定量的な分析アプローチも開発されているが，この方法が一般的に使用されるわけではない。第二に，文化的背景への依存が問題とされる。TATの絵画は主に西洋文化を背景に設計されているため，異文化圏で使用する際には適応が必要である。例えば，絵画に含まれる人物の服装や行動が特定の文化の価値観に基づいている場合，受検者の解釈が偏る可能性がある。この点については，多文化的な視点を取り入れた改良版が提案されているものの，国際的な標準化は十分進んでいない。したがって，TATは受検者の深層心理を探索するうえで有用な手法であるが，解釈の主観性や標準化の不足などの限界を踏まえ，他の心理検査や情報と統合して使用することが望ましい。

C. P-Fスタディ

　P-Fスタディ（絵画欲求不満テスト）は，1945年にアメリカの心理学者**ローゼンツワイク**（Rosenzweig, S.）によって開発された記述式の投影法検査である（Rosenzweig, 1945）。この心理検査は，受検者が欲求不満を感じる状況においてどのように反応するかを評価し，その反応様式を通じてパーソナリティやストレス対処スタイルを明らかにすることを目的とし

ている。「欲求不満」とは，目標達成が妨げられる際に生じる心理的緊張状態を指し，この状況における反応は個人のパーソナリティの重要な側面を反映すると考えられている。

　P-Fスタディの理論的背景には，ローゼンツワイクがフロイトの精神分析理論や攻撃行動に関する心理学の影響を受けていることが挙げられる。特に，ローゼンツワイクは攻撃の方向性（外向，内向）および反応型（障害への焦点，自己への焦点）に着目し，これらの分類を基に受検者の行動パターンを分析する。検査では，欲求不満を感じさせる状況を描いた絵画刺激が提示され，受検者はそれに対する反応を文章で記述する。これにより，受検者がどのように攻撃性を表現または抑制するかが明らかになり，ストレス対処能力や対人関係の特徴を評価することが可能となる。

　日本では，P-Fスタディの適応と標準化が進められ，1955年に児童用，1956年に成人用，1987年に青年用，さらに2006年には児童用第Ⅲ版が改訂版として発表されている。これらの改訂は，日本の文化的背景や社会的特性に適応することを目指して行われたものであり，特に児童や学生の行動傾向の評価において重要な役割を果たしている。また，P-Fスタディは学校や臨床現場において広く活用されており，問題行動の早期発見やメンタルヘルス支援のためのツールとして有用性が高い。

　P-Fスタディは，2人以上の登場人物が描かれたマンガ風の絵画を用いる。欲求不満を引き起こす場面が描かれた24枚の絵画を受検者に提示し，受検者はそれぞれの絵画に対する反応を吹き出しの中に自由に記述する。欲求不満場面には，自我阻害場面（欲求不満の原因が他者や状況にあり，自分の意思とは無関係に問題が生じる場面）と超自我阻害場面（欲求不満の原因が自分自身にあり，その行動や失敗を他者から非難される場面）の2種類が想定されている。

　受検者の反応は，以下の基準で分類・点数化される。
・アグレッションの方向性：他責（他者を責める），自責（自分を責める），無責（誰も責めない）
・アグレッションの型：障害優位（問題自体に焦点を当てる），自我防衛（自分を守るための反応），要求固執（自分の目標や要求に固執する）

　これにより，合計9種類（変形反応を含めると11種類）の因子が分析される（**表15.4**）。また，反応の特徴を把握するために，アグレッションの方向性や型以外にも以下の指標が用いられる。

表15.4　P-Fスタディのアグレッションの方向と型による分類

	障害優位型	自我防衛型	要求固執型
他責的	他責逡巡反応（E'）	他罰反応（E） （変形他罰反応：E）	他責固執反応（e）
自責的	自責逡巡反応（I'）	自罰反応（I） （変形自罰反応：I）	自責固執反応（i）
無責的	無責逡巡反応（M'）	無罰反応（M）	無責固執反応（m）

- ・GCR（Group Conformity Rating：集団一致度）：欲求不満場面における「受検者の反応」と「標準的な反応」との一致度（%）を示す指標。GCRが高い場合，過剰に常識的で標準的な反応を示しやすい傾向があると解釈される。
- ・反応転移：テストの前半と後半で反応の質がどのように変化するかを分析する。

　このように，P-Fスタディは個人の欲求不満に対する反応様式を多角的に分析することで，ストレス対処能力や対人関係の特徴を評価する有用な心理検査である。その一方で，投影法特有の解釈の主観性や文化的背景の影響を考慮した慎重な運用が求められる。

D. バウムテスト

　バウムテスト（樹木画テスト）は，1949年にスイスの心理学者コッホ（Koch, K）によって提唱された描画法による心理検査である（Koch, 1952）。この検査は，受検者が樹木を描く際に投影される無意識的な心理状態やパーソナリティ特性を分析することを目的としている。コッホは，描画行動が個人の内的世界を投影する手段として有効であると考え，特に自由度の高い描画が無意識の欲求や葛藤を表出する点に着目した。

　バウムテストの理論的背景には，精神分析理論および投影理論がある。この検査は，描画における線の形状，配置，構成要素が受検者の心理的特徴を象徴的に表現するという考え方に基づいている。樹木は「生命の象徴」として古代から文化や神話の中で重視されてきた存在であり，心理的探索の対象として適切とされる。コッホはまた，樹木というテーマが文化的な影響を受けにくく，普遍的な理解が可能である点を強調した。こうした特性により，バウムテストは幅広い文化圏で実施可能な心理検査として位置づけられている。

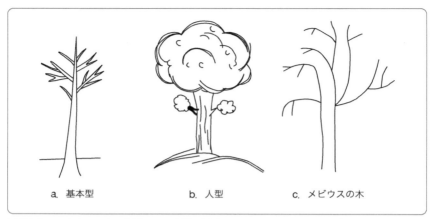

図15.3　バウムテストの例（a, b：藤岡・吉川, 1971, c：Koch, 2010）

　検査は，以下の手順に従って実施される。まず，受検者にはA4サイズの白紙と鉛筆，消しゴムが用意される。検査者は，受検者に対して「実のなる木を1本，描いてください」と指示する。この教示のみが与えられ，描画に要する時間は特に制限されていない。受検者が描画を進める間，検査者は助言や指示を行わず，受検者の自然な描画を促す。バウムテストの結果の解釈は，描かれた樹木の全体的な形状や構成要素（根，幹，枝，葉など）を分類することによって行われる。樹木全体の形状は，基本型（**図15.3a**），放散型，冠型，人型（**図15.3b**）といった標準的な樹型に加え，幹先端が左右に開いた漏斗状幹上開やメビウスの木（**図15.3c**）のような特殊形がある。また，「描けません」といった拒否・不能型も診断の対象となる。各構成要素についても象徴的な解釈が行われる。例えば，「根」は受検者の安定感や現実感を表し，「幹」は精神的安定感や自己肯定感を象徴する。これらの要素を総合的に分析することで，受検者の内的世界やパーソナリティ特性を理解する手がかりが得られる。

　バウムテストは簡便な心理評価ツールとして，臨床や教育現場で広く利用されている。その利点として，受検者がストレスを感じることなく短時間で実施できる点が挙げられる。一方で，結果の解釈には主観的要素が含まれるため，解釈者の熟練度や経験に依存する側面がある。そのため，標準化された評価基準の活用や他の心理検査との併用が望ましい。また，文化的背景や個人の描画スキルが結果に影響を与える可能性があるため，これらを考慮し

た慎重な解釈が求められる。

E. 風景構成法

風景構成法（Landscape Montage Technique；LMT）は，1969年に日本の精神科医である**中井久夫**によって考案された描画法による心理検査である。この検査は，受検者が与えられた指示に従い，特定の要素を含む風景画を描くことで，無意識の心理状態やパーソナリティ特性，さらには対人関係の傾向を明らかにすることを目的としている。

風景構成法の理論的背景には，投影理論と芸術療法の要素が含まれる。投影理論では，個人が曖昧な課題や素材に接した際に，自身の無意識的な心理や葛藤をその反応に投影すると考えられている。この検査では，まず検査者が受検者の目の前で画用紙の端に沿って枠を描き（**枠づけ法**），自由な保護空間を箱庭のように設定する。その後，受検者に対し，指定された風景の構成要素である「川・山・田・道・家・木・人・花・動物・石」の10の要素をこの順番で描くよう求める。この過程を通じて，受検者が自己や他者，環境との関係性をどのように捉えているかを探ることが可能となる。

中井（1984）は，風景構成法の基盤にユング心理学の概念を取り入れており，特に無意識と意識の相互作用や象徴の重要性に注目した。風景というテーマは文化的・個人的な意味をもちながらも普遍性を備えており，描画行為を通じて受検者の内面を探索するための適切な素材であると位置づけられている。

風景構成法の解釈は，描かれた風景画全体の構成や各要素の特徴を分析することで行われるが，標準化はされていない。しかし，描かれた空間構成の形式に関して，中井（1984）はキメラ的多空間現象や鳥瞰図現象などの描画特性と特定の精神疾患との関連について以下のように報告している。

- ・キメラ的多空間現象：異なる空間や視点が同一の描画内に複数の次元で同時に表現される（例：統合失調症）
- ・鳥瞰図現象：遠近法を用いず，全体を見下ろすような視点で描かれ，地図のように表現される（例：躁エピソード）
- ・虫瞰図現象：遠景が垂直にそびえ立つように描かれ，視点は地表近くに固定された構図をとることが多い（例：うつ病）

風景構成法は，受検者の無意識的な心理状態やパーソナリティ特性を探るための有用な投影法である。ただし，その解釈においては，標準化された手

法を活用しつつ，受検者の文化的背景や生活経験を十分に考慮することが求められる。

15.3節 | 作業検査法

作業検査法は個人の職業的能力や適性を評価するための手法である。この手法は，特定の職業や業務に必要な能力やスキルを測定し，個人がその職業でどの程度成功する可能性があるかを予測するのに役立つ。教育や職業適性評価，職業リハビリテーションなどの分野で広く活用されている。

内田クレペリン検査

内田クレペリン精神作業検査（以下，内田クレペリン検査）は，19世紀後半にドイツの精神科医クレペリン（Kraepelin, E）が考案した作業検査法を基に，日本の心理学者である内田勇三郎が日本の文化や教育環境に適応させ，独自の方法論を加えることで完成した心理検査である（内田，1936）。この検査は，単純な連続加算作業を通じて，受検者の作業能力やパーソナリティ特性，精神的な安定性を評価することを目的としている。

内田クレペリン検査の理論的背景には，作業中の注意力や集中力，疲労の変化が個人の精神的特徴を反映するという考え方がある。検査は，専用の検査用紙（1列あたり1桁の数字がランダムに並んだもの）を用いて実施される。受検者は，この用紙を使って隣り合う2つの数字を加算し，その結果を用紙上に記入する作業を行う。1回の作業は5分間で，1回目の作業が終了すると2〜5分間の休憩を挟んだ後，同じ手順で2回目の作業を開始する。このように連続加算作業をくり返すことで，受検者の集中力や疲労，回復力を評価するデータが得られる。

検査結果の解釈では，作業中に記録された仕事量（1分ごとの加算結果）を基に作業曲線を作成する。この曲線は，時間経過に伴う作業量の変化を視覚的に示しており，受検者の集中力，疲労の程度，回復力，感情の安定性といった心理的特性を反映するものとされる。さらに，作業曲線の形状に注目することで，受検者のパーソナリティ傾向を把握することが可能である。例えば，曲線が序盤で上昇し，安定期を経て終盤に向けて緩やかに減少する「定型曲線」は，集中力や疲労への適応力が高く，精神的に安定していることを示す（表15.5）。一方で，作業量が早期に低下する「疲労型」や，作

表15.5　定型曲線と非定型曲線の比較

特徴	定型曲線	非定型曲線
作業量の変化	徐々に上昇→安定→終盤に減少	不規則, 急激な変化や早期減少がみられる
精神的安定性	高い	不安定または疲労の影響を受けやすい

業量が大きく上下する「起伏型」などの「非定型曲線」は，注意力の持続困難や感情の不安定さを反映している可能性がある。このような作業曲線の特徴から，受検者の粘り強さ，気分の変動，ストレス耐性といった心理的傾向が評価される。

　内田クレペリン検査は，そのシンプルな実施方法と受検者のパーソナリティ特性や行動傾向を視覚的に把握できる利便性から，採用試験や教育，交通業界など幅広い分野で活用されている。特に作業曲線という独自の指標を用いることで，注意力や持続力，疲労の影響といった特性を具体的に評価できる点が大きな特徴である。一方で，この検査にはいくつかの課題も指摘されている。例えば，検査結果が受検者の意図的な操作によって影響を受ける可能性や，結果の解釈に解釈者の主観が入りやすいことが挙げられる。そのため，内田クレペリン検査を用いる際には，他の心理検査や評価手法と併用し，多角的に結果を解釈することが重要である。

15.4節　3つの測定方法の比較

A. 質問紙法，投影法，作業検査法の比較

　心理学におけるパーソナリティや行動特性の評価には，多様な方法が存在する。その中でも，質問紙法，投影法，作業検査法は，異なる理論的背景と手法をもつ代表的な測定方法であり，それぞれに独自の特徴，利点，限界がある（**表15.6**）。

　質問紙法は，受検者自身の回答を基にパーソナリティ特性を効率的かつ客観的に測定する方法である。特に，標準化された質問紙を用いることで，多人数を短時間で評価するのに適している。一方，投影法は曖昧な刺激を提示し，受検者がそれに対してどのように反応するかを通じて，無意識的な側面や深層心理を探索する手法である。この方法は，表面的な自己報告では捉えにくい心理的特徴を明らかにする可能性をもつが，解釈に専門知識が必要である点が課題となる。また，作業検査法は，受検者が単純な作業を遂行する

表15.6　質問紙法，投影法，作業検査法の比較

項目	質問紙法	投影法	作業検査法
特徴	定められた質問項目に自己報告形式で回答する心理検査	曖昧な刺激に対する自由な反応を通じて，無意識的な動機や感情を探索する	単純作業を行わせ，作業過程や結果から性格特性や行動傾向を評価する
長所	・集団実施が容易で短時間でデータ収集が可能 ・統計的解析がしやすく，客観的測定が可能	無意識的な心理を探索可能	言語能力や文化的影響を受けにくい
短所	・社会的望ましさや回答バイアスの影響を受けやすい ・無意識的側面の測定が困難	解釈に主観が入りやすい	・得られる情報が限られる ・単調な作業が被験者に負担となる
解釈の客観性	高い	低い （解釈が主観的で検査者間の一致度が低い）	中程度 （作業結果は客観的だが，解釈には専門知識が必要）
信頼性	高い	低い	中程度
妥当性	内容的妥当性と基準関連妥当性が高い（無意識的側面の評価は困難）	無意識的な心理探索に有用(科学的根拠の検証が難しい)	特定のパーソナリティ特性の評価には有用（全体像の把握には限界がある）

過程を観察し，そこから行動傾向やパーソナリティ特性を評価する方法である。この方法は，言語能力に依存しないため，言語的制約の影響を受けにくいという利点がある。

　本章で論じたように，質問紙法，投影法，作業検査法は，それぞれ異なる強みと限界をもつ心理検査の手法である。クライエントの支援においては，これらの手法を適切に選択し，必要に応じて組み合わせることで，多面的かつ精度の高い評価が可能となる。各手法の理論的背景と具体的な実践技法を深く理解し，クライエントのニーズに応じて柔軟に対応する姿勢が，検査者としての専門性を高める鍵である。

B. パーソナリティの測定に関する倫理的配慮

　心理学的評価や研究において，質問紙法，投影法，作業検査法を用いる際には，共通して求められる倫理的配慮がある。まず，どのような方法を用いる場合であっても，検査の目的や手法，データの取り扱いについて受検者に

十分な説明を行い，自主的な同意を得ることが不可欠である（**インフォームド・コンセント**）。次に，収集したデータは厳重に管理し，匿名性を保持することで受検者のプライバシーを保護する必要がある（**データの機密性と匿名性**）。さらに，使用する心理検査が評価目的に適しており，妥当性と信頼性を備えていることを確認することが求められる（**検査の妥当性と信頼性**）。加えて，心理検査を実施し解釈する際には，検査者が十分な専門知識と訓練を受けていることが前提となる（**専門性の維持**）。

　これらの測定方法はいずれも，個人の心理的特性を明らかにするための有用な手段であるが，それぞれに固有の課題が存在する。倫理的配慮を欠いた利用は，受検者に心理的負担を与えたり，評価結果を不正確なものにしたりする危険性を伴う。そのため，検査者には，これらの手法を適切かつ倫理的に運用する責任が求められる。倫理的配慮を徹底することが，受検者の権利を守り，信頼できる心理学的評価を実現するための基本である。

〈文献〉
Acklin, M. W. et al. (2000). Interrater reliability of Rorschach comprehensive system variables. *Journal of Personality Assessment*, 75(2), 282-294.
Barrick, M. R. & Mount, M. K. (1991). The Big Five Personality Dimensions and Job Performance: A Meta-Analysis. *Personnel Psychology*, 44(1), 1-26.
Bellak, L. (1947). *The TAT and CAT in clinical use*. Grune & Stratton.
Cloninger, C. R. (1987). A systematic method for clinical description and classification of personality variants. *Archives of General Psychiatry*, 44(6), 573-588.
Cloninger, C. R. et al. (1993). A psychobiological model of temperament and character. *Archives of General Psychiatry*, 50(12), 975-990.
Costa, P. T. & McCrae, R. R. (1992). *Revised NEO personality inventory* (*NEO-PI-R*) *and NEO five-factor inventory* (*NEO-FFI*) *professional manual*. psychological assessment resources.
De Fruyt, F. et al. (2009). Assessing the universal structure of personality in early adolescence: The NEO-PI-R and NEO-PI-3 in 24 cultures. *Assessment*, 16(3), 301-311.
Exner, J. E.（著）中村紀子他（監訳）(2009). ロールシャッハ・テスト：包括システムの基礎と解釈の原理. 金剛出版.
藤岡喜愛・吉川公雄(1971). 人類学的に見た，バウムによるイメージの表現. 季刊人類学, 2(3), 3-28.
Hathaway, S. R. & McKinley, J. C. (1943). *The Minnesota Multiphasic Personality Inventory*. University of Minnesota Press.
石川中他(1984). TEG＜東大式エゴグラム＞手引き. 金子書房.
木島伸彦(2000). Cloningerのパーソナリティ理論の基礎. 精神科診断学, 11, 387-396.
Koch, C. (1952). *The Tree Test: The Tree-Drawing Test as an aid in psychodiagnosis*. Hans Huber.
Koch, K.（著）岸本寛史他（翻訳）(2010). バウムテスト[第3版]―心理的見立ての補助手段としてのバウム画研究. 誠信書房)
Lilienfeld, S. O. et al. (2000). The scientific status of projective techniques. *Psychological Science in the Public Interest,* 1(2), 27-66.
McClelland, D. C. et al. (1989). How do self-attributed and implicit motives differ? *Psy-*

chological Review, 96(4), 690-702.

McCrae, R. R. & Allik, J. (2002). *The Five-Factor Model of personality across cultures*. Springer.

McCrae, R. R. & Costa, P. T. (1992). Revised NEO Personality Inventory (NEO-PI-R) and NEO Five-Factor Inventory (NEO-FFI) Professional Manual. Psychological Assessment Resources.

McCrae, R. R. & Costa, P. T., Jr. (1999). A Five-Factor theory of personality. In L. A. Pervin & O. P. John (Eds.), *Handbook of personality: Theory and research* (2nd ed.). Guilford Press. 139-153.

Miettunen, J. et al. (2008). Meta-analysis of temperament in anxiety disorders. *European Psychiatry*, 23(1), 18-25.

Mihura, J. L. et al. (2013). The validity of individual Rorschach variables: Systematic reviews and meta-analyses of the comprehensive system. *Psychological Bulletin*, 139(3), 548-605.

Morgan, C. D. & Murray, H. A. (1935). A method for investigating fantasies: the thematic apperception test. *Archives of Neurology & Psychiatry*, 34, 289-306.

村上宣寛・村上千恵子(1997). 主要5因子性格検査の尺度構成. 性格心理学研究, 6, 29-39.

Murray, H. A. (1938). *Explorations in personality*. Oxford University Press.

中井久夫(1984). 中井久夫著作集第1巻　精神医学の経験　分裂病. 岩崎学術出版社.

ネトル, D.(著). 竹内和世(訳)(2009). パーソナリティを科学する―特性5因子であなたがわかる. 白揚社. (Nettle, D. (2007). *Personality: What Makes You the Way You Are*. Oxford Landmark Science.)

O'Connor, M. C. & Paunonen, S. V. (2007). Big Five Personality Predictors of Post-Secondary Academic Performance. *Personality and Individual Differences*, 43(5), 971-990.

Rorschach, H. (2022). *Psychodiagnostics a diagnostic test based on perception*, Legare Street Press.

Rosenzweig, S. (1945). *Picture-frustration study*. Psychometric Press.

下仲順子他(1998). 日本版NEO-PI-Rの作成とその因子的妥当性の検討. 性格心理学研究, 6, 138-147.

菅原ますみ他(1997). 日本語版JTCIの作成(3)―子ども版および親版の構造分析. 日本性格心理学会第6回大会発表論文集, 13.

杉山憲司・小塩真司(2021). パーソナリティ・知能. 新曜社.

鋤柄増根(2023). MMPI-3日本版への招待. 心理学の諸領域, 12(1), 47-54.

Takeuchi, M. et al. (2011). Validity and reliability of the Japanese version of the Temperament and Character Inventory: a study of university and college students. *Comprehensive Psychiatry*, 52, 109-117.

辻平治郎他(1997). パーソナリティの特性論と5因子モデル：特性の概念, 構造, および測定. 心理学評論, 40, 239-259.

辻岡美延・藤村和久(1976). YG性格検査プロフィールの分解と合成―因子分析モデルによる反応歪曲の検出―. 教育心理学研究, 24(1), 8-16.

内田勇三郎(1936). 内田クレペリン精神作業検査. 日本文化科学社.

Winter, D. G. (1998). A motivational model of leadership: Predicting long-term management success from TAT measures of power motivation and responsibility. *The Leadership Quarterly*, 9(3), 273-296.

矢田部達郎(1958). 性格の測定と評価. 東京大学出版会.

矢田部達郎他(1965). YG性格検査(矢田部ギルフォード性格検査)一般用. 日本心理テスト研究所.

索引

編著者紹介

菅原ますみ
　　白百合女子大学人間総合学部

NDC 140　　255 p　　21cm

公認心理師ベーシック講座　感情・人格心理学

2025 年 3 月 26 日　　第 1 刷発行

編著者　　　菅原ますみ

発行者　　　篠木和久

発行所　　　株式会社　講談社

　　　　　　〒112-8001　東京都文京区音羽 2-12-21
　　　　　　　　販　売　(03) 5395-5817
　　　　　　　　業　務　(03) 5395-3615

編　集　　　株式会社　講談社サイエンティフィク

　　　　　　代表　堀越俊一

　　　　　　〒162-0825 東京都新宿区神楽坂 2-14　ノービィビル
　　　　　　　　編　集　(03) 3235-3701

本文データ制作　株式会社双文社印刷

印刷・製本　株式会社ＫＰＳプロダクツ

落丁本・乱丁本は，購入書店名を明記のうえ，講談社業務宛にお送り下さい．
送料小社負担にてお取り替えします．なお，この本の内容についてのお問い合わ
せは講談社サイエンティフィク宛にお願いいたします．
定価はカバーに表示してあります．

© Masumi Sugawara, 2025

本書のコピー，スキャン，デジタル化等の無断複製は著作権法上での例外を除き
禁じられています．本書を代行業者等の第三者に依頼してスキャンやデジタル化
することはたとえ個人や家庭内の利用でも著作権法違反です．

Printed in Japan

ISBN 978-4-06-538969-0